A MORAL
DO
PAPA FRANCISCO
um projeto a partir dos descartados

RONALDO ZACHARIAS
MARIA INÊS DE CASTRO MILLEN
(Organizadores)

A MORAL DO PAPA FRANCISCO
um projeto a partir dos descartados

DIREÇÃO EDITORIAL:
Pe. Fábio Evaristo R. Silva, C.Ss.R.

CONSELHO EDITORIAL:
Cláudio Anselmo S. Silva, C.Ss.R.
Ferdinando Mancilio, C.Ss.R.
Gilberto Paiva, C.Ss.R.
José Uilson I. Soares Júnior, C.Ss.R.
Marcelo da Rosa Magalhães, C.Ss.R.
Victor Hugo Lapenta, C.Ss.R.

COORDENAÇÃO EDITORIAL:
Ana Lúcia de Castro Leite

REVISÃO:
Tatianne Francisquetti

DIAGRAMAÇÃO:
José Antonio dos Santos Junior

Dados Internacionais de Catalogação na Publicação (CIP) de acordo com ISBD

M828	A moral do papa Francisco: um projeto a partir dos descartados / organizado por Ronaldo Zacharias, Maria Inês de Castro Millen. - Aparecida, SP : Editora Santuário, 2020.
	392 p. ; 14cm x 21cm.
	Inclui bibliografia. ISBN: 978-65-5527-026-6
	1. Religião. 2. Cristianismo. 3. Papa Francisco. I. Zacharias, Ronaldo. II. Millen, Maria Inês de Castro. III. Título.
2020-1654	CDD 240 CDU 24

Elaborado por Vagner Rodolfo da Silva - CRB-8/9410

Índice para catálogo sistemático:
1. Religião : Cristianismo 240
2. Religião : Cristianismo 24

1ª impressão

Todos os direitos reservados à **EDITORA SANTUÁRIO** – 2020

Rua Pe. Claro Monteiro, 342 – 12570-000 – Aparecida-SP
Tel.: 12 3104-2000 – Televendas: 0800 - 16 00 04
www.editorasantuario.com.br
vendas@editorasantuario.com.br

SUMÁRIO

APRESENTAÇÃO 9
   Mário Marcelo Coelho

I – A MORAL DO PAPA FRANCISCO

Cap. 1
O PROJETO MORAL DO PAPA FRANCISCO:
sete lugares teológicos como desafios morais 19
Pablo A. Blanco

Cap. 2
UMA HUMANIDADE DESCARTÁVEL?
Um projeto social chamado "Francisco" 55
Thales Martins dos Santos

Cap. 3
POR UMA ÉTICA SOCIAL DA MISERICÓRDIA:
da compaixão à justiça para com os
pobres e marginalizados 77
Adilson Fábio Furtado da Silva
Alexandre Angelotti Cruz
Pedro Félix Rodrigues de Matos
Pedro Paulo Espírito Santo Queiroz

II – A VIOLÊNCIA CONTRA OS DESCARTADOS

Cap. 4
A VIOLÊNCIA CONTRA OS POBRES:
um pecado contra o próprio Deus 113
Francisco de Aquino Júnior

Cap. 5
A VIOLÊNCIA CONTRA AS MULHERES:
a face macabra do cotidiano 149
Maria Inês de Castro Millen

Cap. 6
A VIOLÊNCIA CONTRA A TERRA:
O rosto do Crucificado na terra crucificada 173
Alexandre Andrade Martins

III – ENTRE O IDEAL E O BEM POSSÍVEL

Cap. 7
A CRÍTICA DA IDOLATRIA DO DINHEIRO:
o fim da fronteira entre teologia moral,
dogmática e estética 197
Jung Mo Sung

Cap. 8
O CUIDADO DA CASA COMUM: *os desafios éticos e espirituais de uma Ecologia Integral* 229
Luiz Augusto de Mattos

Cap. 9
ENTRE O RIGORISMO MORAL E A FLEXIBILIDADE PNEUMATOLÓGICA: *a formação sacerdotal segundo Francisco* 257
Felipe Sardinha Bueno

Cap. 10
REPENSANDO A MORAL SEXUAL: *uma leitura da sexualidade à luz dos fundamentos da moralidade propostos por Francisco* 283
Ronaldo Zacharias

Cap. 11
A LÓGICA INCLUSIVA DO EVANGELHO: *renovada esperança para a comunidade LGBT+* 331
José Antonio Trasferetti

IV – LEGADO DE VALOR INESTIMÁVEL

Cap. 12
LEO PESSINI: UM BIOETICISTA CAMILIANO COM O CORAÇÃO NOS ESCRITOS 357
Alexandre Andrade Martins

Apresentação

Mário Marcelo Coelho[1]

O dicionário descreve o verbo "descartar" como desfazer-se de (certas cartas); lançar fora depois de usar; não incluir como possibilidade; excluir, deixar de lado; privar de algo. Nos jogos de cartas, usa-se "jogar fora" a carta considerada pelo jogador como "inútil". O termo "descartar" é mais usado para objetos como: copo descartável, toalha descartável, embalagens descartáveis etc. Assustamo-nos quando vemos a palavra "descartável" referir-se a pessoas. O ser humano tornou-se objeto (carta) descartável? Existem "categorias" de pessoas descartáveis? Quem é o sujeito descartado?

Desenvolver uma reflexão sobre a moral do Papa Francisco a partir dos descartados é desafiador e consolador. Desafiador pela complexidade e profundidade do tema, e consolador porque nos mostra um líder cristão que "olha" para aqueles para os quais a sociedade "não olha" e que, por isso, considera "cartas fora do baralho", pois não fazem parte do jogo de interesses dos que têm

---

[1] Mário Marcelo Coelho é Doutor em Teologia Moral (Accademia Alfonsiana – Roma), Professor da Faculdade Dehoniana (Taubaté/SP), Segundo-Secretário da Sociedade Brasileira de Teologia Moral e Membro do Grupo Interdisciplinar de Peritos (GIP) da Comissão Episcopal Pastoral para a Doutrina da Fé da Conferência Nacional dos Bispos do Brasil (CNBB).

poder; quando acontece de entrarem no jogo, são considerados "lixos", usados e jogados fora.

"Foram buscar o Papa no fim do mundo." Com essas palavras, Francisco começou o seu pontificado diante da multidão presente na Praça São Pedro, em Roma. O que significa "fim do mundo"? Localização geográfica? Talvez nessas palavras já estivesse implícito o seu projeto de pastoreio, "até os confins da terra" (At 1,8), "a todos os povos", alcançando em particular aqueles que estão longe do centro, à beira do caminho.

Continuamente Francisco afirma que a Igreja deve ir às periferias geográficas e existenciais. Nessa perspectiva, o Papa quer uma Igreja que vá às periferias, com alegria, e, com determinação e coragem, faça desta prática o projeto de missão que tem origem e inspiração na missão do próprio Jesus, que colocou o coração e os pés junto aos miseráveis.

Francisco quer uma Igreja que seja expressão do amor e da misericórdia de Deus. O termo "misericórdia" significa de modo literal ter o próprio coração (*cor*) próximo aos pobres (*miseri*); ter um coração para os pobres, os miseráveis, os necessitados de qualquer espécie. A misericórdia expressa a soberania de Deus que, em sua compaixão e bondade, mostra a sua santidade e sua grandeza. Deus é um Deus que vê a miséria do seu povo, escuta o seu grito e desce até ele: "O Senhor lhe disse: 'Eu vi a opressão de meu povo no Egito, ouvi o grito de aflição diante dos opressores e tomei conhecimento de seus sofrimentos. Desci para libertá-los das mãos dos egípcios e fazê-los sair desse país para uma terra boa e espaçosa, terra onde corre leite e mel'" (Ex 3,7).[2]

---

[2] COELHO, Mário Marcelo. A misericórdia de Deus que alcança a miséria humana. São Paulo: Canção Nova, 2016

Apresentação

Assim reza o Salmo 113,5-8: "Quem é igual ao Senhor nosso Deus que mora no alto e se inclina para olhar para os céus e para a terra? Ergue da poeira o indigente, da imundície levanta o pobre, para fazê-lo sentar-se entre os príncipes, entre os príncipes do seu povo". Não se trata apenas de Javé reinar do alto, mas de inclinar-se para olhar o céu e a terra; de contemplar, com compaixão, a miséria humana, os pobres descartados nas periferias da sociedade, aqueles pisoteados por seus opressores e que são discriminados pela cor da pele, gênero, orientação sexual, religião, condições econômicas. Ouvir, olhar, sentir compaixão, descer é colocar os pés na terra, nas periferias onde estão os descartados.

Jesus, o rosto do Pai, revela o rosto de um Deus misericordioso que se volta com amor infinito e "doa o seu coração" aos miseráveis, aos necessitados, aos pequenos, aos pobres e aos sofredores. A intervenção de Jesus a favor dos excluídos é plena de compaixão; Ele "via" como as pessoas sofriam e, amando-as ao extremo, dava-lhes vida nova, restituindo-lhes a dignidade de filhos e filhas de Deus.

Na passagem de Isaías (61,1-2), lemos: "O Espírito do Senhor Deus está sobre mim, porque o Senhor me ungiu. Enviou-me para levar a boa nova aos pobres, para curar os de coração aflito, anunciar aos cativos a libertação, aos prisioneiros o alvará de soltura; para anunciar o ano do agrado do Senhor". O profeta afirma a existência de um projeto de salvação que Deus tem para oferecer ao seu povo, especialmente aos pobres, isto é, a todos aqueles que vivem numa situação insuportável de carência de bens, dignidade, liberdade, justiça e vida. O profeta garante-lhes que Deus os ama, que não os abandona à sua miséria e sofrimento e que tem um projeto de vida, alegria, felicidade para propor a cada homem e a cada mulher que a vida feriu. Esta mesma passagem de Isaías foi lida e assumida por Jesus (Lc 4,18-19). Assim como o seu coração é voltado para os "miseráveis", Jesus nos orienta de maneira esplêndida na direção para a qual o nosso coração deve estar voltado, para o apostolado dos "pequenos" e dos "pobres".

É preciso destacar a parte preponderante que têm no Evangelho de Lucas os pobres, os necessitados e os humildes. Eles são o objeto principal da preocupação amorosa de Jesus, que nasceu pobremente num estábulo, cercado de israelitas de condição modesta. Sua missão é "evangelizar" os pobres (Lc 4,18; 7,22); a primeira bem-aventurança é para os pobres (Lc 6,20), ao passo que se emite juízo severo contra os ricos (Lc 6,24-25).

Para Jesus, inaugurar o ano da graça (Lc 4,16-21) significa evangelizar os pobres, proclamar a libertação aos prisioneiros, recuperar a vista aos cegos, libertar os oprimidos, obras proféticas que Ele realizou ao longo de sua vida messiânica. No sermão da montanha (Mt 5–6), consolar os aflitos, saciar quem tem fome e sede de justiça, promover a paz, praticar e ensinar a justiça, reconciliar-se com o próximo, repartir as posses com o necessitado, amar os inimigos, orar pelos perseguidores, praticar a esmola e perdoar as dívidas são obras do Reino, centradas na exortação "felizes os misericordiosos, porque alcançarão misericórdia" (Mt 5,7). No grande discurso sobre o juízo final, Jesus identifica-Se com os pobres, famintos, miseráveis e perseguidos (Mt 25,31-46).

Com tudo isso, entendemos que Deus não é um Deus morto e surdo às necessidades do seu povo; Ele é um Deus vivo que está atento às misérias dos homens, que fala, age e intervém, liberta e redime, como afirma o Papa Francisco: "A salvação, que

Deus nos oferece, é obra da sua misericórdia. Não há ação humana, por melhor que seja, que nos faça merecer tão grande dom. Por pura graça, Deus atrai-nos para nos unir a Si".[3]

Ainda hoje, sentimo-nos tristes, com medo, deprimidos e frustrados porque a violência, os homicídios, os roubos, a discriminação, os sistemas econômicos e políticos de exploração marcam com sangue e sofrimento a vida de tantos dos nossos irmãos e irmãs; ou porque os pobres e os descartados são esquecidos e colocados à margem do caminho; ou porque parece que a sociedade globalizada se constrói com egoísmo, individualismo, indiferença e exclusão. O profeta Isaías garante-nos que Deus – esse Deus que é eternamente fiel aos compromissos que assumiu com os seus filhos e filhas – não está ausente da nossa história, indiferente às necessidades do seu povo; pelo contrário, Ele continua a vir ao nosso encontro e a Se oferecer para nos conduzir com amor e solicitude ao encontro da verdadeira vida e da verdadeira liberdade. "É ele que dá ânimo ao cansado, recupera as forças do enfraquecido" (Is 40,29). Deus mostra-Se especialmente solícito com os fracos e os pobres.

Nesse sentido, é bastante oportuna uma obra que busca interpretar a proposta moral do Papa Francisco a partir dos descartados. Realizar essa hermenêutica é necessário e urgente. É preciso trazer para a nossa realidade o significado e a profundidade dos ensinamentos de Francisco. E esse é o desafio e a tarefa que os autores desta obra nos apresentam.

O Papa Francisco, em continuidade com o projeto messiânico de Jesus, olha os descartados com preocupação e exprime-a sem falsidade, considerando que há uma exclusão social que

---

[3] FRANCISCO, Papa. *Evangelii Gaudium*. Exortação Apostólica sobre o anúncio do Evangelho no mundo atual. São Paulo: Paulus/Loyola, 2013, n. 112 (EG).

gera violências, crimes, massacres, destruições, discriminações e faz crescer as expressões de preconceito, xenofobia, exclusão, a busca egoísta de interesses particulares e a desigualdade entre indivíduos e povos.

Conforme alguns estudiosos do pontificado do Papa Francisco, a escolha do nome Francisco, em memória de São Francisco de Assis e sua relação com os pobres, representou para o Papa um projeto de pastoreio, uma identidade ministerial e espiritual. Além da escolha do nome e dos seus ensinamentos, destaco a criação do "Dia Mundial dos Pobres"; o constante convite para maior reflexão sobre o papel da mulher na Igreja; o apelo a não julgar nem marginalizar a pessoa por ela ser *gay*; a acolhida de refugiados que chegam à Itália; a construção do barco-hospital, da lavanderia para os pobres etc. Todos esses e tantos outros são gestos que, a exemplo de Jesus, mostram para onde Francisco está dirigindo seu olhar e onde estão os seus pés.

O projeto moral do Papa Francisco é um projeto evangélico que contempla e acolhe de modo digno a humanidade dos descartados. É um projeto que não pode ficar fora da missão da Igreja, pois a Igreja não pode ser indiferente ao grito dos excluídos. Deixar-se conduzir pela fé na ação do Espírito do Ressuscitado, que ilumina e refaz a Igreja no decorrer da história, é ter o olhar para os filhos e filhas de Deus que ainda hoje sofrem as consequências da exclusão social.

Segundo o Papa Francisco, o individualismo, o consumismo e o desperdício colocam em risco o bem comum, ou seja, dão origem às múltiplas consequências do modelo econômico que levou o planeta ao estado atual de degradação social e ambiental. O Papa continuamente afirma que o desenvolvimento de uma ecologia integral é um chamado a redescobrir a nossa identidade de filhos e filhas de nosso Pai Celeste, criados à imagem de Deus e encarregados de ser administradores da terra, recriados por meio da morte salvífica e da ressurreição de Jesus Cristo, santificados pelo dom do Espírito Santo. Para ele, "nunca maltratamos e ferimos a nossa casa comum como nos últimos dois séculos".[4] Por isso, não se admira que, mais uma vez, "a deterioração do meio ambiente e a da sociedade afetem de modo especial os mais frágeis do planeta".[5]

A violência contra as mulheres, contra os pobres e contra a terra está relacionada com a crise do mundo atual e com as práticas de poder, exploração e violência. A destruição do planeta, em todas as suas manifestações, envolve questões de política, economia, cultura, consumo, exploração, gênero e valores. Os vários tipos de violência presentes no cotidiano da sociedade refletem o pecado individual, socioestrutural e manifestam relações assimétricas de poder, exploração e violência. O Papa Francisco convoca os fiéis cristãos para uma conversão, não com ação violenta, mas por meio da revolução da ternura, uma revolução do coração, numa proposta de solidariedade para com a terra e com os feridos da terra.

Afirmar que Deus é misericórdia consiste também na compreensão de uma ética teológica à luz do princípio da misericórdia. "Em si mesma, a misericórdia é a maior das virtudes; na realidade, compete-lhe debruçar-se sobre os outros e – o que mais conta – remediar as misérias alheias. Ora, isto é tarefa especialmente de quem é superior; é por isso que se diz que é próprio de Deus usar de misericórdia e, sobretudo nisto, que se manifesta a sua onipotência."[6]

---

[4] FRANCISCO, Papa. *Laudato Si'*. Carta Encíclica sobre o cuidado da casa comum. São Paulo: Paulus/Loyola, 2015, n. 53 (LS).
[5] LS 48.
[6] EG 37.

O domínio da Teologia Moral é o mundo, do qual não se trata de se defender e, muito menos, condenar, mas curar e libertar. A Teologia Moral deve ser plasmada com a "lógica da misericórdia". Enfim, é necessário um compromisso para uma Teologia Moral que não hesite em sujar as mãos com o concreto dos problemas, sobretudo com a fragilidade e o sofrimento daqueles que veem mais ameaçado o seu futuro.[7]

A teologia moral impulsiona a construir um mundo solidário, que responda às grandes aspirações humanas de felicidade, que defenda e guarde a dignidade e os direitos humanos à luz da fé. O conhecimento da teologia moral coloca-nos diante da sociedade e chama nossa atenção para o papel do teólogo e de cada cristão na atividade social. Frente a essa forma de vida social, sentimos forte chamado para promover uma sociedade diferente, que esteja marcada pela solidariedade, pela justiça e pelo respeito aos direitos humanos e, sobretudo, pela caridade fraterna.[8] Afirma o próprio Papa: "Prefiro uma Igreja acidentada, ferida e enlameada por ter saído pelas estradas, a uma Igreja enferma pelo fechamento e a comodidade de se agarrar às próprias seguranças. Não quero uma Igreja preocupada com ser o centro, e que acaba presa num emaranhado de obsessões e procedimentos".[9]

Para o Papa Francisco, o momento é de consciência e compromisso com o Povo de Deus. É indispensável "apreciar o pobre na sua bondade própria, com o seu modo de ser, com a sua

---

[7] FRANCISCO, Papa. *Discurso aos professores e aos estudantes da Academia Alfonsiana* (Roma, 09.02.2019). Disponível em: http://www.vatican.va/content/francesco/pt/speeches/2019/february/documents/papa-francesco_20190209_accademia-alfonsiana.html. Acesso em: 24 jun. 2020.
[8] COELHO, Mário Marcelo. Editorial. *TQ. Teologia em Questão* 35 (2019): 8.
[9] EG 49.

cultura, com a sua forma de viver a fé".[10] E reconhecer o dom de encontrar-se com Ele entre as vítimas e os empobrecidos. O serviço da fé e a promoção da justiça não podem separar-se.

O Papa convoca a todos, teólogos, formadores de consciência, fiéis cristãos, a cuidar da relação diária com o Cristo ressuscitado e glorioso e a ser obreiros da caridade e semeadores de esperança. "Caminhemos cantando; que as nossas lutas e a nossa preocupação por este planeta não nos tirem a alegria da esperança."[11]

A intenção desta obra é abrir perspectivas para a ação evangelizadora da Igreja na esteira do Papa Francisco. Cada autor, a partir de um determinado tema, procura dar a própria contribuição, certos de que as palavras do próprio Papa são mais atuais do que nunca: "Seguir Cristo significa carregar sobre si o ferido que encontramos ao longo da estrada, ir à procura da ovelha perdida, estar próximo às pessoas, partilhar suas alegrias e suas dores, mostrar com o nosso amor o rosto paterno de Deus e o carinho maternal da Igreja".[12]

---

[10] EG 199.
[11] LS 244.
[12] FRANCISCO, Papa. Encontro com os participantes do Jubileu da Vida Consagrada (Vaticano, 1°.02.2016). Disponível em: http://www.vatican.va/content/francesco/pt/speeches/2016/february/documents/papa-francesco_20160201_giubileo-vita-consacrata.html. Acesso em: 24 jun. 2020.

1

O projeto moral do Papa Francisco
Sete lugares teológicos como desafios morais

Pablo A. Blanco[1]

"Demo-nos conta de estar no mesmo barco, todos frágeis e desorientados, mas ao mesmo tempo importantes e necessários: todos chamados a remar juntos, todos carecidos de mútuo encorajamento. E, neste barco, estamos todos. [...] Não podemos continuar a estrada cada qual por conta própria, mas só o conseguiremos juntos."[2]

Introdução

O propósito desta reflexão é vislumbrar pontos-chave que nos permitam compreender qual é o projeto moral do Papa Fran-

---

[1] Pablo A. Blanco Gonzalez é Mestre em Doutrina Social da Igreja (Universidade Pontifícia de Salamanca) e em Administração Pública (Universidade de Buenos Aires), Professor da Pontifícia Universidade Católica Argentina (UCA), da Universidade de Buenos Aires (UBA) e da Universidade Nacional de La Plata (UNLP), Assessor Técnico do Instituto de Cultura Universitária (UCA) e Membro do Comitê Regional para a América Latina da Catholic Theological Ethics in the World Church (CTEWC). Tradução do Espanhol: Thiago José Ribeiro, sdb.
[2] FRANCISCO, Papa. Bênção *Urbi et Orbi*. Momento extraordinário de oração em tempo de pandemia (Átrio da Basílica de São Pedro, 27.03.2020). Disponível em: http://www.vatican.va/content/francesco/pt/messages/urbi/documents/papa-francesco_20200327_urbi-et-orbi-epidemia.html. Acesso em: 20 jun. 2020.

cisco e quais são os desafios propostos por ele para a Igreja e toda comunidade de fiéis.

Este exercício exige uma revisão exaustiva não só dos escritos, documentos, mensagens e discursos do Papa Francisco publicados até o momento, mas também das fontes presentes no Magistério universal e, em particular, no Magistério latino-americano.

Sem dúvida alguma, tal esforço supera amplamente as possibilidades deste capítulo, mas espero poder mostrar, desde o meu ponto de vista e das vozes do Magistério, as orientações sugeridas e assumidas pelo projeto moral do Papa Francisco.

1. A humanidade em um mesmo barco

"A primeira viagem foi aquela de Lampedusa. Uma viagem italiana. Não foi agendada, pois não havia convites oficiais. Senti que devia ir", afirma o Papa Francisco recordando sua visita à ilha italiana de Lampedusa, em 8 de julho de 2013,[3] sua primeira visita pastoral a uma ilha onde embarcações de turismo convivem com precários barcos de imigrantes desesperados que se lançam ao mar para tentar alcançar o solo europeu. Essa visita é um gesto rico de significado, uma perspectiva teológica e pastoral sobre o lugar teológico dos pobres, sobre nossa responsabilidade como leigos no mundo e sobre as contradições da sociedade atual.

Tendo como horizonte aquela viagem, resulta sugestiva a expressão do Papa Francisco frente à atual crise pandêmica da Covid-19, pronunciada na mensagem que acompanhou a bênção *Urbi et Orbi,* em 27 de março de 2020, que nos situa a todos

---
[3] Da entrevista concedida a TORNIELLI, Andrea. *Los viajes de Francisco*: Conversaciones con Su Santidad. México: Planeta, 2017.

no mesmo barco: diante da pandemia, somos todos migrantes num barco que enfrenta a tempestade para chegar a uma terra de esperança; não há ricos nem pobres, estamos todos no mesmo barco. Podemos citar, por analogia, a passagem de Paulo na sua carta aos Gálatas: "Não há mais judeu ou grego, escravo ou livre, homem ou mulher, pois todos vós sois um só, em Cristo Jesus" (Gl 3,28).

A concepção do Papa Francisco sobre a humanidade como uma unidade de destino é, em si mesma, uma declaração ética e um projeto moral: "Com a tempestade, caiu a maquiagem dos estereótipos com que mascaramos o nosso 'eu', sempre preocupados com a própria imagem; e ficou a descoberto, uma vez mais, aquela (abençoada) pertença comum a que não nos podemos subtrair: a pertença *como* irmãos".[4]

2. Cristandade, Modernidade e Pós-Modernidade

Esta visão do Papa Francisco – o sonho de uma só humanidade –, não é a imagem e semelhança do que soube ser a era da Cristandade. Naquele contexto, a moral pessoal e social era uma só coisa e, por consequência, cristã; em outras palavras, se agia como se pensava e se pensava como se acreditava.

A Modernidade provocou uma ruptura entre a moral social e a pessoal, próprias da era da Cristandade. Foi um processo – pois, como diz Bunge, até certo ponto, todas as formas sociais emergem de um processo[5] –, mas, ao mesmo tempo, um projeto moral e uma promessa que tentou mudar o ordenamento moral anterior.

---

[4] FRANCISCO. Bênção *Urbi et Orbi*.
[5] BUNGE, M. *Emergencia y convergencia: Novedad cualitativa y unidad del conocimiento*. Barcelona: Gedisa, 2004.

Como projeto moral, a Modernidade consagrou disposições humanas subjetivas como valores universais objetivos e, em síntese, construiu uma nova moral social secular. A "razão" foi a ideia dinâmica sobre a qual esta se estruturou, e vivemos a ilusão de acreditar que era possível compreender a totalidade do real mediante a sua luz. Este otimismo foi acompanhado por um positivismo racionalista e ilustrado, que proclamou o triunfo da razão conceitual e discursiva, e a dissolução do espírito.

Enquanto promessa, a Modernidade tentou assemelhar-se a uma promessa de verdade. Afirmou-se, sobre a possibilidade de acesso a um conhecimento completo da realidade, que "toda pergunta genuína pode ser respondida e, caso não possa ser respondida, não é, na realidade, uma pergunta".[6]

A consagração da ciência como o caminho para a verdade gerou um fundamentalismo não menos pernicioso que a "superstição" à qual se tentou substituir[7] e um comportamento moral que o Papa Francisco caracteriza como "excesso antropocêntrico",[8] que acabou "colocando a razão técnica acima da realidade".[9]

Porém, a crise do racionalismo positivista que cultivou o Iluminismo já estava inscrita em seu próprio DNA racionalista. A mesma ilusão (ou mito) constitutiva do projeto iluminista, firme na crença de que a "razão" podia compreendê-lo, envolvê-lo e explicá-lo por completo, levou a razão ao limite de suas forças, experimentando o abismo de seus limites e também o fracasso, posta de joelhos diante do mistério de Deus e do homem. Se aquilo

---

[6] BERLIN, I. *Las raíces del Romanticismo*. Madrid: Santillana / Taurus, 2000.
[7] VON GLASERSFELD, E. The incommensurability of Scientific and Poetic Knowledge. In: *Congress on Science, Mysticism, Poetry and Consciousness*. Lisboa: Instituto Piaget, 1994.
[8] FRANCISCO, Papa. *Laudato Si'*. Carta Encíclica sobre o cuidado da casa comum. São Paulo: Paulus/Vozes, 2015, n. 116. Daqui em diante = LS.
[9] LS 115.

sobre o qual a razão apoia sua própria existência a nega, então a razão se aniquila a si mesma, porque não pode emancipar-se de seus próprios mitos. O resultado é que a razão se torna cética e cínica. Miguel de Unamuno afirma com crueldade e lucidez: "A dissolução racional termina por dissolver a própria razão, no mais absoluto ceticismo".[10] Identificamos a exaltação dessa crise e a contradição com a pós-modernidade, e a nova moral secular, com o relativismo. Ao relativismo filosófico (não aos absolutos) seguiu-se o relativismo metafísico (não existe uma verdade ontológica, imutável, universal e cognoscível pelo entendimento humano), e a este, o relativismo moral (não existe o bem de forma objetiva; portanto, não existe uma moral universal de qualquer natureza).

3. A superação das contradições: unidade na distinção

No contexto desse processo, a proposta do Papa Francisco não deve ser um retorno nostálgico ao passado na maneira de um integrismo,[11] nem uma tentativa de restauração do projeto moral da Cristandade – lugar do desencantamento da Modernidade –, mas, sim, a superação das contradições a partir da aceitação dos próprios limites do humano. Segundo ele mesmo afirma, "só de forma muito pobre chegamos a compreender a verdade que recebemos do Senhor. E, ainda com maior dificuldade, conseguimos expressá-la. Por isso, não podemos pretender que o nosso modo de entendê-la nos autorize a exercer um controle rigoroso sobre a vida dos outros".[12]

---

[10] UNAMUNO, M. de. *Del sentimiento trágico de la vida*. Madrid: Espasa-Calpe, 1980.
[11] Posição contrária a qualquer mudança, revisão ou desvio na interpretação da doutrina, da moralidade e das práticas consideradas essenciais e imutáveis, como forma de repúdio às consequências secularizadoras da Modernidade.
[12] FRANCISCO, Papa. *Gaudete et Exsultate*. Exortação Apostólica sobre o chamado

Na proposta de Francisco, a unidade da doutrina não é uniforme nem monolítica: é unidade intrinsecamente diversa: "Quero lembrar que, na Igreja, convivem legitimamente diferentes maneiras de interpretar muitos aspectos da doutrina e da vida cristã, que, na sua variedade, 'ajudam a explicitar melhor o tesouro riquíssimo da Palavra. [Certamente,] a quantos sonham com uma doutrina monolítica defendida sem nuances por todos, isso poderá parecer uma dispersão imperfeita".[13]

Para exemplificar, Francisco serve-se da comparação de duas figuras geométricas: a esfera e o poliedro. Enquanto na esfera "cada ponto é equidistante do centro, não havendo diferenças entre um ponto e o outro [...]", o poliedro "reflete a confluência de todas as partes que nele mantêm a sua originalidade"[14] (e, ao mesmo, tempo sua unidade). O poliedro é, e requer contemporaneamente – e por conseguinte –, unidade e distinção.

Isso é consistente com o que o próprio Pontífice expressou na exortação apostólica pós-sinodal *Amoris Laetitia* ao dizer que, "na Igreja, *é necessária uma* unidade de doutrina e práxis, mas isto não impede que existam maneiras diferentes de interpretar alguns aspectos da doutrina ou algumas consequências que decorrem dela. Assim há de acontecer até que o Espírito nos conduza à verdade completa (cf. Jo 16,13), isto é, quando nos introduzir perfeitamente no mistério de Cristo e pudermos ver tudo com o seu olhar".[15]

à santidade no mundo atual. São Paulo: Paulus, 2018, n. 43. Daqui em diante = GE.
[13] GE 43.
[14] FRANCISCO, Papa. *Evangelii Gaudium*. Exortação Apostólica sobre o anúncio do Evangelho no mundo atual. São Paulo: Paulus/Loyola, 2013, n. 236. Daqui em diante = EG.
[15] FRANCISCO, Papa. *Amoris Laetitia*. Exortação Apostólica Pós-Sinodal sobre o amor na família. São Paulo: Loyola, 2016, n. 3.

4. A mediação pastoral: um manto de misericórdia

O específico da experiência moral do ser humano é a apreensão progressiva da Verdade e da realidade. Nesse sentido, um juízo moral sobre a realidade do homem deveria considerar ampliar não apenas uma visão ética sobre o mundo, mas, antes de tudo, um olhar de amor e misericórdia,[16] procurando descobrir o quanto de Deus está presente nessa realidade, mesmo que seja de modo germinal.

Por outro lado, os fatos sociais (símbolos ou textos) devem ser interpretados sob os sinais dos tempos e numa hermenêutica dinâmica,[17] em vez de pretender descrevê-los e explicá-los "objetivamente", nos termos da Modernidade.

O projeto moral de Francisco desafia a pensar uma nova práxis teológico-pastoral para unir teoria e prática no campo da realidade: ação e contemplação; ensino e estudo; pastoral e teologia. Essa nova leitura teológica da realidade nos impulsiona a

---

[16] "A miséria do pecado foi revestida pela misericórdia do amor." FRANCISCO, Papa. *Misericordia et misera*. Carta Apostólica no termo do Jubileu Extraordinário da Misericórdia, n. 1. Disponível em: https://w2.vatican.va/content/francesco/pt/apost_letters/documents/papa-francesco-lettera-ap_20161120_misericordia-et-misera.html. Acesso em: 20 jun. 2020.

[17] A vontade de Deus não é, normalmente, acessível ao nosso conhecimento de maneira direta e experimental, mas por meio de sinais (portanto, o conhecimento de Deus é possível para nós através da introspecção das coisas, que assumem o valor de sinal, cf. Rm 1,20). Desse modo, a ordem sobrenatural nos é comunicada pelos sacramentos, que são sinais visíveis de uma realidade invisível. A linguagem humana também encontra sua expressão por meio de sinais escritos, fonéticos ou convencionais por meio dos quais se transmite o pensamento. Em todo o universo criado, podemos encontrar sinais de uma ordem, pensamento, verdade que podem atuar como uma ponte metafísica (para além da realidade física) até o mundo inefável do "Deus desconhecido" (At 17,23; Rm 8,22). Na perspectiva em que estamos considerando agora, trata-se de ler "nos tempos", isto é, no curso dos acontecimentos, na história, esses "sinais" que, ao ser interpretados, podem nos dar indicações ou conexões com o Reino de Deus e nos dispor a uma ação apostólica.

ir além da moral social estabelecida, até o evento da encarnação, da realidade doída e sofrida do homem contemporâneo, como afirma João Paulo II: "A dimensão teológica revela-se necessária para interpretar e resolver os problemas atuais da convivência humana".[18] Também é necessário que o pastor e o teólogo façam uma leitura profética da história e da situação sócio-histórica do homem e dos povos, a partir de uma compreensão de fé (o documento de Puebla fala de uma "visão pastoral da realidade").

O Concílio Vaticano II esclarece este vínculo: "É, pois, claro a todos, que os cristãos de qualquer estado ou ordem são chamados à plenitude da vida cristã e à perfeição da caridade. Na própria sociedade terrena, esta santidade promove um modo de vida mais humano".[19]

Um projeto moral com essas características implica também a denúncia das situações injustas, dos sistemas opressivos, de ideologias e estruturas que condicionam a liberdade do homem para que este possa agir de acordo com o bem; implica também denunciar uma moral secular individualista, hedonista e egoísta que rejeita a ética e o próprio Deus. "Para a ética, olha-se habitualmente com certo desprezo sarcástico; é considerada contraproducente, demasiado humana, porque relativiza o dinheiro e o poder. É sentida como uma ameaça, porque condena a manipulação e a degradação da pessoa".[20]

---

[18] JOÃO PAULO II, Papa. *Centesimus Annus*. Carta Encíclica no Centenário da *Rerum Novarum*, n. 55. Disponível em: http://www.vatican.va/content/john-paul-ii/pt/encyclicals/documents/hf_jp-ii_enc_01051991_centesimus-annus.html. Acesso em: 20 jun. 2020.
[19] CONCÍLIO VATICANO II. *Lumen Gentium*. Constituição Dogmática sobre a Igreja, n. 40. Disponível em: http://www.vatican.va/archive/hist_councils/ii_vatican_council/documents/vat-ii_const_19641121_lumen-gentium_po.html. Acesso em: 20 jun. 2020. Daqui em diante = LG.
[20] EG 57.

5. Os desafios para a Igreja: sete lugares teológicos

Para entender as raízes da proposta moral do Papa Francisco, é importante considerar o contexto latino-americano no qual se formou sua visão teológico-pastoral. Desde meados do século XX, foi-se dando entre os bispos latino-americanos uma progressiva tomada de consciência sobre os problemas e anseios comuns a todos os povos da América Latina que exigem reflexões e respostas pastorais comuns.

Este processo continua até hoje tendo como referência imprescindível as várias reuniões (conferências) do Episcopado Latino-Americano, cujos documentos, a partir do Concílio Vaticano II, conseguiram dar uma fisionomia própria às categorias, preocupações e reflexões emanadas pelo Magistério universal. Parte dessas respostas foram as diferentes perspectivas teológicas que surgiram na América Latina.

Podemos reconhecer na perspectiva teológica pastoral do Papa Francisco sete "lugares" teológicos que emanam da interpretação do Magistério latino-americano e que, do nosso ponto de vista, constituem referências para compreender o projeto moral do Santo Padre. São eles:

5.1 A história como lugar teológico

A encarnação como fator global, fundamento teórico da teologia pastoral e critério hermenêutico da práxis cristã, não é um fato circunscrito e isolado. Sua singularidade é a própria singularidade da atuação de Deus na história para a salvação do homem. Esse fundamento cristológico lembra à Igreja que ela é Igreja no mundo. Trata-se da encarnação como uma lei intrínseca da fé cristã, de uma cristologia que desconstrói uma imagem de Cristo vinculada a um contexto remoto de espaço-tempo, para ler os sinais da Sua presença salvadora em todos os momentos e especialmente nos dias de hoje.

A história se converte em lugar teológico, objeto de reflexão e de palavra, no qual o Cristo e a história se tornam "Palavra".[21] O termo "história" se aplica à experiência ética, característica estruturante da pessoa humana em sua integridade.

Como os bispos latino-americanos expressaram em Medellín (1968), este Homem e sua comunidade encontram-se inseridos em sistemas e instituições econômicas humanas e históricas, que se cristalizam e se evidenciam "nas injustas estruturas que caracterizam a situação da América Latina".[22] Esta afirmação é retomada por Francisco: "É o mal cristalizado nas estruturas sociais injustas, a partir do qual não podemos esperar um futuro melhor".[23]

No entanto, "a ressurreição de Cristo produz por toda a parte rebentos deste mundo novo; e, ainda que os cortem, voltam a despontar, porque a ressurreição do Senhor já penetrou a trama oculta desta história; porque Jesus não ressuscitou em vão".[24]

A Encarnação é, assim, não meramente um acontecimento religioso, mas também um acontecimento profundamente moral, enquanto – acompanhado pela leitura dos sinais dos tempos – é capaz de modificar os parâmetros éticos da humanidade para cada momento histórico e aperfeiçoá-la na sua sincera busca pela Verdade.

---

[21] EG 247.
[22] CONSELHO EPISCOPAL LATINO-AMERICANO (CELAM). *A Igreja na atual transformação da América Latina à luz do Concílio.* Conclusões de Medellín. 8 ed. Petrópolis:Vozes, 1985, n. 1,2. Daqui em diante = Medellín.
[23] EG 59.
[24] EG 278.

5.2 O povo como lugar teológico

A representação do ser humano como indivíduo isolado e a consideração de cada questão moral como um fragmento desarticulado não são consistentes com a nossa antropologia cristã que inspira laços de reconhecimento recíproco, esperanças compartilhadas e projetos comunitários de justiça.

Os sinais dos tempos se distinguem nos acontecimentos do povo. Além de ser uma realidade geográfica, existe uma comunidade de povos com sua própria história, valores específicos e problemas semelhantes.

O projeto moral do Papa Francisco recupera a proposta cristã de um projeto comunitário de justiça e salvação. A comunidade eclesial é a esfera natural de filiação para o Povo de Deus, na qual os outros são um presente para nós e nós somos um presente para os demais no relacionamento fraterno.

Segundo o Documento de San Miguel, "a Igreja deve discernir sobre sua ação libertadora ou salvífica a partir da perspectiva do povo e dos seus interesses, pois, por ser ele sujeito e agente da história humana, que está intimamente ligada à história da Salvação, os sinais dos tempos se fazem presentes e decifráveis nos acontecimentos desse mesmo povo ou que o afetam. [...] Portanto, a ação da Igreja não deve ser apenas orientada para o povo, mas também e, principalmente, a partir do próprio povo".[25]

---

[25] CONFERÊNCIA EPISCOPAL ARGENTINA. Documento de San Miguel: declaración del Episcopado Argentino sobre la adaptación a la realidad actual del país, de las conclusiones de la II Conferencia General del Episcopado Latinoamericano (Medellín). Disponível em: https://www.familiasecnacional.org.ar/wp-content/uploads/2017/08/1969-ConclusionesMedellin.pdf. Acesso em: 20 jun. 2020.

O Papa Francisco fala do povo de Deus, de seu "rosto pluriforme"[26] e de sua "multiforme harmonia",[27] que emerge da diversidade de culturas que o enriquecem. Quando ele fala do povo, volta a utilizar a imagem do poliedro para sublinhar a unidade plural da irredutível diferença em seu interior.

5.3 Os pobres como lugar teológico

No projeto moral do Papa Francisco, os pobres são lugar teologal de revelação e conversão para a teologia e para a Igreja, além de serem uma realidade histórica e universal.

Os bispos, em Medellín, assumem um compromisso que implica tornar-se um e solidário com cada homem pobre.[28] "Esta solidariedade significará fazer nossos seus problemas e lutas e saber falar por eles." Saber falar por eles não significa calar a voz dos pobres ou interpretá-los, mas se concretiza "na denúncia da injustiça e opressão, na luta contra a intolerável situação em que se encontra frequentes vezes o pobre e na disposição de dialogar com os grupos responsáveis por esta situação a fim de fazê-los compreender suas obrigações".[29]

Medellín tentou responder, na perspectiva do Evangelho, ao "surdo clamor [...] de milhões de homens, pedindo a seus pastores uma libertação que não lhes advém de parte alguma".[30] Em Puebla, destacou-se que, para viver e anunciar a exigência da pobreza cristã, a Igreja precisava "rever suas estruturas e a

---
[26] EG 116.
[27] EG 117.
[28] Medellín 3, 14.
[29] Medellín 13, 10.
[30] Medellín 14, 1.2.

vida de seus membros, sobretudo dos agentes de pastoral, com vistas a uma conversão efetiva".[31]

As palavras do Papa Francisco ressoam oportunas: "Para a Igreja, a opção pelos pobres é mais uma categoria teológica que cultural, sociológica, política ou filosófica. [...] Por isso, desejo uma Igreja pobre para os pobres".[32]

O documento de Aparecida (do qual Bergoglio participou da redação final) revela o rosto do pobre, focalizando não apenas na miséria, no desamparo, na exploração, na fome, na escassez, na humilhação, mas também na pobreza interna do ser humano, baseada na falta de dignidade que impede o desenvolvimento da verdadeira vocação do homem, mostrando nele o próprio Cristo: "Tudo o que tenha relação com Cristo tem relação com os pobres, e tudo o que está relacionado com os pobres clama por Jesus Cristo".[33]

No projeto moral do Papa Francisco, a opção preferencial pelos pobres não é apenas mais uma decisão na vida cristã; é o que a caracteriza.[34]

5.4 A cultura como lugar teológico

A cultura é uma maneira de pôr-se a pergunta sobre o significado da existência pessoal. Nesse sentido, é a busca aberta pela

---

[31] CONSELHO EPISCOPAL LATINO-AMERICANO (CELAM). *Evangelização no presente e no futuro da América Latina*. Conclusões da III Conferência Geral do Episcopado Latino-Americano. Puebla de los Angeles, México, 27-1 a 13-2 de 1979. 3 ed. São Paulo: Paulinas, 1979, n. 1157. Daqui em diante = Puebla.
[32] EG 198.
[33] CONSELHO EPISCOPAL LATINO-AMERICANO (CELAM). *Documento de Aparecida*. Texto conclusivo da V Conferência Geral do Episcopado Latino-Americano e do Caribe (13-31 de maio de 2007). 2 ed. Brasília: Edições CNBB; São Paulo: Paulus/Paulinas, 2007, n. 393. Daqui em diante = Aparecida.
[34] Aparecida 394.

verdade, que se renova em cada geração, e um reflexo da concepção que o Homem e a sociedade têm de si mesmos e de seu destino.[35]

A cultura pós-moderna nos mostra um homem diante de múltiplos paradoxos: como nunca antes, o homem se encontra sedento de transcendência, em busca de "algo" ou "alguém" que preencha o sentido de sua vida. Poderíamos dizer que esse homem pós-moderno é profundamente espiritual, embora não necessariamente religioso, e, se o fosse, em muitos casos procura "emancipar-se" de toda religião instituída.

Com a palavra "cultura", indica-se o modo particular como, em um povo, os homens cultivam sua relação com a natureza, entre si e com Deus.[36]

A língua, a história e as atitudes que o homem assume diante dos acontecimentos fundamentais da existência, como nascer, amar, trabalhar, morrer, assim como a atitude que ele assume diante do maior mistério, o mistério de Deus, são expressões e reflexo dessa cultura.[37]

Para a teologia de Francisco, a noção de "Povo" é mais relevante do que a de "indivíduo". Entendido a partir da cultura, "Povo" reúne em si as ideias de comunhão e participação, por um lado, e, por outro, de organização comunitária e diferenciada.[38]

---

[35] CONSELHO EPISCOPAL LATINO-AMERICANO (CELAM). *Nova evangelização, promoção humana, cultura cristã. Jesus Cristo ontem, hoje e sempre*. IV Conferência Geral do Episcopado Latino-Americano (12-28 de outubro de 1992). Santo Domingo. Conclusões. São Paulo: Loyola, 1992, n. 222. Daqui em diante = Santo Domingo.
[36] CONCÍLIO VATICANO II. *Gaudium et Spes*. Constituição Pastoral sobre a Igreja no mundo atual, 53b. Disponível em: http://www.vatican.va/archive/hist_councils/ii_vatican_council/documents/vat-ii_const_19651207_gaudium-et-spes_po.html. Acesso em: 20 jun. 2020. Daqui em diante = GS.
[37] Santo Domingo 229.
[38] SCANNONE, J. C. Perspectivas eclesiológicas de la "teología del pueblo" en la Argentina. In: CHICA, F.; PANIZZOLO, S.; WAGNER H. (Eds.). *Ecclesia tertii millenni adveniens*. Casale Monferrato: Piemme, 1997, p. 695.

Por ser uma dimensão da unidade plural (e não de divisão e conflito, como a de classe), serve para pensar a comunhão eclesial, respeitosa das diferenças.

Um dos sinais de interpretação derivado da noção de "Povo" é a "religiosidade popular", entendida como diálogo de culturas e manifestação de Deus na cultura. Embora a Igreja reconheça seus limites, também destaca que "percebe-se na expressão da religiosidade popular uma enorme reserva de virtudes autenticamente cristãs, especialmente na linha da caridade [...]", através da qual o povo manifesta "sua fé de um modo simples, emocional e coletivo".[39]

A religiosidade popular tem valor como exteriorização de um clamor confiante por justiça, libertação e reparação e, além disso, como um exercício concreto de fraternidade e reciprocidade de irmãos.[40] O imperialismo cultural despreza a religiosidade, particularmente a religiosidade popular como um sinal de identidade. Força a aculturação a partir de uma atitude de superioridade (ativa ou passiva). Sob uma história "atrativa", se oculta uma verdade aterradora: muitos valores cristãos estão desaparecendo devido à influência esmagadora da colonização cultural e da globalização.

A resposta tem sido muitas vezes a defesa de uma ortodoxia ética que a "sociedade líquida" dissolve passo a passo, um catolicismo "em ordem", perfeitamente inserido no poder do mundo, fechado em si mesmo, de acordo com suas próprias certezas, que se relaciona com a sociedade apenas através de uma dialética de valores inegociáveis, autolegitimados como reserva moral do Ocidente.

---
[39] Medellín 6, I.2-3.
[40] Puebla 452.

Portanto, o papel evangelizador da Igreja se estende à cultura, por ser esta o contexto em que se desenvolve toda a atividade humana, auxiliando-a no caminho da busca da Verdade e no serviço desinteressado da busca da paz.[41]

A "novidade" da exclusão resulta também de um substrato cultural, de uma cultura individualista que se impõe. O processo de secularização dissolve todo tipo de relação social, dessacralizando tudo, exceto os bens. Tende a reduzir a fé e a Igreja ao âmbito do privado e do íntimo. Além disso, ao negar toda transcendência, produz uma crescente deformação ética, um enfraquecimento do sentido do pecado pessoal e social e um progressivo aumento do relativismo.[42]

Uma cultura fundada no consumo que – considerando toda relação humana desde essa perspectiva – evidencia uma indiferença em relação ao outro, um não se sentir responsável pelo outro. Uma cultura que considera o homem como objeto de consumo, "descartável" quando seu uso não provê os benefícios esperados.[43]

Para Francisco, "as formas próprias da religiosidade popular são encarnadas, porque brotaram da encarnação da fé cristã numa cultura popular. Por isso mesmo, incluem uma relação pessoal não com energias harmonizadoras, mas com Deus, Jesus Cristo, Maria, um Santo. Têm carne, têm rostos. Estão aptas para alimentar potencialidades relacionais e não tanto fugas individualistas".[44]

A ação, na perspectiva da consciência evangelizadora, implica reconstruir o tecido das relações sociais com o testemunho.

---
[41] Santo Domingo 203.
[42] EG 64.
[43] Aparecida 46.
[44] EG 90.

É denúncia e anúncio. Interpela uma evangelização criativa e uma participação determinada na construção de novas formas de gestão do econômico, do público, juntamente com a participação responsável não apenas no âmbito educativo, mas na construção de consciência e presença nos novos areópagos da cultura. Tudo isso exige, portanto, avançar na evangelização da cultura.[45]

5.5 A política como lugar teológico

As ideias formuladas na *Evangelii Gaudium* são a expressão programática do pensamento do Papa Francisco em relação à tarefa e aos desafios que ele vislumbra para a Igreja, tanto como instituição quanto como comunidade de fiéis: "Surge uma necessidade generosa e quase impaciente de renovação, isto é, de emenda dos defeitos, que aquela consciência denuncia e rejeita, como se fosse um exame interior ao espelho do modelo que Cristo nos deixou de Si mesmo".[46] Como afirmou Paulo VI: "A evangelização não seria completa se ela não tomasse em consideração a interpelação recíproca que se fazem constantemente o Evangelho e a vida concreta, pessoal e social dos homens".[47]

Francisco nos convida a um olhar ético para o contexto sócio-histórico em que se debate a humanidade hoje. Seu olhar não se detém nos sinais macrossociais, mas se dirige à realidade profunda do coração do homem que também a Política deve considerar em seu horizonte: "O Evangelho possui um critério de totalidade que lhe é intrínseco: não cessa de ser Boa-Nova

---
[45] Puebla 409-419.
[46] EG 26.
[47] PAULO VI, Papa. *Evangelii Nuntiandi*. Exortação Apostólica sobre a evangelização no mundo contemporâneo. 3 ed. São Paulo: Paulinas, 1976, n. 29. Francisco cita esta passagem em EG 181.

enquanto não for anunciado a todos, enquanto não fecundar e curar todas as dimensões do homem, enquanto não unir todos os homens à volta da mesa do Reino".[48]

No projeto moral de Francisco, os pecados da Política são pecados sociais, não exclusivamente pessoais: "Estes vícios, que enfraquecem o ideal duma vida democrática autêntica, são a vergonha da vida pública e colocam em perigo a paz social".[49]

Um dos pecados políticos é cair no "mundanismo" do Poder: "Quem caiu nesse mundanismo olha de cima e de longe, rejeita a profecia dos irmãos, desqualifica quem o questiona, faz ressaltar constantemente os erros alheios e vive obcecado pela aparência".[50]

Outro pecado político é retratado na passagem da Escritura que mostra a ruptura entre Caim e Abel por meio da pergunta "onde está teu irmão?" (Gn 4,9). De um lado, temos a política que busca a dominação e o benefício próprio e, do outro, a política como serviço, cuidado e busca do bem comum. "Acaso sou o guarda do meu irmão?" (Gn 4,9). *É a* pergunta ética que se estende à Política em relação aos nossos irmãos mais vulneráveis: "Onde estiver o teu tesouro, aí estará também o teu coração" (Mt 6,21).

Um terceiro pecado é expresso no quinto mandamento: "Não matarás" (Ex 20,13). Novamente, este não é um pecado exclusivamente pessoal, mas também social e estrutural: "Assim como o mandamento 'não matar' põe um limite claro para asse-

---
[48] EG 236.
[49] FRANCISCO, Papa. "A boa política está ao serviço da paz". Mensagem para a celebração do Dia Mundial da Paz (1º.01.2019), n. 4. Disponível em: https://w2.vatican.va/content/francesco/pt/messages/peace/documents/papa-francesco_20181208_messaggio-52giornatamondiale-pace2019.html. Acesso em: 20 jun. 2020.
[50] EG 97.

gurar o valor da vida humana, hoje devemos dizer 'não a uma economia da exclusão e da desigualdade social'. Essa economia mata".[51] Para o Papa Francisco, "assim teve início a cultura do 'descartável', que, aliás, chega a ser promovida. Já não se trata simplesmente do fenômeno de exploração e opressão, mas de uma realidade nova: com a exclusão, fere-se, na própria raiz, a pertença à sociedade onde se vive, pois quem vive nas favelas, na periferia ou sem poder já não está nela, mas fora. Os excluídos não são 'explorados', mas resíduos, 'sobras'".[52]

É por isso que Francisco conclama que a atividade pública seja exercida com criatividade, pois, "quando a sociedade – local, nacional ou mundial – abandona uma parte de si mesma na periferia, não há programas políticos nem forças da ordem ou serviços secretos que possam garantir indefinidamente a tranquilidade. [...] É o mal cristalizado nas estruturas sociais injustas, a partir do qual não podemos esperar um futuro melhor".[53]

Trata-se de dar uma guinada essencial para superar a tendência de considerar como "absoluta" qualquer forma de conceber a realidade, bem como, por outro lado, a tentação de considerar tudo como "relativo": "Este relativismo prático é agir como se Deus não existisse, decidir como se os pobres não existissem, sonhar como se os outros não existissem, trabalhar como se aqueles que não receberam o anúncio não existissem [...]", agarrando-se "a seguranças econômicas ou a espaços de poder e de glória humana que se buscam por qualquer meio, em vez de dar a vida pelos outros na missão".[54]

---

[51] EG 53.
[52] EG 53.
[53] EG 59.
[54] EG 80.

A função e a responsabilidade política constituem um desafio permanente para todos os que abraçam essa vocação de criar as condições para um futuro digno e justo para todos. A política, se realizada no respeito fundamental pela vida, pela liberdade e pela dignidade das pessoas, pode converter-se verdadeiramente numa forma eminente da caridade e num estilo de vida evangélico: "O Evangelho [isso serve também para a vida política] convida-nos sempre a abraçar o risco do encontro com o rosto do outro, com a sua presença física que interpela, com o seu sofrimento e suas reivindicações, com a sua alegria contagiosa permanecendo lado a lado. A verdadeira fé no Filho de Deus feito carne é inseparável do dom de si mesmo, da pertença à comunidade, do serviço, da reconciliação com a carne dos outros. Na sua encarnação, o Filho de Deus convidou-nos à revolução da ternura".[55]

Como assinala o Papa Francisco, "hoje, mais do que nunca, as nossas sociedades necessitam de 'artesãos da paz' que possam ser autênticos mensageiros e testemunhas de Deus Pai, que quer o bem e a felicidade da família humana".[56]

5.6 A periferia como lugar teológico

Em seu discurso aos cardeais no pré-conclave, em 9 de março de 2013, o então Cardeal Jorge M. Bergoglio afirmou que "evangelizar supõe zelo apostólico. Evangelizar supõe na Igreja a *parresía* de sair de si mesma. A Igreja é chamada a sair de si mesma e ir para as periferias, não apenas geográficas, mas também as periferias existenciais: as do mistério do pecado, da dor,

---
[55] EG 88.
[56] FRANCISCO."A boa política está ao serviço da paz", n. 5.

das injustiças, das ignorâncias e recusa religiosa, do pensamento, de toda miséria".[57]

Esta seria a antecipação de um dos aspectos do seu programa moral que desafia a Igreja a descobrir a presença de Deus nas periferias. Quais são essas periferias? Cada pessoa crucificada por um sistema econômico injusto; cada filho pródigo que sofre por estar longe do Pai, privado do seu afeto; aqueles a quem ainda não chegou o anúncio da Boa Nova; os desprezados, esquecidos e descartados pelos homens;[58] os banidos da graça, do verdadeiro "centro" que não é a Igreja como instituição, mas Cristo.

A "periferia existencial" é a condição do homem pós-moderno em que as contradições são tragicamente exacerbadas por uma globalização sem escrúpulos, em que a secularização desertificou a alma a tal ponto que o próprio "centro" do cristianismo também pode se converter – se é que já não é – numa "periferia existencial".

Nas palavras do próprio Papa Francisco: "A Igreja é instituição, mas, quando se erige em 'centro', se funcionaliza e, pouco a pouco, se transforma em uma ONG. Então, a Igreja pretende ter luz própria e deixa de ser aquele *mysterium lunae* de que nos falavam os Santos Padres. Torna-se cada vez mais autorreferencial, e se enfraquece a sua necessidade de ser missionária".[59]

---

[57] BERGOGLIO, Jorge M. *A doce e confortadora alegria de evangelizar*. Intervenção na congregação geral de cardeais em preparação ao Conclave (09.03.2013), divulgada pelo cardeal Jaime Ortega. In: Esta é a intervenção magistral do cardeal Bergoglio no pré-conclave. Revista *IHU On-Line* (26.03.2013). Disponível em: http://www.ihu.unisinos.br/171-noticias/noticias-2013/518772-esta-e-a-intervencao-magistral-do-cardeal-bergoglio-no-pre-conclave. Acesso em: 20 jun. 2020.
[58] EG 53.
[59] FRANCISCO, Papa. Encontro com a Comissão de Coordenação do CELAM no Centro de Estudos do Sumaré (Rio de Janeiro, 28.07.2013). In: *Palavras do Papa Francisco no Brasil*. São Paulo: Paulinas, 2013, p. 144.

A burocratização eclesiástica e o clericalismo são o resultado esperado desse processo. Trata-se de um clericalismo ético, no qual Cristo está ausente, Cristo como sujeito do encontro, como afirmou Bento XVI: "Ao início do ser cristão, não há uma decisão ética ou uma grande ideia, mas o encontro com um acontecimento, com uma Pessoa que dá à vida um novo horizonte e, dessa forma, o rumo decisivo".[60]

Francisco, também com seus gestos, nos convida a nos encontrarmos com Jesus, mas de uma maneira nova, na periferia. Trata-se de "sair em direção aos outros para chegar às periferias humanas [...], diminuir o ritmo, pôr de parte a ansiedade para olhar nos olhos e escutar, ou renunciar às urgências para acompanhar quem ficou caído à beira do caminho".[61] A atitude que guia essa saída é o "encontro" e, para Francisco, o "cuidado" como disposição para acolher todos aqueles que aparecem no horizonte do encontro. Uma Igreja que abraça a periferia é uma Igreja em saída.

5.7 A criação como lugar teológico

Para o Papa Francisco, o cuidado com a Criação está no centro do seu projeto moral. Ele está convicto de que "a possibilidade de usufruir do bem-estar necessário para o seu pleno desenvolvimento"[62] implica que o homem cuide da *Criação* como sua casa.

Na sua carta encíclica *Laudato Si'*, Francisco frisa a necessidade de um olhar ético sobre a Criação, que não admite olhares fragmentados e parciais, mas uma necessária visão de conjunto,

---

[60] BENTO XVI, Papa. *Deus Caritas Est.* Carta Encíclica sobre o amor cristão. São Paulo: Paulinas, 2006, n. 1.
[61] EG 46.
[62] PONTIFÍCIO CONSELHO "JUSTIÇA E PAZ". *Compêndio da Doutrina Social da Igreja.* 7 ed. São Paulo: Paulinas, 2011, n. 172.

integral. Dizer "Criação" significa reafirmar que "o todo é mais do que a parte" e, "por isso, é preciso alargar sempre o olhar",[63] mas também superar uma visão puramente instrumental, que considera o mundo como um problema a se resolver, pois a Criação supõe um mistério gozoso a ser contemplado.[64]

Portanto, se levarmos em conta a complexidade da crise ecológica e suas múltiplas causas, resulta claro que "as soluções não podem vir de uma única maneira de interpretar e transformar a realidade. É necessário recorrer também às diversas riquezas culturais dos povos, à arte e à poesia, à vida interior e à espiritualidade".[65] Para os cristãos, a fé proporciona motivações nobres para o cuidado com a natureza (Gn 1,28).[66]

Francisco afirma claramente que "não somos Deus. A terra existe antes de nós e foi-nos dada".[67] O fato de termos sido criados à imagem de Deus e recebido d'Ele o mandato para dominar a terra não significa domínio absoluto sobre as outras criaturas;[68] pelo contrário, trata-se de estabelecer uma relação de reciprocidade responsável entre os seres humanos e a natureza, contrária a um antropocentrismo despótico[69] que nos leva a nos colocarmos no lugar de Deus ou a adorar outros poderes do mundo, sem conhecer limite algum.[70] Como já tinha assinalado a *Gaudium et Spes*, "os desequilíbrios que atormentam o mundo moderno se vinculam com aquele desequilíbrio mais fundamental radicado no coração do homem".[71]

---

[63] EG 235.
[64] LS 12.
[65] LS 63.
[66] LS 64.
[67] LS 67.
[68] LS 67.
[69] LS 68.
[70] LS 75.
[71] GS 10.

O Papa Francisco completa essa interpretação acrescentando que há três relações fundamentais da existência humana que são intimamente conectadas: a relação com Deus, com o próximo e com a terra. Essas três relações podem ser reinterpretadas socialmente como três dimensões: Paz, Justiça e Conservação da Criação.[72] Essas três relações vitais se romperam dentro de nós e entre nós; a relação interior consigo mesmo, com os outros, com Deus e com a terra se enquadram na mesma lógica segundo a qual "tudo está inter-relacionado e o cuidado autêntico da nossa própria vida e das nossas relações com a natureza é inseparável da fraternidade, da justiça e da fidelidade aos outros".[73]

Essa ruptura tem sua origem no pecado que "manifesta-se hoje, com toda a sua força de destruição, nas guerras, nas várias formas de violência e abuso, no abandono dos mais frágeis, nos ataques contra a natureza"[74] e na ameaça latente de que o homem se destrua a si mesmo.[75]

A ideia de "Criação" implica que todos os seres vivos têm o direito de viver pelo simples fato de existir e pelo valor que têm diante de Deus. Não podemos dispor deles à nossa vontade,[76] nem considerá-los meros objetos submetidos ao arbítrio do homem.[77]

Para a tradição judaico-cristã, "dizer 'criação' é mais do que dizer natureza, porque tem a ver com um projeto do amor de Deus, em que cada criatura tem um valor e um significado. [...] A criação só se pode conceber como um dom que vem das mãos abertas do Pai de todos [...] que nos chama a uma comunhão universal",[78] um

---
[72] LS 92.
[73] LS 70.
[74] LS 66.
[75] LS 79.
[76] LS 69.
[77] LS. 82.
[78] LS 76.

dom que inclui todos os Homens e todos os povos.[79] É por isso que "não pode ser autêntico um sentimento de união íntima com os outros seres da natureza, se ao mesmo tempo não houver no coração ternura, compaixão e preocupação pelos seres humanos".[80]

É tarefa do Homem contemplar a "Criação" com um olhar esperançoso, pois "muitas coisas que consideramos males, perigos ou fontes de sofrimento, na realidade, fazem parte das dores de parto que nos estimulam a colaborar com o Criador".[81] Para aquele que crê, a contemplação da "Criação" é, em si mesma, uma mensagem,[82] pois "cada criatura reflete algo de Deus e tem uma mensagem para nos transmitir".[83] Maria, Mãe e Rainha de toda a Criação, pode nos ajudar, a partir da sua compreensão do significado de todas as coisas, "a contemplar este mundo com um olhar mais sapiente".[84]

6. A necessidade de conversão

A ideia central que atravessa o projeto moral do Papa Francisco é que a crise do homem é o resultado de uma crise do coração humano, produto da Modernidade, uma crise ética, cultural e espiritual.

As soluções envolvem a conversão do próprio Homem, algo que o Papa Francisco apontou com especial ênfase na *Laudato Si'*: "Não podemos iludir-nos de sanar a nossa relação com a natureza e o meio ambiente, sem curar todas as relações humanas fundamentais [...]; não se pode propor uma relação com o ambiente, prescindindo da relação com as outras pessoas e com Deus".[85]

---

[79] LS 71.
[80] LS 91.
[81] LS 80.
[82] LS 85.
[83] LS 221.
[84] LS 241.
[85] LS 119.

Quando o valor de uma pessoa pobre, de um embrião humano, de uma pessoa com deficiência – apenas para dar alguns exemplos – não é reconhecido, dificilmente serão ouvidos os gritos da natureza. Tudo está conectado.[86]

Se "os desertos exteriores se multiplicam no mundo porque os desertos interiores se tornaram tão amplos", a crise ecológica é um chamado a uma profunda conversão interior.[87] A humanidade pós-moderna não encontrou um novo entendimento de si mesma que pudesse guiá-la.[88]

Uma forma de exteriorização dessa crise ética é o que o Papa Francisco chama de "relativismo prático", que caracteriza o nosso tempo e que é "ainda mais perigoso que o doutrinal",[89] porque significa agir como se Deus não existisse. Essa mesma cultura do relativismo "é a mesma lógica de 'usa e joga fora'",[90] que gera tanto desperdício apenas por causa do desejo desordenado de consumir mais do que é realmente necessário.

Os projetos políticos ou a força da lei não conseguem impedir comportamentos que afetam o meio ambiente, pois esses comportamentos nascem de um tipo particular de cultura que "se corrompe deixando de reconhecer qualquer verdade objetiva ou quaisquer princípios universalmente válidos".[91]

Também faz parte dessa conversão que a política e a economia atuem de forma interdependente, mas sem se submeter mutuamente, e, muito menos, sem "submeter-se aos ditames

---
[86] LS 117.
[87] LS 217. Francisco cita, aqui, Bento XVI, *Homilia no início do Ministério Petrino* (24.04.2005).
[88] LS 203.
[89] EG 80.
[90] LS 123.
[91] LS 123.

e ao paradigma eficientista da tecnocracia".[92] Segundo o Papa Francisco, em vista do bem comum, é imperativo "que a política e a economia, em diálogo, coloquem-se decididamente a serviço da vida, especialmente da vida humana".[93] Uma autêntica cultura de cuidado não pode ser reduzida a uma série de respostas urgentes e parciais que vão surgindo.[94]

Política e economia tendem a culpar-se mutuamente – segundo o Papa Francisco –, em vez de reconhecer os próprios erros e encontrar formas de interação voltadas para o bem comum. O que se observa é que alguns se desesperam apenas pelo ganho econômico, e outros ficam obcecados com conservar ou aumentar o poder, de modo que "o que nos resta são guerras ou acordos espúrios, nos quais o que menos interessa às duas partes é preservar o meio ambiente e cuidar dos mais fracos".[95]

Como podemos inferir do que foi afirmado até agora, a "conversão" implica uma série sucessiva – não linear – de "conversões", cujas dimensões atingem o pessoal, social, cultural e incluem a conversão política e econômica, necessárias para uma efetiva transformação das realidades injustas (Figura 1).

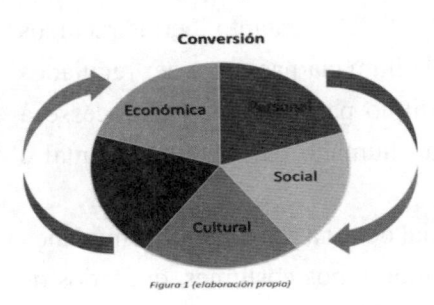

Os seres humanos, que são capazes de se degradar até o extremo, também podem se superar, voltar a optar pelo bem e se regenerar, para além de todos os condicionamentos mentais

---
[92] LS 189.
[93] LS 189.
[94] LS 111.
[95] LS 198.

e sociais que lhes imponham. Eles são capazes de olhar para si mesmos com honestidade, de externar seu próprio pesar e iniciar novos caminhos para a verdadeira liberdade.[96]

A conversão pessoal – se for verdadeira – estende-se ao âmbito do social e se pergunta qual é a dimensão social de uma determinada crise. Para a *Laudato Si'*, os migrantes constituem uma clara e dramática expressão da crise ambiental na sua dimensão social. É trágico o aumento de migrantes que fogem da miséria, piorada pela degradação ambiental; e igualmente trágica é a indiferença internacional que não os reconhece nem os auxilia como refugiados que deveriam ser reconhecidos por meio de algum estatuto de proteção. "A falta de reações diante desses dramas dos nossos irmãos e irmãs é um sinal da perda do sentido de responsabilidade pelos nossos semelhantes, sobre o qual se funda toda a sociedade civil".[97]

Para citar outro exemplo, o princípio da subordinação da propriedade privada à destinação universal dos bens e, portanto, o direito universal ao seu uso são uma "regra de ouro" – dirá o Santo Padre – do comportamento social e o "primeiro princípio de toda a ordem ético-social".[98] No entanto, certos recursos essenciais para a sobrevivência humana passam a ser regulados pelas leis do mercado. O exemplo paradigmático é o acesso à água potável, que é um direito humano básico, fundamental e universal.

A conversão pessoal e social deveria provocar uma mudança na cultura, ou seja, na lei, na moral, nos costumes, em todos os

---

[96] LS 205.
[97] LS 25.
[98] LS 93. Francisco cita, aqui, João Paulo II, *Carta enc. Laborem exercens* (14.09.1981), n. 19.

hábitos, habilidades e práticas sociais, na sua relação com a família, com a sociedade e com a natureza. O homem do mundo pós-moderno corre o risco permanente de se tornar profundamente individualista, e muitos problemas sociais se relacionam com o imediatismo egoísta de hoje, com o relativismo prático e com o antropocentrismo excessivo, exteriorizações da crise da Modernidade.

Diante dos problemas da imensa pobreza, a incapacidade de pensar um mundo diferente leva a soluções fáceis e estigmatizadas, como a redução da natalidade. Culpar o aumento da população, e não o consumismo extremo e seletivo, ou a cultura do descarte, "é uma forma de não enfrentar problemas. [...] 'A comida que se desperdiça é como se fosse roubada da mesa do pobre'".[99] Muitos são os interesses particulares e muito facilmente o interesse econômico passa a prevalecer sobre o bem comum e, com isso, atenta-se contra o próprio homem.

Por isso, a participação política deveria ser uma das maiores aspirações do cidadão por seu papel regulador da convivência social. "Ninguém deveria dizer que se mantém longe dos pobres, porque as suas opções de vida implicam prestar mais atenção a outras incumbências. [...] Ninguém pode sentir-se exonerado da preocupação pelos pobres e pela justiça social: 'A conversão espiritual, a intensidade do amor a Deus e ao próximo, o zelo pela justiça e pela paz, o sentido evangélico dos pobres e da pobreza são exigidos a todos".[100]

A crise atual exterioriza a necessidade de mudar nossos modos de produção e consumo. A tecnologia, que está ligada às

---

[99] LS 50. Francisco cita, aqui, sua *Catequese* de 05.06.2013.
[100] EG 236. Francisco cita, aqui, a Congr. para a Doutrina da Fé, *Instr. Libertatis nuntius* (06.08.1984), XI, 18.

finanças, pretende ser a única solução para os problemas, mas muitas vezes é incapaz de ver o mistério das muitas relações que existem entre as coisas.

Assim como o homem pretende exercer um domínio sobre a técnica, ele deve ter o mesmo afã para exercer esse domínio sobre a economia, pois o mercado, por si mesmo, não garante o desenvolvimento humano integral, a inclusão social e o acesso aos bens por parte dos mais pobres.

Proclamar a liberdade econômica onde as condições reais impedem que muitos possam efetivamente aceder a ela e onde o acesso ao trabalho se deteriora é um discurso contraditório: "Precisamos 'converter o modelo de desenvolvimento global'. [...] Trata-se simplesmente de redefinir o progresso".[101]

Considerações finais

Como vimos neste capítulo, o projeto moral do Papa Francisco não é o retorno à ordem moral do Cristianismo, nem a fuga para um integrismo, que pode ser refúgio seguro para as próprias convicções, mas que fatalmente nos afastaria de Cristo, presente na realidade sofrida de tantos irmãos crentes e não crentes. A crise da pandemia provocada pela Covid-19 nos colocou a todos no mesmo barco, como lembrou o Papa Francisco.

É impossível compreender o projeto moral de Francisco para a humanidade sem um olhar de misericórdia, sem uma leitura lúcida dos sinais dos tempos, sem uma visão crítica dos sistemas opressivos e das estruturas injustas e sem assumir o desafio de construir a unidade na diferença dentro da Igreja. É fundamental

---

[101] LS 194. Francisco cita, aqui, a *Mensagem para o Dia Mundial da Paz de 2010*, n. 9.

no projeto do Papa Francisco a mediação teológico-pastoral, como forma de fazer-se próximo ao homem e às suas angústias e esperanças. Nesse sentido, os sete lugares teológicos são imprescindíveis: 1. A história: Deus se manifesta e encarna em todos os contextos históricos (Santo Domingo, 1992); 2. O povo: os sinais dos tempos estão presentes e decifráveis nos eventos do Povo (Teologia do Povo); 3. Os pobres: Deus – no meio do Povo – se manifesta preferencialmente naqueles que são esquecidos e desprezados, os pobres (Medellín, 1968); 4. A cultura: na religiosidade popular e na cultura, Deus se faz presente (Puebla, 1979); 5. A política: o Evangelho – isso serve também para a vida política – sempre nos convida a correr o risco do encontro com o rosto do outro, com a sua presença que nos interpela (*Evangelii Gaudium,* 2013); 6. A periferia: a Igreja é chamada a sair de si mesma e ir para as periferias, não apenas geográficas, mas também existenciais (Jornada Mundial da Juventude, 2013); 7. A criação: só pode ser entendida como um dom que surge da mão aberta do Pai de todos, que nos chama para uma comunhão universal (*Laudato Si'*, 2015).

Por tudo isso, resulta claro que a "conversão" também é uma parte necessária para um novo posicionamento ético. Ela envolve uma série sucessiva – não linear – de "conversões", cujas dimensões atingem os níveis pessoal, social, cultural, político, econômico, necessários para uma efetiva transformação de realidades injustas.

Nesse processo, a teologia moral não deveria abordar a realidade apenas do ponto de vista ético, mas procurar descobrir o quanto há de Deus nessa realidade. O desafio é aproximar-se desses lugares teológicos e das múltiplas ações que buscam transformar a realidade – muitas vezes a partir de situações periféricas ou não hegemônicas –, atentos às "sementes do Verbo" neles presentes, que revelam a presença de Deus.

O projeto de Deus para o homem é a sua felicidade, mas este conhece os limites próprios da sua condição humana. "Por isso, viver a comunhão com Cristo é totalmente oposto ao permanecer passivo e alheio à vida de todos os dias, mas, ao contrário, insere-nos cada vez mais no relacionamento com os homens e as mulheres do nosso tempo, para lhes oferecer o sinal concreto da misericórdia e da atenção de Cristo".[102]

Referências bibliográficas

BENTO XVI, Papa. *Deus Caritas Est*. Carta Encíclica sobre o amor cristão. São Paulo: Paulinas, 2006.

BERGOGLIO, Jorge M. *A doce e confortadora alegria de evangelizar*. Esta é a intervenção magistral do cardeal Bergoglio no pré-conclave. In: *Revista IHU On-Line* (26.03.2013). Disponível em: http://www.ihu.unisinos.br/171-noticias/noticias-2013/518772--esta-e-a-intervencao-magistral-do-cardeal-bergoglio-no-pre-conclave. Acesso em: 20 jun. 2020.

BERLIN, I. *Las raíces del Romanticismo*. Madrid: Santillana / Taurus, 2000.

BINGEMER, M. C. L. *El Misterio y el Mundo*: Pasión por Dios en tiempos de increencia. Madrid. San Pablo, 2017.

BUNGE, M. *Emergencia y convergencia*: Novedad cualitativa y unidad del conocimiento. Barcelona: Gedisa, 2004.

---

[102] FRANCISCO, Papa. Audiência Geral (17.08.2016). Disponível em: https://w2.vatican.va/content/francesco/pt/audiences/2016/documents/papa-francesco_20160817_udienza-generale.html. Acesso em: 20 jun. 2020.

CONCÍLIO VATICANO II. *Lumen Gentium*. Constituição Dogmática sobre a Igreja, n. 40. Disponível em: http://www.vatican.va/archive/hist_councils/ii_vatican_council/documents/vat-ii_const_19641121_lumen-gentium_po.html. Acesso em: 20 jun. 2020.

CONCÍLIO VATICANO II. *Gaudium et Spes*. Constituição Pastoral sobre a Igreja no mundo atual, 53b. Disponível em: http://www.vatican.va/archive/hist_councils/ii_vatican_council/documents/vat-ii_const_19651207_gaudium-et-spes_po.html. Acesso em: 20 jun. 2020.

CONFERÊNCIA EPISCOPAL ARGENTINA. Documento de San Miguel: Declaración del Episcopado Argentino sobre la adaptación a la realidad actual del país, de las conclusiones de la II Conferencia General del Episcopado Latinoamericano (Medellín). Disponível em: https://www.familiasecnacional.org.ar/wp-content/uploads/2017/08/1969-ConclusionesMedellin.pdf. Acesso em: 20 jun. 2020.

CONSELHO EPISCOPAL LATINO-AMERICANO (CELAM). *A Igreja na atual transformação da América Latina à luz do Concílio*. Conclusões de Medellín. 8 ed. Petrópolis: Vozes, 1985.

CONSELHO EPISCOPAL LATINO-AMERICANO (CELAM). *Evangelização no presente e no futuro da América Latina*. Conclusões da III Conferência Geral do Episcopado Latino-Americano. Puebla de los Angeles, México, 27-1 a 13-2 de 1979. 3 ed. São Paulo: Paulinas, 1979.

CONSELHO EPISCOPAL LATINO-AMERICANO (CELAM). *Documento de Aparecida*. Texto conclusivo da V Conferência Geral do Episcopado Latino-Americano e do Caribe (13-31 de maio de 2007). 2 ed. Brasília: Edições CNBB; São Paulo: Paulus/Paulinas, 2007.

CONSELHO EPISCOPAL LATINO-AMERICANO (CELAM). *Nova evangelização, promoção humana, cultura cristã. Jesus Cristo ontem, hoje e sempre.* IV Conferência Geral do Episcopado Latino-Americano (12-28 de outubro de 1992). Santo Domingo. Conclusões. São Paulo: Loyola, 1992.

FRANCISCO, Papa. *Gaudete et Exsultate.* Exortação Apostólica sobre o chamado à santidade no mundo atual. São Paulo: Paulus, 2018.

FRANCISCO, Papa. *Amoris Laetitia.* Exortação Apostólica Pós-Sinodal sobre o amor na família. São Paulo: Loyola, 2016.

FRANCISCO, Papa. *Laudato Si'.* Carta Encíclica sobre o cuidado da casa comum. São Paulo: Paulus/Vozes, 2015.

FRANCISCO, Papa. *Evangelii Gaudium.* Exortação Apostólica sobre o anúncio do Evangelho no mundo atual. São Paulo: Paulus/Loyola, 2013.

FRANCISCO, Papa. Encontro com a Comissão de Coordenação do CELAM no Centro de Estudos do Sumaré (Rio de Janeiro, 28.07.2013). In: *Palavras do Papa Francisco no Brasil.* São Paulo: Paulinas, 2013.

FRANCISCO, Papa. Bênção *Urbi et Orbi.* Momento extraordinário de oração em tempo de pandemia (Átrio da Basílica de São Pedro, 27.03.2020). Disponível em: http://www.vatican.va/content/francesco/pt/messages/urbi/documents/papa-francesco_20200327_urbi-et-orbi-epidemia.html. Acesso em: 20 jun. 2020.

FRANCISCO, Papa. *Misericordia et misera.* Carta Apostólica no termo do Jubileu Extraordinário da Misericórdia. Disponível em: https://w2.vatican.va/content/francesco/pt/apost_letters/documents/papa-francesco-lettera-ap_20161120_misericordia-et-misera.html. Acesso em: 20 jun. 2020.

FRANCISCO, Papa. "A boa política está ao serviço da paz". Mensagem para a celebração do Dia Mundial da Paz (1º.01.2019). Disponível em: https://w2.vatican.va/content/francesco/pt/messages/peace/documents/papa-francesco_20181208_messaggio--52giornatamondiale-pace2019.html. Acesso em: 20 jun. 2020.

FRANCISCO, Papa. Audiência Geral (17.08.2016). Disponível em: https://w2.vatican.va/content/francesco/pt/audiences/2016/documents/papa-francesco_20160817_udienza-generale.html. Acesso em: 20 jun. 2020.

JOÃO PAULO II, Papa. *Centesimus Annus.* Carta Encíclica no Centenário da *Rerum Novarum*, n. 55. Disponível em: http://www.vatican.va/content/john-paul-ii/pt/encyclicals/documents/hf_jp-ii_enc_01051991_centesimus-annus.html. Acesso em: 20 jun. 2020.

NUÑEZ P.; ESPINOZA J. (Coords.). *Filosofía y Política en el siglo XXI:* Europa y el nuevo orden cosmopolita. Madrid: Akal, 2009.

PAULO VI, Papa. *Evangelii Nuntiandi.* Exortação Apostólica sobre a evangelização no mundo contemporâneo. 3 ed. São Paulo: Paulinas, 1976.

PONTIFÍCIO CONSELHO "JUSTIÇA E PAZ". *Compêndio da Doutrina Social da Igreja.* 7 ed. São Paulo: Paulinas, 2011.

RODRÍGUEZ CORRAL, J. Postmodernismo o relativismo metafísico en la filosofía de la historia. In: *Memoria y Civilización:* Anuario de Historia 10 (2007): 93-114.

SCANNONE, J. C. Perspectivas eclesiológicas de la "teología del pueblo" en la Argentina. In: CHICA, F.; PANIZZOLO, S.; WAGNER H. (Eds.). *Ecclesia tertii millenni advenientis.* Casale Monferrato: Piemme, 1997, p. 686-704.

SCANNONE, J. C. El Papa Francisco y La Teología del Pueblo. In: *Razón y Fe* 271/1395 (2014): 31-50.

TORNIELLI, Andrea. *Los viajes de Francisco*: Conversaciones con Su Santidad. México: Planeta, 2017.

UNAMUNO, M. de. *Del sentimiento trágico de la vida*. Madrid: Espasa-Calpe, 1980.

VON GLASERSFELD, E. The incommensurability of Scientific and Poetic Knowledge. In: *Congress on Science, Mysticism, Poetry and Consciousness*. Lisboa: Instituto Piaget, 1994.

2

Uma humanidade descartável?

Um projeto social chamado "Francisco"

Thales Martins dos Santos[1]

Introdução

Em tempos de exclusão e inúmeras desigualdades, encontramos uma voz profética que se levanta contra a cultura de morte. Desde o início de seu pontificado, o Papa Francisco tem se posicionado constantemente a favor da cultura do encontro, da promoção da dignidade da pessoa humana e da defesa dos seus direitos fundamentais. O fato de sermos interdependentes não nos permite aceitar que haja um grupo de descartados, pois todos devem ter acesso aos bens fundamentais para a vida humana.

Nesse sentido, queremos desenvolver uma reflexão que pretende apresentar um projeto inclusivo. Tendo em vista a realidade social, econômica, cultural e eclesial que colabora em variados casos para a desumanização do humano, propomos um retorno à ética de Cristo, que não privilegia os fortes, mas que se aproxima

---

[1] Thales Martins dos Santos é Especialista em Espiritualidade (Centro Universitário Salesiano de São Paulo – UNISAL – *Campus* Pio XI), Licenciado em Filosofia (Faculdade Entre Rios do Piauí – Teresina), Bacharelando em Teologia (Instituto Teológico Pio XI – São Paulo) e Membro do Grupo de Pesquisa Pessoa Humana – Antropologia, Ética e Sexualidade (Pontifícia Universidade Católica de São Paulo).

dos fracos e humildes, pois Deus, ao encarnar-se, tornando-se humano, esvaziou-se de toda glória e assumiu a condição de servo, a fim de mostrar-nos que o sentido da vida é servir no amor (Fl 2,6-11).

Assim, aproximamo-nos da figura do Papa Francisco, uma vez que seu posicionamento frente ao humano tem sido de expressivo reconhecimento por grande parcela da sociedade. O seu ministério como bispo de Roma ultrapassa os muros eclesiais e alcança todos os povos, em especial aqueles que sofrem o descarte da sociedade.

1. A fraqueza de uma humanidade desumana

É lamentável o cenário no qual nos encontramos: misérias, violências, desigualdades, preconceitos etc. Os muitos flagelos provocados por uma economia imperialista e uma cultura covarde continuam a agredir forçosamente tantas mulheres e homens de nosso tempo, majoritariamente, os descartados, a ponto de a humanidade se desumanizar cada vez mais. Diante dessa realidade, sonhar com um novo mundo à luz da ética evangélica é o estímulo que pode provocar em nós verdadeira conversão de valores e hábitos.

Diante do grito dos excluídos, deparamo-nos com a voz profética e incansável do Papa Francisco. Desde que assumiu seu ministério petrino – inclusive na escolha do nome *Francisco*, para lembrar veementemente dos pobres –, ele se faz testemunha de uma Igreja que, a partir do Evangelho, convoca todos os cristãos, indistintamente, ao processo de libertação de todas as cadeias injustas. Para Francisco, não é possível que o cristianismo esteja distante ou se esquive das dores e mazelas sociais que oprimem e maculam tantas irmãs e irmãos. Por meio de sua primeira exortação, intitulada *A alegria do Evangelho*, ele esboça todo o seu projeto eclesial:

> Naquele "ide" de Jesus, estão presentes os cenários e os desafios sempre novos da missão evangelizadora da Igreja, e hoje todos somos chamados a esta nova "saída" missionária. Cada cristão e cada comunidade há de discernir qual é o caminho que o Senhor lhe pede, mas todos somos convidados a aceitar esta chamada: sair da própria comodidade e ter a coragem de alcançar todas as periferias que precisam da luz do Evangelho.[2]

É preciso enfrentar estruturas que ofuscam a luz evangélica, a libertação dos oprimidos, a dignidade da pessoa, uma vez que o valor da vida humana é fundamental (Mc 3,4). Diante de tal cenário, "é preciso revigorar a consciência de que somos uma única família humana. Não há fronteiras nem barreiras políticas ou sociais que permitam isolar-nos e, por isso mesmo, também não há espaço para a globalização da indiferença".[3] O projeto do Papa Francisco consiste, primeiramente, em fortalecer o humano, redescobrir sua essência e suas potencialidades, a fim de que cada sujeito colabore para o desenvolvimento de uma comunidade humana mais justa, fraterna e solidária. A humanidade é o primeiro fator convergente que existe entre nós. Somos criaturas do mesmo Pai que, por puro amor, permitiu que Seu Filho assumisse a nossa carne para nos fazer participar plenamente da Sua comunhão de vida e amor. Por isso, afirma Rafael Luciani,

---

[2] FRANCISCO, Papa. *Evangelii Gaudium*. Exortação Apostólica sobre o anúncio do Evangelho no mundo atual. São Paulo: Paulus/Loyola, 2013, n. 20. Daqui em diante = EG.
[3] FRANCISCO, Papa. *Laudato Si'*. Carta Encíclica sobre o cuidado da casa comum. São Paulo: Paulus/Loyola, 2015, n. 52. Daqui em diante = LS.

sob esta ótica humanizadora, os discursos e ensinamentos de Francisco não pretendem defender posições políticas, *status* religiosos ou funções cultuais; ao contrário, confronta-nos com o essencial da vida, com nossa ligação com os outros, com os processos de humanização, com as formas de nos tratarmos e os valores pelos quais apostamos no dia a dia de nossa própria vida.[4]

Esta perspectiva é abordada por Francisco desde o início de seu ministério pastoral. A sua preferência pelas periferias existenciais e geográficas surge ansiosa por uma acolhida autêntica de todas as instâncias eclesiais, na tentativa de fomentar o fortalecimento de comunidades marcadas pelos desafios do caminho, ao invés do comodismo atrelado à permanência das próprias seguranças sociais que fornecem uma falsa proteção.[5] Quando nos omitimos diante das misérias e sofrimentos humanos, pecamos contra o mandamento da vida, já que nos tornamos colaboradores da cultura de morte que impera em vários setores da sociedade e, infelizmente, até mesmo em comunidades eclesiais que se desviam do Evangelho. Segundo o Papa, em meio a esta desumanização,

> o ser humano é considerado, em si mesmo, como um bem de consumo que se pode usar e depois lançar fora. Assim teve início a cultura do "descartável", que, aliás chega a ser promovida. Já não se trata simplesmente do fenômeno de exploração e opressão, mas de uma realidade nova: com a exclusão, fere-se, na própria raiz, a pertença à sociedade onde se vive, pois quem vive nas favelas, na periferia ou sem poder já não está nela, mas fora. Os excluídos não são "explorados", mas resíduos, "sobras".[6]

---

[4] LUCIANI, Rafael. *La opción teológico-pastoral del papa* Francisco. In: *Perspectiva Teológica* 48/1 (2016): 85.
[5] EG 49.
[6] EG 53.

A cultura do *descarte* tem assolado inúmeras pessoas que lutam em vista de seus direitos fundamentais. No entanto, a grande sociedade continua criando barreiras na tentativa de impedir a igualdade entre todos. Por isso, "para se poder apoiar um estilo de vida que exclui os outros ou mesmo entusiasmar-se com este ideal egoísta, desenvolveu-se uma globalização da indiferença".[7] A indiferença nos anestesia diante do drama da vida humana e nos faz sentirmo-nos satisfeitos com simples favores oferecidos àqueles que consideramos menos favorecidos. Não nos empenhamos na criação e no fortalecimento de políticas públicas que realmente contribuam para a construção do bem comum. Preferimos ocultar a raiz de todo mal social, oferecendo paliativos aos que sofrem em razão do egoísmo humano. Não há compaixão evangélica como no caso do *bom samaritano* (Lc 10,29-37); não há o desejo de se envolver e sofrer juntos. Para que a pureza ritual não seja perdida, até se desvia do caminho do outro.

> A cultura do bem-estar, que nos leva a pensar em nós mesmos, torna-nos insensíveis aos gritos dos outros, faz-nos viver como se fôssemos bolas de sabão: estas são bonitas, mas não são nada, são pura ilusão do fútil, do provisório. Esta cultura do bem-estar leva à indiferença a respeito dos outros; antes, leva à globalização da indiferença. Neste mundo da globalização, caímos na globalização da indiferença. Habituamo-nos ao sofrimento do outro, não nos diz respeito, não nos interessa, não é responsabilidade nossa![8]

---

[7] EG 54.
[8] FRANCISCO, Papa. Viagem a Lampedusa (Itália). Santa Missa pelas vítimas dos naufrágios. Homilia (08.07.2013). Disponível em: https://w2.vatican.va/content/francesco/pt/homilies/2013/documents/papa-francesco_20130708_omelia-lampedusa.html. Acesso em: 04 abr. 2020.

Nesse sentido, "a crise mundial, que investe as finanças e a economia, põe a descoberto os seus próprios desequilíbrios e, sobretudo, a grave carência de uma orientação antropológica que reduz o ser humano apenas a uma das suas necessidades: o consumo".[9] A partir do momento em que desintegramos a pessoa humana, reduzindo-a apenas à lei do mercado, contribuímos para a perda das referências éticas, esvaziando a identidade e o sentido de dignidade humana, fazendo crescer a fila dos *descartados*.[10] Vivemos em plena negação da primazia do humano. O Evangelho perde seu sabor e sua luminosidade quando a Igreja se submete aos poderes injustos e violentos, silenciando sua voz profética em busca de privilégios.[11] Na contramão dessa atitude, desponta o Papa Francisco com suas exortações profícuas sobre a defesa dos direitos humanos, lembrando que a atitude primeira do Evangelho cristão é o *serviço*, pois, em sua humanidade, Deus veio aos homens para servir, e não para ser servido (Mt 20,28). Urge termos consciência de que "o caminho de Jesus começou na periferia, vai dos pobres e com os pobres para todos".[12]

---

[9] EG 55.
[10] FRANCISCO, Papa. *Querida Amazônia*. Exortação Apostólica ao povo de Deus e a todas as pessoas de boa vontade. Brasília: Edições CNBB, 2020, n. 30. Daqui em diante = QA.
[11] É certo que encontramos estruturas eclesiásticas que se regem pela *cultura do comodismo*, para as quais os favores e poderes são mais interessantes do que a luta pelos direitos dos fracos. Somadas a isso, encontramos casas de formação com pouca consciência crítica e superficial conhecimento da realidade. Nesses contextos, a figura do Papa Francisco tem sido alvo de repulsa, enquanto impera o chamado "magistério paralelo" de alguns gurus midiáticos que caminham na direção oposta proposta por ele.
[12] FRANCISCO, Papa. Viagem Apostólica a Nairobi (Quênia). Visita ao bairro pobre de Kangemi. Discurso (27.11.2015). Disponível em: http://www.vatican.va/content/francesco/pt/speeches/2015/november/documents/papa-francesco_20151127_kenya-kangemi.html. Acesso em: 04 abr. 2020.

2. A cultura do descartável *versus* o imperativo evangélico

O Evangelho evoca e convoca uma nova humanidade à luz do mandamento do amor. Não há outro caminho para vencer as barreiras do egoísmo e da indiferença humana! Mas "só essa volta a Jesus Cristo e ao Evangelho do Reino pode renovar a Igreja por dentro e recuperar seu poder de atração e transformação das pessoas e da sociedade".[13] O amor é exigente e, por isso, não suporta sobras e migalhas: é preciso ser total, pleno, gratuito e disponível, sem reservas ou exclusão. Voltar a Jesus de Nazaré é a tarefa primordial de todo cristão nos tempos atuais. O retorno ao Evangelho – bem como a sua vigência perene – faz-se necessário em tempos de desvalorização da vida humana, em que a lei do consumo se sobrepõe aos interesses do bem comum, privilegiando um grupo minimizado e descartando brutalmente a maioria social. A ética cristã se faz profundamente necessária num contexto em que impera a ideia de *homo homini lupus*.

O Papa Francisco nos lembrou da opção preferencial pelos descartados quando, em 2017, instituiu em toda a Igreja o *Dia Mundial dos Pobres*; a partir de então, a cada ano, ele tem exortado todos os povos ao cuidado solidário com as vidas ceifadas por um sistema ganancioso e arbitrário. Para Francisco, todas as mulheres e todos os homens são convocados a reagir diante da *cultura do descarte e do desperdício*, assumindo a *cultura do encontro*, pois "Deus criou o céu e a terra para todos; foram os homens que, infelizmente, ergueram fronteiras, muros e recintos,

---

[13] AQUINO JÚNIOR, Francisco de. *Renovar toda a Igreja no Evangelho*: Desafios e perspectivas para a conversão pastoral na Igreja. Aparecida/SP: Santuário, 2019, p. 46.

traindo o dom originário destinado à humanidade sem qualquer exclusão".[14]

A raiz da ambição humana, sem dúvida, está no desejo de *poder*, de dominação, de controle sobre os demais. Ao invés de humanizar, prioriza-se a desumanização como forma de alcançar autoridade sobre os *inferiores*. O teólogo José Castillo é sábio ao afirmar que

> a ética de Cristo está assentada sobre uma base fundamental: *Jesus viu claramente que o perigo mais grave que ameaça os seres humanos é a tentação do poder.* Não há dúvida de que isso é o que causa o maior prejuízo a todos, o que mais nos desumaniza, o que mais nos divide e o que, por isso mesmo, torna praticamente impossível a convivência em paz, sem agressões e sem violência.[15]

Certamente, a ética evangélica, concretizada na pessoa de Jesus de Nazaré, nos confronta com o desejo de grandeza e imponência: "O maior entre vós seja como o mais novo, e o que manda, como quem está servindo" (Lc 22,26). O Evangelho exige de nós humanização! Assim, "a ética de Jesus torna-se tão difícil de ser assumida por nós precisamente em virtude de sua desconcertante humanidade".[16] A vivência cristã ultrapassa preceitos, normas, deveres, já que ela exige uma conversão interior que promova a relação interpessoal na superação de uma fé intimista. Assumir o Evangelho implica a ética do encontro. Exige

---

[14] FRANCISCO, Papa. Mensagem para o 1° Dia Mundial dos Pobres (19.11.2017). Disponível em: http://www.vatican.va/content/francesco/pt/messages/poveri/documents/papa-francesco_20170613_messaggio-i-giornatamondiale-poveri-2017.html. Acesso em: 02 abr. 2020.
[15] CASTILLO, José M. *A Ética de Cristo*. São Paulo: Loyola, 2010, p. 173.
[16] CASTILLO. *A Ética de Cristo*, p. 67.

deixar-se tocar pela dor das feridas e lepras que corroem a carne da humanidade.

> O descuido no compromisso de cultivar e manter um correto relacionamento com o próximo, relativamente a quem sou devedor da minha solicitude e custódia, destrói o relacionamento interior comigo mesmo, com os outros, com Deus e com a terra. Quando todas essas relações são negligenciadas, quando a justiça deixa de habitar na terra, a Bíblia diz-nos que toda a vida está em perigo.[17]

É claro que o agir do Papa Francisco vai ao encontro dos rostos sofredores, pois, segundo ele, "quando a vida interior se fecha nos próprios interesses, deixa de haver espaço para os outros, já não entram os pobres, não se ouve a voz de Deus, não se goza da doce alegria do seu amor nem fervilha o entusiasmo de fazer o bem".[18] Segundo Francisco,

> Jesus, o evangelizador por excelência e o Evangelho em pessoa, identificou-Se especialmente com os mais pequeninos (cf. Mt 25,40). Isso recorda-nos, a todos os cristãos, que somos chamados a cuidar dos mais frágeis da Terra. Mas, no modelo "do êxito" e "individualista" em vigor, parece que não faz sentido investir para que os lentos, fracos ou menos dotados possam também singrar na vida.[19]

Por essa razão, podemos afirmar que a preferência do Papa pelos descartados fundamenta-se no agir histórico e, portanto, concreto de Jesus de Nazaré. *"O Espírito do Senhor está sobre*

---

[17] LS 70.
[18] EG 2.
[19] EG 209.

mim, pois ele me ungiu, para anunciar a Boa Nova aos pobres" (Lc 4,18). O cuidado atento e compassivo é a chave de todo ministério pastoral. Não podemos projetar inúmeras ações em vista da evangelização remetendo a caridade pastoral a segundo plano, enquanto, na realidade, a caridade é a virtude por excelência (1Cor 13,13b), pois *Deus é Amor* (1Jo 4,8).

Toda pessoa humana, em sua integridade, é visitada pela ternura de Deus e, dessa forma, é acolhida em todo o seu ser, carregado de misérias e potencialidades, sem desprezar nada daquilo que constitui a sua existência. Do mesmo modo, a Igreja, reflexo da ternura de Deus no meio da humanidade, deve acolher indistintamente cada pessoa, sem julgamentos e restrições, mas a partir do amor que nos faz irmãos em Cristo. É sabido que, "muitas vezes, agimos como controladores da graça, e não como facilitadores. A Igreja, porém, não é uma alfândega, mas a casa paterna, onde há lugar para todos com a sua vida fadigosa".[20] Configurar-se ao Evangelho exige esforço pessoal e radical em busca de uma sincera conversão do coração, a fim de eliminar qualquer tentativa de divisão ou exclusão. No caminho do discipulado, somos imbuídos do amor cristão que privilegia os descartados da sociedade diante do Pai. No entanto, "em vez de oferecer a força sanadora da graça e da luz do Evangelho, alguns querem 'doutrinar' o Evangelho, transformá-lo em 'pedras mortas para as jogar contra os outros'".[21]

Por sua vez,

> o Papa Francisco compreendeu a batida do coração da Igreja

---
[20] EG 47.
[21] FRANCISCO, Papa. *Amoris Laetitia*. Exortação Apostólica sobre o amor na família. São Paulo: Paulinas, 2016, n. 49. Daqui em diante = AL.

atual. Ele não defende uma posição liberal, mas uma posição radical, no sentido original da palavra, isto é, um retorno às raízes (*radix*). No entanto, o retorno à origem não é um recuo para o ontem ou anteontem, mas uma força para um início corajoso voltado para o amanhã. Com o seu programa evangélico, ele se refere à mensagem original da Igreja precisamente como a necessidade fundamental do presente, iniciando uma renovação radical. Portanto, ele não se adequa nem a um esquema tradicionalista nem progressista. Ao construir pontes que ligam às origens, ele é um construtor de pontes (pontífice) para o futuro.[22]

A tarefa de destruir muros e construir pontes tem sido a força dinâmica no pontificado de Francisco. Tendo em vista a cultura do descartável, Francisco posiciona-se radicalmente contra uma sociedade da exclusão, caracterizada por uma política imperialista e uma economia selvagem que aniquilam a possibilidade de sobrevivência justa para milhares de pessoas. Enquanto não compreendermos que é apenas através de pontes que conseguiremos estabelecer laços de solidariedade e, portanto, trabalhar pelo bem comum, continuaremos contribuindo para o crescimento da desigualdade humana, e toda a humanidade, e não apenas uma parcela, sofrerá as consequências da autodestruição. Afinal, todos habitamos numa casa comum, e "tudo está interligado",[23] por isso, "o Evangelho convida, antes de tudo, a responder a Deus que nos ama e salva, reconhecendo-O nos outros e saindo de nós mesmos para procurar o bem de todos. Esse convite não há de ser obscurecido em nenhuma circunstância!".[24] Vencer o egoísmo e o individualismo é fundamental para edificarmos uma sociedade justa e fraterna.

---

[22] KASPER, Walter. *Papa Francesco*: La rivoluzione della tenerezza e dell'amore. Radici teologiche e prospettive pastorali. Brescia (Itália): Queriniana, 2015, p. 44.
[23] LS 91.
[24] EG 39.

Uma das principais urgências sociais no contexto atual é romper com paradigmas que não favorecem o efeito libertador do Evangelho. Alguns setores da Igreja, por exemplo, insistem em estruturas caducas distantes da realidade sociocultural. Segundo Francisco, "há normas ou preceitos eclesiais que podem ter sido muito eficazes noutras épocas, mas já não têm a mesma força educativa como canais de vida".[25] Preferem segurança e comodidade, ao invés de lançarem-se na experiência concreta das periferias geográficas e existenciais que abalam todo edifício legalista e jurídico. A dinamicidade da vida humana é superior a um conjunto de normas estabelecido. É preciso considerar que a vida é um permanente processo de construção e que cada pessoa, a partir da sua autonomia e liberdade, edifica o seu modo de existir.

Nesse sentido, um projeto que privilegia uma determinada postura ou norma como exclusiva e descarta todas as outras parcelas da sociedade está na contramão da proposta evangélica, para a qual todos devem ser acolhidos e respeitados. Um coração autenticamente cristão "nunca se fecha, nunca se refugia nas próprias seguranças, nunca opta pela rigidez autodefensiva. Sabe que ele mesmo deve crescer na compreensão do Evangelho e no discernimento das sendas do Espírito, e, assim não renuncia ao bem possível, ainda que corra o risco de sujar-se com a lama da estrada".[26] A ética evangélica é totalmente contrária à dominação e prepotência, isto é, "anunciar o Evangelho se faz no empenho ético de colocar como horizonte a proposta de um mundo mais fraterno. Não é imposição, mas serviço persuasivo de um radical

---

[25] EG 43.
[26] EG 45.

humanismo".²⁷ Todo ser humano tem direitos iguais que devem ser respeitados e, sobretudo, assegurados.

> A ética de Cristo nos desconcerta, nos confunde e não conseguimos explicá-la. Falamos com frequência de amor e de solidariedade. Mas aplicamos isso somente à vida privada, às relações amorosas, à intimidade. E não temos coragem de afirmar que na vida inteira, tanto na vida privada quando na vida social e pública, se não é a bondade e o amor que se impõe, fazemos desta vida uma selva, um campo de batalha, um inferno, no qual caem os mais fracos e tiram proveitos os que dominam os outros. Sabemos muito bem que todo aquele que pretende situar-se na frente ou acima dos outros provoca divisão, inveja, ressentimentos e, definitivamente, rompe a proximidade entre as pessoas. Ao contrário, aquele que não mostra desejos, nem pretende postos de honra e de importância, somente pelo fato de agir assim, produz uma corrente de harmonia, de união, de humanidade, de proximidade entre as pessoas.²⁸

É frequente a competitividade em nossa sociedade, frente à constante cobrança por resultados, por produção. Vivemos diariamente sob pressão social, ao passo que o outro é visto como um inimigo que deve ser eliminado. Diante desse cenário, Francisco chama a atenção para o fato de que "o mundo está dilacerado pelas guerras e violência, ou ferido por um generalizado individualismo que divide os seres humanos e põe-nos uns contra os outros visando ao próprio bem-estar".²⁹ Mas é preciso vencer

---
²⁷ FERREIRA, Vicente de Paula. *Vulnerabilidade pós-moderna e cristianismo*. Aparecida/SP: Santuário, 2017, p. 201.
²⁸ CASTILLO. *A Ética de Cristo*, p. 173 e 117.
²⁹ EG 99.

a ideia de isolamento, já que "estamos todos no mesmo barco e vamos para o mesmo porto!".[30]

3. O profetismo de Francisco em defesa dos descartados

É possível vencer a desigualdade social! Ainda mais, é imperativo superarmos a cultura de morte que agride o bem comum e a paz social. Diante de tantas injustiças causadas pelos privilegiados, devemos lembrar que o nosso Deus depõe os poderosos de seus tronos, ao passo que exalta os humildes, cumulando os famintos de bens e despedindo os ricos de mãos vazias (Lc 1,52-53). Não existe comunidade humana enquanto persistir o domínio de poucos sobre muitos. A existência humana está ameaçada pela ganância de alguns, que causa a exploração e a miséria de inúmeros povos. Por isso, o Papa Francisco é incisivo ao afirmar que

> a paz social não pode ser entendida como irenismo ou como mera ausência de violência obtida pela imposição de uma parte sobre as outras. Também seria uma paz falsa aquela que servisse como desculpa para justificar uma organização social que silencie ou tranquilize os mais pobres, de modo que aqueles que gozam dos maiores benefícios possam manter o seu estilo de vida sem sobressaltos, enquanto os outros sobrevivem como podem. As reivindicações sociais, que têm a ver com a distribuição das entradas, a inclusão social dos pobres e os direitos humanos não podem ser sufocados com o pretexto de construir um consenso de escritório ou uma paz efêmera para uma minoria feliz. A dignidade da pessoa humana e o bem comum estão

---

[30] EG 99.

por cima da tranquilidade de alguns que não querem renunciar aos seus privilégios. Quando estes valores são afetados, é necessária uma voz profética.³¹

Em todos os lugares há uma crescente indiferença em relação ao sofrimento humano. Não nos sensibilizamos pela dor do outro. Perdemos a capacidade de nos compadecer em relação à miséria, à fome, à violência, à guerra, ao tráfico de pessoas, enfim, a tantas dores que afetam a nossa humanidade. "Numa época para a qual o tempo é lucro, e o outro é objeto, doar-se é experimentar a fonte do dom de Deus, inclusive no outro que não pode retribuir nada".³² A parábola do *bom samaritano* (Lc 10,29-37) nos recorda que a compaixão é dever moral de toda pessoa humana e, por isso, fazer-se próximo daquele que sofre é atitude indispensável para cada um de nós.

Nesse sentido,

> o programa que o Papa Francisco propõe soa bem diferente daquele de um evangelho de uma alegria barata e superficialmente compreendida. Com palavras fortes, ele desaprova o mundanismo espiritual, sobretudo do clero, que se baseia em posses, influências, privilégios, em organização, planejamento, segurança doutrinal ou disciplinar, na consciência autoritária de ser uma elite ou num estilo de vida socialmente brilhante. Esta mundanidade espiritual é para o Papa Francisco a pior tentação que pode ameaçar a Igreja (EG 93-97; 207). São teses desconfortáveis, que provocam e desencadeiam oposição, que fazem mal. No entanto, nem o Evangelho pregado por Jesus era inócuo.³³

---
³¹ EG 218.
³² FERREIRA. *Vulnerabilidade pós-moderna e cristianismo*, p. 205.
³³ KASPER. *Papa Francesco*: La rivoluzione della tenerezza e dell'amore, p. 100-101.

Certamente, tal proposta do Papa Francisco fundamenta-se na teologia do Concílio Vaticano II, especialmente na Constituição Pastoral *Gaudium et Spes*: "As alegrias e as esperanças, as tristezas e as angústias dos homens de hoje, sobretudo dos mais pobres e de todos os que sofrem, são também as alegrias e as esperanças, as tristezas e as angústias dos discípulos de Cristo. Não se encontra nada verdadeiramente humano que não lhes ressoe no coração".[34] Tantos lugares inóspitos precisam ser vistos, notados, respeitados e acolhidos. Nisso consiste a urgente missão da humanidade: promover a defesa dos direitos humanos para todos! É preciso sair de nobres estruturas para visitar o corpo sofredor que está descartado nas ruas, praças, favelas, hospitais e em tantos outros lugares que se tornam palco do sofrimento.

Segundo Francisco,

> muitos são os rostos, as histórias, as consequências evidentes em milhares de pessoas que a cultura da degradação e do descarte levou a sacrificar aos ídolos do lucro e do consumo. Devemos ter cuidado com um sinal triste da "globalização da indiferença": habituarmo-nos lentamente ao sofrimento dos outros, como se fosse uma coisa normal (cf. Mensagem para o Dia Mundial da Alimentação, 16 de Outubro de 2013), ou, pior ainda, resignarmo-nos perante formas extremas e escandalosas de "descarte" e de exclusão social, como são as novas formas de escravidão, o tráfico de pessoas, o trabalho forçado, a prostituição, o tráfico de órgãos. "É trágico o aumento de emigrantes em fuga da miséria agravada pela degradação ambiental, que, não sendo reconhecidos como refugiados nas convenções internacionais, carregam o peso da sua vida abandonada sem qualquer

---

[34] CONCÍLIO VATICANO II. Constituição Pastoral *Gaudium et Spes*. Sobre a Igreja no mundo de hoje. In: COMPÊNDIO DO VATICANO II. *Constituições, decretos, declarações*. Petrópolis: Vozes, 1980, n. 1.

tutela normativa" (*Laudato Si'*, 25). São muitas vidas, muitas histórias, muitos sonhos que naufragam nos nossos dias. Não podemos ficar indiferentes perante isto. Não temos o direito.[35]

Em seu ministério junto à diocese de Roma, Francisco propõe um caminho de reconhecimento e valorização da dignidade própria da vida humana. Somos seres únicos e, ainda mais, somos uma missão neste mundo. Assim, quando favorecemos a integração da pessoa, compreendemos que "cada um de nós tem em si uma identidade pessoal, capaz de entrar em diálogo com os outros e com o próprio Deus. A capacidade de reflexão, o raciocínio, a criatividade, a interpretação, a elaboração artística e outras capacidades originais manifestam uma singularidade que transcende o âmbito físico e biológico".[36] Não há uma cultura superior que ab-rogue outras culturas ditas inferiores. É certo que estamos num ambiente hostil ao diverso, pois se prefere a uniformidade. Por isso, afirma o Papa que, diante desse contexto, se "perdem os pontos de referência e as raízes culturais que lhes conferiam uma identidade e um sentido de dignidade, fazendo crescer a fila dos descartados".[37] Ainda, é funesto comprovarmos como "as cidades, que deveriam ser lugares de encontro, enriquecimento mútuo e fecundação entre diferentes culturas, tornam-se palco de um doloroso descarte".[38]

Com toda certeza, "o papa Francisco tem convocado a Igreja para ser testemunha de uma práxis transformadora das relações

---

[35] FRANCISCO, Papa. Viagem ao Quênia. Visita ao Centro das Nações Unidas em Nairobi (U.N.O.N.). Discurso (26.11.2015). Disponível em: http://w2.vatican.va/content/francesco/pt/speeches/2015/november/documents/papa-francesco_20151126_kenya-unon.html. Acesso em: 04 abr. 2020.
[36] LS 81.
[37] QA 30.
[38] QA 30.

humanas e da própria relação do homem com a casa comum que é o planeta Terra".[39] Somos convocados por Francisco à *revolução da ternura*, capaz de derrubar barreiras e construir pontes que promovam a *civilização do amor*. Nosso paradoxo é humanizar a humanidade. Ninguém é excluído, mas, a partir da ética de Cristo, devemos sair em busca da ovelha perdida (Lc 15,4-7). Afirma Jesus que "haverá no céu alegria por um só pecador que se converte, mais do que por noventa e nove justos que não precisam de conversão" (Lc 15,7). Francisco não tem dúvida ao dizer que "Deus não conhece a nossa atual cultura do descartável, Deus não tem nada a ver com isto. Deus não descarta pessoa alguma; Deus ama todos, procura todos: um por um! Ele não conhece a expressão "descartar as pessoas", porque Ele é todo amor e toda misericórdia".[40]

Não devemos formar ilhas, mas favorecer a união na grande comunidade humana. Somos todos frágeis e interdependentes uns dos outros. A humanidade tem passado por enormes desafios econômicos, sanitários, políticos, culturais, religiosos. Logo, é preciso privilegiar a pessoa humana, promover a sua integralidade, pois o mundo somente será melhor "se não se deixa ninguém de lado, incluindo os pobres, os doentes, os encarcerados, os necessitados, os estrangeiros (Mt 25,31-46); caso se passe de uma cultura do descartável para uma cultura do encontro e do acolhimento".[41] É inegável a necessidade de que todas as nações se unam na luta pela defesa dos direitos humanos e garantia do bem comum.

---

[39] FERREIRA. *Vulnerabilidade pós-moderna e cristianismo*, p. 204.
[40] FRANCISCO, Papa. Audiência Geral (04.05.2016). Disponível em: http://www.vatican.va/content/francesco/pt/audiences/2016/documents/papa-francesco_20160504_udienza-generale.html. Acesso em: 03 abr. 2020.
[41] FRANCISCO, Papa. Mensagem par o 100° Dia Mundial do Migrante e do Refugiado (05.08.2014). Disponível em: http://www.vatican.va/content/francesco/pt/messages/migration/documents/papa-francesco_20130805_world-migrants-day.html. Acesso em: 04 abr. 2020.

Considerações finais

Promover o encontro sempre será a atitude basilar de todo ser humano. É inegável o fato de que a defesa da vida humana constitui tarefa de todos. Além dos poderes públicos, a sociedade deve potencializar a cultura da vida, na qual o outro jamais seja considerado um objeto descartável. Vencer os ídolos contemporâneos que favorecem o individualismo e o egoísmo tão nocivos ao convívio humano é um imperativo evangélico.

De maneira particular, a Igreja, enquanto sacramento de Cristo, é responsável por garantir e tutelar a todos os seres humanos uma condição digna de trabalho, moradia, educação, saúde, alimentação, saneamento etc. O Evangelho é eficaz à medida que ele se torna atitude concreta na preservação da vida, pois o maior mandamento é o amor doado e partilhado com o próximo. Vale ressaltar que a defesa dos direitos humanos não é uma tarefa delegada às instâncias *extra ecclesia*, mas é parte intrínseca do mandato apostólico, uma vez que a maior dignidade do homem é ser filho de Deus e, portanto, alguém a ser respeitado e integrado na comunidade em que todos são irmãos.

A busca desmedida pelo lucro e o consumo têm provocado uma degradação impensável da existência humana. Urge repensarmos novas estruturas que estejam atentas à preservação da vida. Vivemos numa casa comum, logo, somos afetados pelas consequências funestas da desigualdade e da violência. Deste modo, o Papa Francisco, a partir de suas lúcidas reflexões, convida todos a sair da zona de conforto e trabalhar pelo bem comum, envolver-se na causa dos pobres e sonhar juntos uma *civilização do amor*. É possível acreditarmos e construirmos uma humanidade mais humana!

Referências bibliográficas

AQUINO JÚNIOR, Francisco de. *Renovar toda a Igreja no Evangelho*: Desafios e perspectivas para a conversão pastoral na Igreja. Aparecida/SP: Santuário, 2019.

CASTILLO, José M. *A Ética de Cristo*. São Paulo: Loyola, 2010.

COMPÊNDIO DO VATICANO II. *Constituições, decretos, declarações*. Petrópolis: Vozes, 1980.

FRANCISCO, Papa. *Amoris Laetitia*. Exortação Apostólica sobre o amor na família. São Paulo: Paulinas, 2016.

FRANCISCO, Papa. Audiência Geral (04.05.2016). Disponível em: http://www.vatican.va/content/francesco/pt/audiences/2016/documents/papa-francesco_20160504_udienza-generale.html. Acesso em: 03 abr. 2020.

FRANCISCO, Papa. *Evangelii Gaudium*. Exortação Apostólica sobre o anúncio do Evangelho no mundo atual. São Paulo: Paulus/Loyola, 2013.

FRANCISCO, Papa. *Laudato Si'*. Carta Encíclica sobre o cuidado da casa comum. São Paulo: Paulus/Loyola, 2015.

FRANCISCO, Papa. Mensagem para o 1° Dia Mundial dos Pobres (19.11.2017). Disponível em: http://www.vatican.va/content/francesco/pt/messages/poveri/documents/papa-francesco_20170613_messaggio-i-giornatamondiale-poveri-2017.html. Acesso em: 02 abr. 2020.

FRANCISCO, Papa. Mensagem par o 100° Dia Mundial do Migrante e do Refugiado (05.08.2014). Disponível em: http://www.vatican.va/content/francesco/pt/messages/migration/documents/papa-francesco_20130805_world-migrants-day.html. Acesso em: 04 abr. 2020.

FRANCISCO, Papa. *Querida Amazônia*. Exortação Apostólica

ao povo de Deus e a todas as pessoas de boa vontade. Brasília/DF: Edições CNBB, 2020.

FRANCISCO, Papa. Viagem a Lampedusa (Itália). Santa Missa pelas vítimas dos naufrágios. Homilia (08.07.2013). Disponível em: https://w2.vatican.va/content/francesco/pt/homilies/2013/documents/papa-francesco_20130708_omelia-lampedusa.html. Acesso em: 04 abr. 2020.

FRANCISCO, Papa. Viagem a Nairobi (Quênia). Visita ao bairro pobre de Kangemi. Discurso (27.11.2015). Disponível em: http://www.vatican.va/content/francesco/pt/speeches/2015/november/documents/papa-francesco_20151127_kenya-kangemi.html. Acesso em: 04 abr. 2020.

FRANCISCO, Papa. Viagem ao Quênia. Visita ao Centro das Nações Unidas em Nairobi (U.N.O.N.). Discurso (26.11.2015). Disponível em: http://w2.vatican.va/content/francesco/pt/speeches/2015/november/documents/papa-francesco_20151126_kenya-unon.html. Acesso em: 04 abr. 2020.

FERREIRA, Vicente de Paula. *Vulnerabilidade pós-moderna e cristianismo*. Aparecida/SP: Santuário, 2017.

LUCIANI, Rafael. La opción teológico-pastoral del papa Francisco. In: *Perspectiva Teológica* 48/1 (2016): 81-115.

KASPER, Walter. *Papa Francesco*: La rivoluzione della tenerezza e dell'amore. Radici teologiche e prospettive pastorali. Brescia (Itália): Queriniana, 2015.

3

Por uma ética social da misericórdia

Da compaixão à justiça para com os pobres e marginalizados

Adilson Fábio Furtado da Silva
Alexandre Angelotti Cruz
Pedro Félix Rodrigues de Matos
Pedro Paulo Espírito Santo Queiroz[1]

Introdução[2]

O cardeal argentino Jorge Mario Bergoglio – primeiro papa latino-americano da Igreja, com significativa experiência pasto-

---

[1] Adilson Fábio Furtado da Silva é Licenciado em Filosofia (Instituto de Estudos Superiores do Maranhão – IESMA – São Luís/MA); Alexandre Angelotti Cruz é Bacharel em Filosofia (Centro Universitário Salesiano de São Paulo – UNISAL – Lorena – *Campus* São Joaquim); Pedro Félix Rodrigues de Matos é Bacharel em Filosofia (Faculdade Vicentina – FAVI – Curitiba); Pedro Paulo Espírito Santo Queiroz é Licenciado em Filosofia (Faculdade João Paulo II – FAJOPA – Marília). Todos são Bacharelandos em Teologia (Centro Universitário Salesiano de São Paulo – UNISAL – São Paulo – *Campus* Pio XI).

[2] O presente artigo é resultado da pesquisa feita graças à Bolsa de Iniciação Científica (BIC-SAL) concedida aos alunos, em 2019, pelo Programa de Bolsa de Iniciação Científica do Centro Universitário Salesiano de São Paulo (UNISAL). A pesquisa, orientada pelo Prof. Mestre Nei Márcio de Oliveira de Sá, teve como título: "A Misericórdia no Pontificado de Francisco: inspiração para a ação pastoral da Igreja no Brasil".

ral na Arquidiocese de Buenos Aires –, ao assumir o pontificado com o nome de Francisco, deu à Igreja o tom do seu ministério. Francisco desejava uma Igreja pobre para os pobres, voltada cada vez mais para fora de si. Desde o início do seu pontificado, por meio de gestos, pregações e escritos, Francisco tem concretizado a sua intenção de ajudar a Igreja a ser mais acessível, compassiva e caridosa com as pessoas, em especial com as mais frágeis e pobres. Assim como seu pontificado, também a sua teologia é imbuída de uma mística misericordiosa para com todos, levando em consideração os sofrimentos da humanidade e apresentando ao mundo "o rosto da misericórdia do Pai".[3]

A reflexão que segue terá como eixo a misericórdia no pontificado de Francisco. À luz da misericórdia, abordaremos os principais temas do seu magistério: cuidado, alegria, casa comum e conversão pastoral. Acreditamos que, assim, resultará evidente o rosto que Francisco propõe à Igreja: movida pela ética social da misericórdia, a Igreja deve ser para todos mãe acolhedora, promotora da cultura do encontro, "pobre com os pobres". Devido à íntima relação entre misericórdia e justiça, evidenciaremos a importância do cuidado social como expressão desta relação. E, por fim, proporemos um itinerário com cinco pistas para a ação pastoral da Igreja no Brasil.

1. A misericórdia como ética social

O Deus dos cristãos é um Deus que se deu a conhecer na história. Ele se revelou e se deixou experienciar como Pai (Aquele que ama), como Filho (Aquele que é amado) e como Espírito

---

[3] SCANNONE, Juan Carlos. *O Evangelho da Misericórdia em espírito de discernimento*: A ética social do Papa Francisco. Brasília: Edições CNBB, 2019, p. 22.

(Aquele que é o amor). O Filho muito amado se fez carne e habitou no mundo para revelar o rosto misericordioso do Pai, para mostrar aos homens que, assim como o Pai é misericordioso, também eles devem ser misericordiosos (Lc 6,36) e edificar, dessa forma, uma nova humanidade, em que todos, por meio da prática do amor misericordioso, sejam filhos no Filho. O Deus Uno e Trino é um mistério de amor (1Jo 4,8.16). E de amor misericordioso.

Ao procurar amar como Deus ama, a comunidade dos cristãos deve ser misericordiosa, assumir a misericórdia como estilo de vida e expressá-la a todo o mundo. Como afirma Walter Kasper, "é evidente que não basta que a Igreja encha a boca com a palavra misericórdia; é necessário trabalhar bem, levar a verdade à prática".[4]

A palavra misericórdia vem do hebraico *hesed*, que significa ter compaixão pelo sofrimento, pela dor do outro, mesmo que esse outro seja desconhecido.[5] Não se trata, portanto, de um mero atributo ou qualidade, mas de essência, substância. Ter misericórdia é ter compaixão dos sofredores, é compadecer-se pela miséria alheia, é sentir com. O amor de mãe é o que mais exemplifica o que significa *sentir a dor que o outro está sentindo;* o amor de mãe supera toda culpa, perdoa toda imperfeição, sempre se faz presença, implora por piedade. No entanto, até uma mãe pode falhar. Como diz o profeta Isaías: "Por acaso uma mulher se esquecerá da sua criancinha de peito? Não se compadecerá ela do filho do seu ventre? Ainda que as mulheres se esquecessem, eu não me esqueceria de ti" (Is 49,15). Isaías deixa clara a imensidão da misericórdia de Deus.

---

[4] KASPER, Walter. *A Misericórdia*: Condição fundamental do Evangelho e chave da vida cristã. São Paulo: Loyola; Portugal: Principia Editora, 2015, p. 202.
[5] MACKENZIE, John L. Misericórdia. In: MACKENZIE, John L. *Dicionário Bíblico*. São Paulo: Paulus, 1983, p. 617.

A Igreja, como herdeira da missão de Jesus, tem o dever de iniciar uma "revolução da ternura",[6] ou seja, um movimento capaz de mudar o pensamento individualista no mundo e implantar uma mentalidade mais caridosa e mais humana para com todos; uma ética que dê centralidade à misericórdia e impulsione todos aqueles que partilham dos mesmos valores a assumir com atitudes concretas o serviço da misericórdia. A insistência de Francisco é de que a Igreja faça opções concretas – como afastar-se de privilégios que a distanciem da realidade concreta do povo –, opções que sejam expressão do rosto misericordioso do Pai. A sua missão social é a de estar no mundo para torná-lo mais conforme à vontade de Deus.

Mas Francisco sabe que, se a Igreja não se fizer pobre com os pobres e como os pobres, será muito difícil que ela seja expressão da misericórdia do Pai. Somente quando a Igreja é capaz de sair de si é que ela descobre o outro na condição de mais necessitado e encontra formas de pôr-se ao seu serviço. O amor preferencial por aquele que mais precisa não diminui em nada o amor pelos demais. Sofrer com aquele que sofre é condição para ter presentes as implicações éticas da misericórdia. Francisco, ao voltar-se para as periferias existenciais e geográficas e para o cuidado da *casa comum*, assume as dores da humanidade e da criação e, por isso, se torna voz daqueles cuja dignidade e cujos direitos não têm sido respeitados e/ou promovidos. Sofrer com quem sofre empodera o grito contra as injustiças e a promoção da justiça e da equidade em todos os níveis e em todas as relações. A misericórdia se expressa, assim, como ética capaz de edificar um novo tipo de sociedade.

---

[6] FRANCISCO, Papa. *Evangelii Gaudium*. Exortação Apostólica sobre o anúncio do Evangelho no mundo atual. São Paulo: Paulus/Loyola, Paulinas, 2013, n. 88. Daqui em diante = EG.

2. A opção ética de Jesus e da Igreja: a compaixão pelos pobres e marginalizados

Os Evangelhos relatam que Jesus sentiu compaixão: "Ao ver as multidões, Jesus encheu-se de compaixão por elas" (Mt 9,36); "Jesus viu uma grande multidão e encheu-se de compaixão por eles" (Mc 6,34); "Ao vê-la [uma grande multidão], o Senhor encheu-se de compaixão por ela" (Lc 7,13). Para Jon Sobrino,

> [...] o sofrimento das maiorias, dos pobres, dos fracos, dos privados de dignidade sempre aparece como pano de fundo da atuação de Jesus, e diante deles se lhe comovem as entranhas. E são as entranhas comovidas que configuram tudo o que ele é: seu saber, seu esperar, seu agir e seu celebrar. [...] Sua práxis é a favor dos pequenos e dos oprimidos. [...] Sua visão de Deus, por último, é a de um Deus defensor dos pequenos e misericordioso com os pobres.[7]

Resulta claro, segundo o relato dos evangelistas, que a opção de Jesus é estar justamente com o povo ferido. Ele optou por estar ao lado do povo subjugado, abandonado; foi ao encontro do povo simples, dos doentes, aleijados, cegos, leprosos, possuídos pelos maus espíritos, pecadores, prostitutas; não teve receio de aproximar-se também dos exploradores dos pobres.[8] O Messias apresentou-se como fonte de vida e sinal de esperança para o povo ferido, escolheu estar com ele;

---

[7] SOBRINO, Jon. *O princípio misericórdia*: Descer da cruz os povos crucificados. Tradução: Jaime A. Clasen. Petrópolis: Vozes, 1994, p. 37-38.
[8] COMBLIN, José. *O clamor dos oprimidos, o clamor de Jesus*. Petrópolis: Vozes, 1984, p. 30.

não mediu esforços para curá-lo. A misericórdia configurou toda a Sua vida e missão, embora não tenha sido ela a única virtude exercitada por Ele.

O testemunho do bispo de Roma tem oferecido a chave hermenêutica para toda a Igreja: "Francisco centra-se no Evangelho e nos pobres como o coração da missão da Igreja".[9] Por isso, ele dá prioridade ao humano e, sobretudo, ao humano mais frágil e vulnerável. Se todos fomos criados "à imagem e semelhança de Deus" (Gn 1,26-27), as condições nas quais muitos são obrigados ou condenados a viver constituem um atentado ao próprio Deus, porque é um desrespeito à dignidade humana.

É notória a preocupação de Francisco por uma sociedade mais justa. Ele é atento às realidades, principalmente àquelas mais distantes e que a sociedade não acha conveniente mostrar: a realidade das periferias dos grandes centros, dos países mais pobres, dos povos que são explorados, dos sofrimentos das nações que padecem devido à desigualdade provocada por um sistema econômico injusto e corrupto. É essa realidade que constitui o caminho da Igreja. De acordo com o cardeal Kasper:

> No seu anúncio, a Igreja deve expressar que a história das manifestações da misericórdia divina se torna real hoje para nós e para os ouvintes atuais (cf. Lc 4,21). A história da salvação da época transforma-se de certo modo em história da salvação no presente e, por último, na história da nossa vida e da vida dos

---

[9] SEGOVIA BERNABÉ, José Luis. *Evangelii Gaudium*: Desafíos desde la crisis. In: SEGOVIA BERNABÉ, José Luis; ÁVILA BLANCO, Antonio; MARTÍN VELASCO, Juan; PAGOLA, José Antonio. *Evangelii Gaudium y los desafíos pastorales para la Iglesia*. Madrid: PPC, 2014, p. 20.

nossos contemporâneos. A nova evangelização não pode anunciar um novo evangelho; antes, pelo contrário, o seu sentido é tornar atual numa nova situação o mesmo evangelho de sempre, o único Evangelho. Como pregadores, só chegaremos ao coração dos ouvintes se falarmos de Deus de um modo concreto face às necessidades e aos sofrimentos das pessoas, se ajudarmos essas pessoas a descobrir o Deus misericordioso na sua própria vida.[10]

Para Francisco, "quase sem nos dar conta, tornamo-nos incapazes de nos compadecer ao ouvir os clamores alheios, já não choramos à vista do drama dos outros nem nos interessamos por cuidar deles, como se tudo fosse uma responsabilidade de outrem, que não nos incumbe".[11] Por isso, ele convoca a Igreja a seguir, com radicalidade evangélica, os passos de Jesus, que, com sua vida e palavra, anunciou a Boa-Nova aos pobres, indicando que deles é o Reino de Deus (Lc 4,18; Mt 5,3). Na esteira de Bento XVI, Francisco afirma que "hoje e sempre, 'os pobres são os destinatários privilegiados do Evangelho'".[12]

A Igreja, de fato, deve se fazer presente e acompanhar os que sofrem e choram, os que nada têm, os últimos, rechaçados e esquecidos. Muitos vivem situações dramáticas, que exigem respostas assistenciais imediatas, porque não podem esperar. É o amor que vem das entranhas que abre os olhos para a percepção dessa realidade, que converte pastoralmente a Igreja e as comunidades, que leva ao compromisso com a sua transformação. Como afirma Francisco:

---

[10] KASPER. *A Misericórdia*, p. 195-196.
[11] EG 54.
[12] EG 48. Francisco cita, aqui, BENTO XVI, *Discurso durante o encontro com o Episcopado Brasileiro* (Catedral de São Paulo – Brasil, 11 de maio de 2007), n. 3.

Quanto à Conversão Pastoral, quero lembrar que "pastoral" nada mais é do que o exercício da maternidade da Igreja. Ela gera, amamenta, faz crescer, corrige, alimenta, conduz pela mão. [...] Por isso, faz falta uma Igreja capaz de redescobrir as entranhas maternas da misericórdia. Sem a misericórdia, poucas possibilidades temos hoje de inserir-nos em um mundo de "feridos", que têm necessidade de compreensão, de perdão, de amor.[13]

Tem razão Zacharias ao afirmar que a Igreja é chamada a

voltar à fonte – o Evangelho – e fixar os olhos tanto na pessoa quanto na pregação de Jesus: seu amor foi um amor compassivo, misericordioso, solidário, inclusivo. Por sentir compaixão, isto é, porque foi capaz de dar um rosto à dor, Jesus foi expressão da misericórdia do Pai. Porque se fez solidário com o mais pobre e sofredor, Jesus indicou a inclusão como único caminho de salvação. Ao assumir a condição humana, o Verbo deixa clara a intenção do Pai: a redenção requer a encarnação; a encarnação reclama redenção.[14]

É nos pobres e excluídos que a dignidade é mais maltratada; daí a inadiável tarefa de lutar pela promoção e defesa dos direitos humanos e pela construção de uma sociedade em que todos – e não uma minoria privilegiada – possam ter "vida em abundância" (Jo 10,10). Basta recordar aqui o que afirma

---

[13] FRANCISCO, Papa. Discurso proferido no Encontro com o episcopado brasileiro. Arcebispado do Rio de Janeiro (27.07.2013). In: FRANCISCO. *Palavras do Papa Francisco no Brasil*. São Paulo: Paulinas, 2013, p. 104.
[14] ZACHARIAS, Ronaldo. O cuidado com os mais pobres como desafio ao pensamento e à ação social da Igreja. In: MANZINI, Rosana; ZACHARIAS, Ronaldo (Orgs.). *A Doutrina Social da Igreja e o cuidado com os mais frágeis*. São Paulo: Paulinas, 2018, p. 55.

o *Compêndio da Doutrina Social da Igreja*: "O amor cristão move à denúncia, à proposta e ao compromisso".[15]

O Papa Francisco convida-nos constantemente a olhar para a realidade a partir da vida; a abrir os olhos para os diferentes acontecimentos que se dão no coração da história atual com os seus consequentes desafios. Pois bem, o olhar do Papa não é neutro: é um olhar a partir da fé em Jesus Cristo; um olhar crente, que, por detrás de cada acontecimento, busca os vestígios da graça e do pecado. Francisco não parece estar interessado em mudar doutrinas, mas em propor a alegria do Evangelho e a misericórdia divina como princípios orientadores da conversão da Igreja e dos fiéis. Ele sabe que é a partir do amor que o anúncio do Evangelho deve ser articulado, e que a conversão pastoral da Igreja deve acontecer.[16] Não é a instituição eclesial a referência primeira, mas a misericórdia de Deus, a alegria do Evangelho.

A Igreja de Francisco denuncia as injustiças externas ao mesmo tempo que combate o clericalismo elitista dentro das suas estruturas. Para ser expressão da misericórdia de Deus, ela acolhe todos os que se encontram à margem e são explorados por aqueles que buscam apenas o lucro, e não o bem comum, e se apresenta como um farol que guia a sociedade em favor dos mais frágeis e vulneráveis. Trata-se de uma Igreja que "arregaça as mangas" e põe em prática o Evangelho de Cristo, que se empenha em favor da justiça e da solidariedade para tentar diminuir o sofrimento de boa parte dos seus filhos.

---

[15] PONTIFÍCIO CONSELHO "JUSTIÇA E PAZ". *Compêndio da Doutrina Social da Igreja*. 7 ed. São Paulo: Paulinas, 2011, n. 6. Daqui em diante = CDSI.
[16] EG 36.

> Só podemos nos imaginar comunidade de fé, que segue os passos de Cristo Jesus e busca nele o seu modelo de vida, se vamos ao encontro do outro, no seu lugar concreto, anunciando o próprio Senhor com sua presença amorosa. Uma palavra que seja vida é a mais eloquente ação missionária. É esta presença e este testemunho que o mundo espera das comunidades cristãs. Um desejo de "cheiro de ovelhas" deve permear toda missão e preparar o caminho para o anúncio explícito de Jesus Cristo.[17]

A Igreja, movida pela ética social da misericórdia, deve demonstrar a todos os que convivem com a violência e o abandono um carinho de Mãe acolhedora, que não se esquece dos seus filhos mais afastados ou que foram postos à margem. Ela, como expressão do amor misericordioso de Deus, tem o dever de ir ao encontro dos que mais sofrem e agir com a mais sincera solidariedade, demonstrando que eles podem encontrar, dentro dela, o aconchego de uma casa, de um lar, de uma família.

3. As fundamentações da ética proposta por Francisco

A proposta do Papa está intimamente ligada com o cuidado universal. Abordaremos alguns fundamentos que são importantes para compreender a ética de Francisco em favor dos descartados da sociedade.

---

[17] CONFERÊNCIA NACIONAL DOS BISPOS DO BRASIL. *Diretrizes Gerais da Ação Evangelizadora da Igreja no Brasil (2019-2023)*. 57ª Assembleia Geral. Aparecida-SP, 1° a 10 de maio de 2019. Brasília: Edições CNBB, 2019, n. 188. Daqui em diante = DG.

3.1 Misericórdia, cuidado e justiça social

Para Francisco, misericórdia, cuidado e justiça social caminham juntos. A humanidade não deve deixar-se levar por essa onda de individualismo e indiferentismo que parece ter invadido todos os espaços, pois isso levaria a uma relação desumana, a um enorme desejo de instrumentalização do outro, a uma vida anônima, sem rosto, sem empatia, sem valores.

Deus, ao criar o mundo, fez o ser humano à sua imagem e semelhança, dotou-o de liberdade e o colocou como "dominador" de toda a criação. Biblicamente, dominar significa cuidar das coisas e usá-las como meios para a sobrevivência. Infelizmente, estamos sendo testemunhas do contrário: o homem usa e abusa de tal modo da criação, a ponto de colocá-la e colocar-se em risco. E, assim, compromete a obra do Criador e a vida de todas as criaturas.

Assim como olhar para o mundo significa olhar para a beleza da criação de Deus, olhar para o outro significa olhar para o rosto de Deus. A dignidade do ser humano deriva do fato de ser imagem e semelhança de Deus.[18] Eis o fundamento do respeito absoluto pelo outro e da ética do cuidado e do zelo por todas as criaturas. O ser humano, imagem e semelhança de Deus, tem direitos que são invioláveis:

> É dessa concepção que deriva a obrigatoriedade da defesa e da tutela dos direitos necessários, inclusive de denúncia de qualquer ação que venha a negar, abolir, impedir ou desrespeitar qualquer um desses direitos. E a justiça é centro dessa prática, pois é ela que avalia e tutela a dignidade do ser

---

[18] CDSI 108-123.

humano, regulando a reciprocidade de direitos e deveres entre os cidadãos.[19]

De fato, é a justiça que garante os direitos fundamentais do ser humano, favorece a equidade entre todos e proporciona uma sobrevivência mais pacífica e harmoniosa. Por isso, é dever primordial dos que governam as nações promover o cuidado com o mais frágil por meio da justiça social, justiça esta que deveria ser a primeira virtude das instituições sociais, garantia de leis que visem à equidade nas estruturas básicas da sociedade. Na aplicação da justiça, deve prevalecer o critério da equidade, do justo e digno para a existência de todos. E isso é expressão de misericórdia. A justiça e a misericórdia são inseparáveis; onde há justiça, a misericórdia triunfa; onde prevalece a injustiça, a misericórdia resulta comprometida.

A prática da justiça visa ao bem comum e o favorece: "O bem comum pressupõe o respeito pela pessoa humana enquanto tal, com direitos fundamentais e inalienáveis orientados para o seu desenvolvimento integral".[20] O bem comum não se refere somente à atualidade, mas engloba também o futuro das gerações que estão por vir. Sem o devido respeito pela pessoa humana e pelos seus direitos, não haverá verdadeiro desenvolvimento da sociedade. Podemos chegar ao pico do desenvolvimento tecnológico, mas isso não implicará, automaticamente, maior bem-estar e realização das pessoas.

---

[19] MANZINI, Rosana. A Doutrina Social da Igreja e o cuidado misericordioso com os mais frágeis. In: MANZINI, Rosana; ZACHARIAS, Ronaldo (Orgs.). *A Doutrina Social da Igreja e o cuidado com os mais frágeis*. São Paulo: Paulinas, 2018, p. 34.
[20] FRANCISCO, Papa. *Laudato Si'*. Carta Encíclica sobre o cuidado da casa comum. São Paulo: Paulus/Loyola, 2015, n. 157. Daqui em diante = LS.

O Papa Francisco tem denunciado toda política e economia de exclusão, toda concepção redutiva de desenvolvimento, e orientado a Igreja a protestar e a conscientizar a população a respeito de políticas desumanas, injustas e redutivas. Vivemos num meio em que é a idolatria do dinheiro que governa, e isso cada vez mais desemboca na injustiça e desigualdade social, gerando toda espécie de violência. A ética proposta por Francisco é aquela que está na essência do cristianismo: a prioridade deve ser dada ao humano, sobretudo ao mais vulnerável e frágil, diante do qual a atitude mais nobre é a do amor-serviço-doação. Trata-se de um imperativo ético o dever de nos colocarmos ao lado daqueles que mais sofrem as consequências da injustiça, que são os marginalizados, excluídos, sobrantes. Francisco não se cansa de afirmar que esta foi a opção preferencial de Jesus.

Conforme afirmam as Sagradas Escrituras, a fé exige a manifestação da caridade, das boas ações (Tg 2,14-26), de um amor que se comprometa com a libertação do mundo e com a luta por uma existência mais digna. Ser cristão significa seguir os passos de Jesus Cristo, fazendo, inclusive, as opções que Ele fez. O Papa Francisco está sendo um grande exemplo do seguimento a Jesus Cristo para o mundo atual. Um papa que convida a Igreja a ser uma Igreja pobre para os pobres. Um papa que opta pelo cuidado com os mais frágeis da sociedade, incluindo entre eles a "mãe terra".

Estamos passando por uma única crise social e ambiental sem precedentes, que nos desafia a fazer escolhas de misericórdia para a vida dos mais frágeis e da *casa comum*.

3.2 A "Casa Comum"

A misericórdia, o cuidado e a justiça não se restringem somente ao ser humano, mas englobam tudo que o rodeia. A ética proposta por Francisco implica o cuidado com a *Casa Comum*. Por isso, como cristãos, devemos todos contribuir para a superação da crise a que toda a humanidade está sujeita. Como cristãos, somos chamados ao compromisso com a vida, pois Deus nos cria e, ao mesmo tempo, nos dá a capacidade de cuidar, defender e promover a vida de toda a criação. Cuidar da criação é cuidar da vida humana, da vida de todas as criaturas, para que todos tenham vida em abundância.

> "Deus viu que era coisa boa" (Gn 1,25). Ao início da Bíblia, o olhar de Deus pousa-se ternamente sobre a criação. Desde a terra habitável até às águas que sustentam a vida, desde as árvores que dão fruto até aos animais que povoam a casa comum, tudo é benquisto aos olhos de Deus, que oferece a criação ao homem como dom precioso que deve guardar. Desgraçadamente, a resposta humana ao dom recebido foi marcada pelo pecado, pelo fechamento na própria autonomia, pela avidez de possuir e explorar. Egoísmos e interesses fizeram deste lugar de encontro e partilha, que é a criação, um palco de rivalidades e confrontos. Assim, colocou-se em perigo o próprio ambiente: *coisa boa* aos olhos de Deus, torna-se *coisa explorável* nas mãos humanas. [...]
> Na raiz de tudo, o fato de termos esquecido quem somos: criaturas à imagem de Deus (cf. Gn 1,26-27), chamadas a habitar como irmãos e irmãs a mesma casa comum. Não fomos criados para ser indivíduos que se assenhoreiam; fomos pensados e queridos no centro duma *rede da*

vida constituída por milhões de espécies, amorosamente unidas por nosso intermédio ao Criador.[21]

Mesmo diante da má resposta que o ser humano dá ao dom gratuito de Deus, mesmo diante das dificuldades e desastres pelos quais estamos passando, o Papa Francisco nos pede um compromisso com os frágeis e com a criação que também está fragilizada. A ecologia integral proposta pelo Papa nada mais é do que ver o mundo como um todo, pois *"uma verdadeira abordagem ecológica sempre se torna uma abordagem social,* que deve integrar a justiça nos debates sobre o meio ambiente, para ouvir *tanto o clamor da terra como o clamor dos pobres".*[22] E mais ainda:

> Quando falamos de "meio ambiente", fazemos referência também a uma particular relação: a relação entre a natureza e a sociedade que a habita. [...] Não há duas crises separadas: uma ambiental e outra social; mas uma única e complexa crise socioambiental. As diretrizes para a solução requerem uma abordagem integral para combater a pobreza, devolver a dignidade aos excluídos e, simultaneamente, cuidar da natureza.[23]

Francisco ressalta que "a ecologia humana é inseparável da noção de bem comum, princípio este que desempenha um papel central e unificador na ética social".[24] Para ele e para a Doutrina Social da Igreja,

---
[21] FRANCISCO, Papa. *Para a Celebração do Dia Mundial de Oração pelo Cuidado da Criação* (01.09.2019). Disponível em: http://w2.vatican.va/content/francesco/pt/messages/pont-messages/2019/documents/papa-francesco_20190901_messaggio-giornata-cura-creato.html. Acesso em: 14 jun. 2020.
[22] LS 49.
[23] LS 139.
[24] LS 156.

o bem comum pressupõe o respeito pela pessoa humana enquanto tal, com direitos fundamentais e inalienáveis orientados para o seu desenvolvimento integral. Exige também os dispositivos de bem-estar e segurança social e o desenvolvimento dos vários grupos intermédios, aplicando o princípio da subsidiariedade. Entre tais grupos, destaca-se de forma especial a família enquanto célula basilar da sociedade. Por fim, o bem comum requer a paz social, isto é, a estabilidade e a segurança de certa ordem, que não se realiza sem uma atenção particular à justiça distributiva, cuja violação gera sempre violência. Toda a sociedade – e, nela, especialmente o Estado – tem obrigação de defender e promover o bem comum.[25]

Por meio da *Laudato Si'*, Francisco quis entrar em diálogo com todos acerca da Casa Comum.[26] Muito mais que um documento sobre o meio ambiente, a carta encíclica de Francisco é um exemplo vivo de que a Igreja, em sua postura pastoral, está aberta ao diálogo, fornecendo substrato concreto para que todos os homens de boa vontade possam aderir a esse projeto de defesa da vida na sua integralidade. Para Francisco, todos são chamados a cuidar da Casa Comum, a "unir toda a família humana na busca de um desenvolvimento sustentável e integral".[27]

Portanto, o projeto do Papa ultrapassa os círculos religiosos e atinge a todos, fazendo a Igreja vivenciar a missão de anunciadora da verdade. E essa verdade é longamente explicitada no segundo capítulo da *Laudato Si'*, quando Francisco proclama que o Evangelho não fundamenta uma exploração desenfreada da humanidade sobre a natureza, que o homem não é dono do

---

[25] LS 157.
[26] LS 3.
[27] LS 13

mundo, mas sim aquele que deve estabelecer uma relação de cuidado com a Casa Comum.[28]

Francisco não tem receio de tocar nas feridas da crise econômica e mundial que causam a degradação do meio ambiente, conclamando os governos internacionais e locais a uma ação concreta frente ao clima e à situação de miséria existente no mundo. Ele pede a todos que tenham uma consciência mundial de salvar o mundo, que ajam por meio de iniciativas em suas comunidades locais, sem esperar "receitas uniformes, porque há problemas e limites específicos de cada país ou região".[29] A mudança de consciência é responsabilidade de todos, e isso só é possível num movimento que vai da realidade local para a realidade global, visto que a mudança começa nas bases.

O projeto de diálogo de Francisco não pretende substituir as instâncias sociais; muito pelo contrário: "Repito uma vez mais que a Igreja não pretende definir as questões científicas nem se substituir à política, mas convido a um debate honesto e transparente, para que as necessidades particulares ou as ideologias não lesem o bem comum".[30] Francisco pede que os políticos e os mais poderosos da sociedade se abram à transcendência e assumam o compromisso de "superar a dicotomia entre a economia e o bem comum social".[31]

Proteger a Casa Comum é uma tarefa de inestimável valor, um desafio gigantesco. Mas não é uma tarefa meramente individual; é necessário que esse desafio seja assumido em cooperação eficaz com todos os homens de boa vontade.

---

[28] LS 67.
[29] LS 180.
[30] LS 188.
[31] EG 205.

> Sempre é possível desenvolver uma nova capacidade de sair de si mesmo rumo ao outro. Sem tal capacidade não se reconhece às outras criaturas o seu valor, não se sente interesse em cuidar de algo para os outros, não se consegue impor limites para evitar o sofrimento ou a degradação do que nos rodeia. A atitude basilar de se autotranscender, rompendo com a consciência isolada e a autorreferencialidade, é a raiz que possibilita todo o cuidado dos outros e do meio ambiente; e faz brotar a reação moral de ter em conta o impacto que possa provocar cada ação e decisão pessoal fora de si mesmo. Quando somos capazes de superar o individualismo, pode-se realmente desenvolver um estilo de vida alternativo e torna-se possível uma mudança relevante na sociedade.[32]

O projeto proposto por Francisco é, antes de tudo, um caminho ético-espiritual para os cristãos, visto que a espiritualidade pessoal e o modo de ser cristão na comunidade mundial fazem parte do processo de evangelização. A compaixão e a misericórdia movimentam as entranhas dos cristãos em prol do serviço ao próximo. Essa é a lógica do projeto de Francisco, essa é a missão do Mestre Jesus ao proclamar o ano da Graça do Senhor (Lc 4,19) e anunciar o Reino de Deus (Lc 4,43). Significativas foram as palavras de Francisco ao proclamar o Jubileu Extraordinário da Misericórdia:

> "Um ano de misericórdia": isto é o que o Senhor anuncia e que nós desejamos viver. Este Ano Santo traz consigo a riqueza da missão de Jesus que ressoa nas palavras do Profeta: levar uma palavra e um gesto de consolação aos pobres, anunciar a libertação a quantos são prisioneiros das novas escravidões da sociedade contemporânea, devolver a vista a quem já não consegue ver porque vive curvado sobre si mesmo, e restituir dignidade

---

[32] LS 208.

àqueles que dela se viram privados. A pregação de Jesus torna-se novamente visível nas respostas de fé que o testemunho dos cristãos é chamado a dar. Acompanhem-nos as palavras do Apóstolo: "Quem pratica a misericórdia, faça-o com alegria" (Rm 12,8).[33]

3.3 A alegria

Uma das atitudes mais pedidas pelo Papa Francisco a todos os cristãos é a alegria, virtude teologal das mais necessárias na vida da Igreja, sobretudo em meio às dificuldades de um tempo "feio e triste" nas relações humanas. Suas exortações apostólicas já conclamam, pelo próprio título, a essa realidade: *A Alegria do Evangelho* (*Evangelii Gaudium*), *A Alegria do Amor* (*Amoris Laetitia*), *Alegrai-vos e Exultai* (*Gaudete et Exsultate*). Importantes discursos do Papa também destacaram a alegria, como o dirigido aos sacerdotes na missa crismal no ano de 2014, chamado Óleo da Alegria.

Na Exortação Apostólica *Gaudete et Exsultate*, o Papa sintetiza o que entende por alegria:

> Não estou falando da alegria consumista e individualista muito presente em algumas experiências culturais de hoje. [...] Refiro-me, antes, àquela alegria que se vive em comunhão, que se partilha e comunica, porque "há mais felicidade em dar do que em receber" (At 20,35) e "Deus ama quem dá com alegria" (2Cor 9,7). O amor fraterno multiplica a nossa capacidade de alegria, porque nos torna capazes de rejubilar com o bem dos outros: "alegrai-vos com os que se alegram" (Rm 12,15).[34]

---

[33] FRANCISCO, Papa. *Misericordiae Vultus*. Bula de proclamação do Jubileu Extraordinário da Misericórdia. São Paulo: Paulus, 2015, n. 16. Daqui em diante = MV.
[34] FRANCISCO, Papa. *Gaudete et Exsultate*. **Exortação Apostólica** sobre o chamado à santidade no mundo atual. São Paulo: Paulus, 2018, n. 128. Daqui em diante = GE.

Por isso, a alegria faz parte dos valores éticos propostos pelo Papa e converge na opção preferencial pelos pobres, "lugar" em que a Igreja se torna mais fiel à missão do Evangelho e encontra a pessoa de Jesus (Mt 25,45). Na Exortação Apostólica *Amoris Laetitia*, Francisco lembra que o desemprego e a miséria são situações que geram sofrimentos e que tiram a serenidade das famílias.[35] Na *Gaudete et Exsultate*, discorre sobre o capítulo 25 do Evangelho de Mateus e afirma:

> O texto de Mateus 25,35-36 "não é um mero convite à caridade, mas uma página de cristologia que projeta um feixe de luz sobre o mistério de Cristo". Neste apelo a reconhecê-lo nos pobres e atribulados, revela-se o próprio coração de Cristo, os seus sentimentos e as suas opções mais profundas, com os quais se procura configurar todo santo.[36]

Para os cristãos católicos, o Papa deixa nítido, na Exortação Apostólica *Evangelii Gaudium* e na encíclica *Laudato Si'*, que a opção preferencial pelos mais necessitados, pelos que sofrem, pelos pobres "deriva da nossa fé em Cristo, que Se fez pobre e sempre Se aproximou dos pobres e marginalizados".[37] Para ele, "as convicções da fé oferecem aos cristãos – e, em parte, também a outros crentes – motivações altas para cuidar da natureza e dos irmãos e irmãs mais frágeis".[38]

---

[35] FRANCISCO, Papa. *Amoris Lætitia*. Exortação Apostólica Pós-Sinodal sobre o amor na família. São Paulo: Loyola, 2016, n. 25.
[36] GE 96. Francisco cita, aqui, a *Novo Millennio Ineunte*, n. 49.
[37] EG 186.
[38] LS 64.

> Este imperativo de ouvir o clamor dos pobres faz-se carne em nós, quando no mais íntimo de nós mesmos nos comovemos à vista do sofrimento alheio.[39]
>
> É uma mensagem tão clara, tão direta, tão simples e eloquente que nenhuma hermenêutica eclesial tem o direito de relativizar. [...] Por que complicar o que é tão simples? As elaborações conceituais hão de favorecer o contato com a realidade que pretendem explicar, e não afastar-se dela. Isto vale, sobretudo, para as exortações bíblicas que convidam, com tanta determinação, ao amor fraterno, ao serviço humilde e generoso, à justiça, à misericórdia para com o pobre.[40]

O cuidado com os pobres é uma das maiores missões do cristianismo, e, para o Papa Francisco, não existe ação verdadeiramente cristã sem esse cuidado. Portanto, a fidelidade ao Evangelho, a Doutrina Social da Igreja, o projeto moral do Papa Francisco, a ação missionária cristã e a conversão pastoral apontam para uma ética universal, para a defesa da dignidade humana, para um legítimo direito humano.

Como cristãos, somos chamados a ser bons samaritanos no mundo atual, capazes de ir ao encontro de quem precisa e, com verdadeira misericórdia, curar as feridas e cuidar do outro. Com verdadeira alegria, aquela que "enche o coração e a vida inteira daqueles que se encontram com Jesus",[41] somos convidados a ir e a fazer o mesmo que fez o Samaritano do Evangelho (Lc 10,37).

---

[39] EG 193.
[40] EG 194.
[41] EG 1.

4. A ética de Francisco como itinerário pastoral para a Igreja no Brasil

A Igreja no Brasil está comprometida com a proposta de Francisco. As Diretrizes Gerais da Ação Evangelizadora da Igreja no Brasil (2019-2023) respondem, de forma magistral, em seus pilares e ações,[42] ao convite feito pelo Papa de que a Igreja se coloque em atitude de saída e seja expressão da misericórdia de Deus. A Campanha da Fraternidade de 2020, por exemplo, é toda voltada para essa perspectiva.[43]

As cinco propostas que apresentaremos não são algo novo, mas uma reflexão sobre um novo modo de realizar aquilo que desde sempre caracteriza a ética cristã. Em outras palavras, é uma sugestão de prioridade, um itinerário pastoral em vista de uma cultura de misericórdia. "Onde a Igreja estiver presente, aí deve ser evidente a misericórdia do Pai. Nas nossas paróquias, nas comunidades, nas associações e nos movimentos – em suma, onde houver cristãos –, qualquer pessoa deve poder encontrar um oásis de misericórdia."[44]

4.1 Inclusão pastoral do empobrecido

Para os bispos do Brasil, "há que se afirmar sem rodeios que existe um vínculo indissolúvel entre a nossa fé e os pobres".[45] São

---

[42] O objetivo geral da ação evangelizadora da Igreja no Brasil é: "Evangelizar no Brasil cada vez mais urbano, pelo anúncio da Palavra de Deus, formando discípulos e discípulas de Jesus Cristo, em *comunidades eclesiais missionárias*, à luz da evangélica opção preferencial pelos pobres, cuidando da Casa Comum e testemunhando o Reino de Deus rumo à plenitude". DG, p. 13.
[43] CONFERÊNCIA NACIONAL DOS BISPOS DO BRASIL. *Campanha da Fraternidade 2020*. Texto-Base. Tema: "Fraternidade e Vida: Dom e Compromisso". Lema: "Viu, sentiu compaixão e cuidou dele" (Lc 10,33-34). Brasília: Edições CNBB, 2019.
[44] MV 12.
[45] DG 108.

inúmeras as iniciativas da Igreja em relação à caridade para com os pobres. Existe no Brasil um verdadeiro exército que luta contra a pobreza e a favor da diminuição das desigualdades sociais, seja por meio das pastorais sociais, seja por meio das obras sociais.[46]

Entretanto, vimos que a mudança estrutural proposta por Francisco é mais profunda, pois se refere não apenas à ajuda material aos míseros, mas também à restituição de sua dignidade, dando-lhes vez e voz. Por isso, as paróquias e as instituições eclesiais devem ser os primeiros lugares onde os pobres tenham voz ativa nas decisões, abrindo espaços para que os mais simples sejam reconhecidos também como cooperadores.

Não se trata de uma visão ingênua de comunidade, mas de promover primeiramente entre os cristãos a consciência de que em Cristo todos são iguais, pois na comunidade de cristãos não devem existir desigualdades (Gl 3,26-29). Ninguém fica de fora por sua condição histórica ou social, pois a salvação é para todos. Por isso, a participação pastoral do empobrecido é essencial.

Não podemos esperar uma reestruturação social quando, como Igreja, não damos o primeiro passo em relação à reestruturação pastoral. Cumprimos nossa missão quando conseguimos integrar em nossa pastoral todas as pessoas, principalmente as mais simples. Esse caminho deve ser trilhado com abertura de coração, abertura própria de quem sabe dever praticar o bem enquanto tem tempo para isso (Gl 6,10).

---

[46] CNBB. Pesquisa CNBB: Igreja no Brasil tem exército de caridade dedicado a ações sociais (22.04.2019). Disponível em: https://www.cnbb.org.br/pesquisca-cnbb-igreja-no-brasil-tem-exercito-de-caridade-dedicado-a-acoes-sociais/. Acesso em: 14 jun. 2020.

4.2 Prioridade ao discernimento e à sensibilidade

Como um bom jesuíta, Francisco conclama toda a Igreja a assumir o discernimento como "um instrumento de luta, para seguir melhor o Senhor".[47]

> Hoje em dia, tornou-se particularmente necessária a capacidade de discernimento, porque a vida atual oferece enormes possibilidades de ação e distração, sendo-nos apresentadas pelo mundo como se fossem todas válidas e boas. [...] Sem a sapiência do discernimento, podemos facilmente transformar-nos em marionetes à mercê das tendências da ocasião.[48]

Entretanto, o discernimento não é algo simples ou fácil de ser feito. É necessário um longo caminho para chegar a ser uma pessoa que discerne, uma pastoral que discerne, uma Igreja que discerne. A capacidade de discernir implica uma mudança de método – quase uma revolução copernicana – no âmbito pastoral. Prestar atenção à realidade, desenvolver as habilidades necessárias para interpretá-la à luz das exigências evangélicas, viver na abertura à ação do Espírito são algumas das condições para que o discernimento seja acertado. Não se trata de uma questão de poder ou autoridade. Trata-se de um caminho sinodal proposto à Igreja.

No entanto, isso exige uma revolução também no campo formativo. É preciso superar uma proposta formativa que se interessa apenas pela formação da cabeça e se esquece do coração e das mãos. O discernimento pressupõe o desenvolvimento da sensibilidade, da empatia com aquele que estende a mão e precisa de

---
[47] GE 169.
[48] GE 167.

ajuda. A capacidade de nos colocarmos no lugar do outro impede que nos tornemos meros juízes, que nos consideremos melhores do que os outros. A empatia abre o caminho para o diálogo. Conformar-se aos sentimentos de Cristo significa ter uma atitude de empatia para com aqueles que mais sofrem. Por isso, toda a formação deve levar as pessoas a desenvolver a sua sensibilidade. "Em nossas comunidades, a afetividade, a empatia, a ternura com o irmão devem ser as marcas desta casa da fraternidade."[49] A sensibilidade nos abre às grandes questões, assim como nos convida a prestar atenção nos detalhes:

> As questões sociais, a defesa da vida e os desafios ecológicos da atual cultura urbana globalizada têm que ser enfrentados pelas nossas comunidades e também pelas Igrejas particulares, em nível local, regional e nacional, em uma postura de serviço, diálogo, respeito à dignidade da pessoa humana, defesa dos excluídos e marginalizados, compaixão, busca da justiça, do bem comum e do cuidado com o meio ambiente.[50]

> Lembremo-nos como Jesus convidava os seus discípulos a prestarem atenção aos detalhes: - o pequeno detalhe do vinho que estava acabando em uma festa; - o pequeno detalhe de uma ovelha que faltava; - o pequeno detalhe da viúva que ofereceu as duas moedinhas que tinha; - o pequeno detalhe de ter azeite de reserva para as lâmpadas, caso o noivo se demore; - o pequeno detalhe de pedir aos discípulos que vissem quantos pães tinham; - o pequeno detalhe de ter a fogueira acesa e um peixe na grelha enquanto esperava os discípulos ao amanhecer.[51]

---

[49] DG 134.
[50] DG 104.
[51] GE 144.

Em alguns contextos, o desenvolvimento desta dimensão implicaria decisões ousadas: favorecer um "estágio" na casa de alguma família pobre; proporcionar uma experiência em terra de missão; estimular o conhecimento efetivo do trabalho caritativo desenvolvido pela Igreja particular; formar uma equipe diocesana multidisciplinar para o serviço das paróquias, capaz de abordar os temas mais urgentes; abrir novamente as nossas igrejas para torná-las, além de templos de oração, também centros de convivência da comunidade local, com jogos, serviços e ponto de referência de acompanhamento e ajuda etc.[52] Tudo isso pode formar uma nova sensibilidade e desenvolver a capacidade de empatia e acolhida.

4.3 Oferecer uma experiência de amor e perdão para a juventude

A juventude é protagonista da inclusão social. A Exortação Apostólica *Christus Vivit* aponta caminhos importantes para um trabalho profundo com a juventude contemporânea.[53] As próprias Diretrizes Gerais da Ação Evangelizadora incorporaram várias propostas. Mas é importante ressaltar ser preciso criar, em nossas paróquias e comunidades, um ambiente no qual os jovens possam redescobrir a misericórdia de Deus e fazer experiência dela. Em outras palavras, é de suma importância que os jovens experienciem o amor e o perdão na comunidade eclesial.

---

[52] O número 178 das *Diretrizes Gerais da Ação Evangelizadora da Igreja no Brasil* contempla a formação de grupos de apoio às vítimas de violência nas suas variadas formas, que abordem a temática do suicídio e aborto. É importante destacar que essa ajuda deve ser especializada, que existam pessoas formadas nas áreas de ciências humanas e da saúde, e que não se baseie somente em um apoio espiritual.
[53] FRANCISCO, Papa. *Christus Vivit.* Exortação Apostólica Pós-Sinodal aos jovens e a todo o povo de Deus. São Paulo: Paulinas, 2019. Daqui em diante = CV.

"Quem está dentro é chamado a sair e ir ao encontro do outro onde quer que ele esteja."[54] Muitos jovens estão dentro das nossas Igrejas, porém, tantíssimos outros estão fora. É preciso ir ao encontro desta realidade, nas periferias onde os jovens se encontram, sejam elas geográficas ou existenciais. Contudo, a pastoral com os jovens que estão fora da Igreja só dará certo se for precedida por estratégias de aproximação, escuta, acolhida. Somente depois é que devemos pensar na orientação e inclusão na comunidade e num caminho de fé.

> Devemos privilegiar a linguagem da proximidade, a linguagem do amor desinteressado, relacional e existencial que toca o coração, a vida, desperta esperança e desejos. É necessário aproximar-se dos jovens com a gramática do amor, não com proselitismo. A linguagem que o jovem entende é a daqueles que dão a vida, de quem está ali por eles e para eles, e daqueles que, apesar de suas limitações e fraquezas, tratam de viver sua fé com coerência. Ao mesmo tempo, ainda temos que buscar com maior sensibilidade como encarnar o *kerygma* na linguagem que falam os jovens de hoje.[55]

A fé cristã, mais do que sentir algo, implica dar sentido a alguma coisa. Ela possui um sentido último que é o perdão e o amor. A experiência da misericórdia de Deus não é desvinculada da experiência do perdão e do amor. Somente quando experienciados na própria vida é que a pessoa tem condições de ser perdão e amor na vida dos outros. Os jovens vivem hoje dramas imensos. Não podemos ser "uma Igreja que não chora diante desses dramas de seus filhos jovens. Nós queremos

---

[54] DG 141.
[55] CV 211.

chorar para que a sociedade também seja mais maternal, a fim de que, em vez de matar, aprenda a dar à luz, para que seja promessa de vida".[56]

É missão da Igreja se inserir nas realidades em que se encontram os jovens – no campo da internet, no esporte, nas universidades – e reforçar a pastoral carcerária e a pastoral da sobriedade. Além disso, é preciso investir recursos na formação dos jovens que estão dentro das comunidades. E, principalmente, saber acolher nas comunidades aqueles que chegam, dando-lhes a oportunidade de serem jovens dentro da Igreja.[57]

4.4 Conversão ecológica

Uma das conquistas do Sínodo da Amazônia[58] foi despertar o mundo para a urgência do cuidado ecológico. O documento final do Sínodo, ao introduzir o neologismo "pecado ecológico", mostra que toda a Igreja deve assumir uma atitude de responsabilidade frente à ecologia mundial, a fim de que o cuidado com a criação seja resultado de uma postura ética.

> Propomos definir o pecado ecológico como uma ação ou omissão contra Deus, contra o próximo, a comunidade e o meio ambiente. É um pecado contra as gerações futuras e se manifesta em atos e hábitos de contaminação e destruição da harmonia do ambiente, em transgressões contra os princípios da interdependência e na

---

[56] CV 75.
[57] CV 243.
[58] ASSEMBLEIA ESPECIAL DO SÍNODO DOS BISPOS PARA A REGIÃO PAN--AMAZÔNICA. *Amazônia: Novos caminhos para a Igreja e para uma Ecologia Integral*. Documento Final (2019), n. 1. Disponível em: http://www.sinodoamazonico.va/content/sinodoamazonico/pt/documentos/documento-final-do-sinodo-para--a-amazonia.html. Acesso em: 10 jun. 2020. Daqui em diante = SA.

ruptura das redes de solidariedade entre as criaturas (cf. Catecismo da Igreja Católica, 340-344) e contra a virtude da justiça.⁵⁹

Há algum tempo a Igreja tem se preocupado com o meio ambiente. Francisco, por meio da *Laudato Si'*, deu uma guinada radical no entendimento deste cuidado: a Casa é Comum, é de todos; é responsabilidade e missão de todos. Com o Sínodo da Amazônia, a Igreja tomou uma posição decididamente ecológica, apresentando às dioceses a urgência de um plano de ação para trabalhar essa questão nas paróquias e nos colégios católicos, mudar estilos de vida, acreditar que é possível partir do micro para chegar ao macro.

> Propomos também criar ministérios especiais para o cuidado da "casa comum" e a promoção da ecologia integral em nível paroquial e em cada jurisdição eclesiástica, que tenham como funções, entre outras, o cuidado do território e das águas, bem como a promoção da encíclica *Laudato si'*. Assumir o programa pastoral, educativo e de incidência da encíclica *Laudato si'* nos Capítulos V e VI em todos os níveis e estruturas da Igreja.⁶⁰

Existem, nas paróquias e comunidades de todo o Brasil, diversas iniciativas locais de preservação, tais como: economia de papel, extinção dos copos plásticos, doação de roupas, reutilização de água, coleta seletiva de lixo. Mas, num determinado momento, essas iniciativas e outras mais profundas precisam ser assumidas de forma oficial por todos, com diretrizes bem definidas, com uma consciência capaz de contagiar toda a sociedade e

---

⁵⁹ SA 82.
⁶⁰ SA 82.

mostrar que não é mais possível adotar um estilo de vida que não seja em comunhão com a natureza.

4.5 A valorização do testemunho ético-cristão

Tudo o que foi abordado até agora depende do testemunho cristão. As ações pastorais, muitas vezes, têm um limite restritivo ao âmbito paroquial ou de uma obra social. Entretanto, a verdadeira ação pastoral é aquela que consegue fazer com que os cristãos, onde quer que estejam, sejam verdadeiras lucernas, capazes de iluminar com o seu exemplo o mundo que carece de cuidado, caridade e acolhimento do outro e da natureza.

Não podemos professar a fé em Cristo sem assumir o seu modo de vida e fazer as opções que Ele fez. Desde as primeiras comunidades cristãs, isso se tornou muito evidente.

> Não bastava fazer parte da casa, era necessário promover outro tipo de relacionamento entre as pessoas, tornando-as mais fraternas: "Entre eles ninguém passava necessidade, pois aqueles que possuíam terras ou casas as vendiam, traziam o dinheiro e depositavam aos pés dos apóstolos. Depois, era distribuído conforme a necessidade de cada um" (At 4,34-35).[61]

Hoje, vivemos numa época diferente das primeiras comunidades cristãs. Mesmo assim, somos chamados a assumir os mesmos valores dos primeiros cristãos, compreendê-los e praticá-los no contexto em que vivemos. Para Francisco, a consciência de viver uma verdadeira vida cristã deve se traduzir no dever de

---

[61] DG 76.

anunciar o Evangelho, "como quem partilha uma alegria, indica um horizonte estupendo, oferece um banquete apetecível".[62] Francisco está convencido de que "a Igreja não cresce por proselitismo, mas 'por atração'".[63]

É preciso focalizar na formação da consciência de todos aqueles que se dizem cristãos. As estruturas pastorais são importantes, mas é preciso compreender que o compromisso social também é responsabilidade de todos os cristãos; não se trata de um carisma específico, mas é condição para o seguimento a Jesus. O testemunho passa também pelo envolvimento político-partidário, pelo compromisso com as pastorais sociais, pela participação no mundo da educação, nos conselhos de direitos, no acompanhamento de políticas públicas. A Doutrina Social da Igreja, profundamente comprometida com a transformação da realidade, é a melhor escola de formação.[64] Vale considerar, aqui, o que nos recorda uma das mais belas orações eucarísticas do Missal Romano:

> Ele [Jesus] sempre se mostrou cheio de misericórdia pelos pequenos e pobres, pelos doentes e pecadores, colocando-se ao lado dos perseguidos e marginalizados. Com a vida e a palavra, anunciou ao mundo que sois Pai e cuidas de todos como filhos e filhas.
>
> Dai-nos olhos para ver as necessidades e os sofrimentos dos nossos irmãos e irmãs; inspirai-nos palavras e ações para confortar os desanimados e oprimidos; fazei que, a exemplo de Cristo, e seguindo o seu mandamento, nos empenhemos leal-

---
[62] EG 14.
[63] EG 14. Francisco cita, aqui, Bento XVI. *Homilia na Eucaristia de inauguração da V Conferência Geral do Episcopado Latino-americano e do Caribe* (Santuário de Aparecida – Brasil, 13 de maio de 2007).
[64] DG 179.

mente no serviço a eles. Vossa Igreja seja testemunha viva da verdade e da liberdade, da justiça e da paz, para que toda a humanidade se abra à esperança de um mundo novo.[65]

Considerações finais

A noção de misericórdia parece ser não apenas esquecida, mas desvinculada de um compromisso ético na vida de tantos cristãos. O cenário de miséria e descaso social, por exemplo, é um típico exemplo de *falta* de compaixão para com o ser humano, um típico sinal de que a subsistência e a qualidade de vida têm sido ameaçadas, comprometendo a dignidade da pessoa e o respeito pelos seus direitos fundamentais.

Nesse contexto, a presença da Igreja nos ambientes de maior vulnerabilidade social é de suma importância. Além de ser um sinal visível da misericórdia de Deus, ela atua como presença libertadora e salvadora. Esse é um dos pontos centrais do projeto ético de Francisco. A "ausência" de compaixão e misericórdia sentida em tantas partes é um apelo para que a Igreja volte seu olhar e seu coração para aqueles que são postos à margem, porque considerados sobrantes.

Referências bibliográficas

ASSEMBLEIA ESPECIAL DO SÍNODO DOS BISPOS PARA A REGIÃO PAN-AMAZÔNICA. *Amazônia: Novos caminhos para a Igreja e para uma Ecologia Integral*. Documento Final (2019), n. 1. Disponível em: http://www.sinodoamazonico.va/

---

[65] MISSAL ROMANO. *Oração Eucarística VI-D*. 15 ed. São Paulo: Paulus, 2011, p. 860 e 864.

content/sinodoamazonico/pt/documentos/documento-final-do-sinodo-para-a-amazonia.html. Acesso em: 10 jun. 2020.

CNBB. Pesquisa CNBB: Igreja no Brasil tem exército de caridade dedicado a ações sociais (22.04.2019). Disponível em: https://www.cnbb.org.br/pesquisca-cnbb-igreja-no-brasil-tem-exercito-de-caridade-dedicado-a-acoes-sociais/. Acesso em: 14 jun. 2020.

COMBLIN, José. *O clamor dos oprimidos, o clamor de Jesus*. Petrópolis: Vozes, 1984.

CONFERÊNCIA NACIONAL DOS BISPOS DO BRASIL. *Diretrizes Gerais da Ação Evangelizadora da Igreja no Brasil (2019-2023)*. 57ª Assembleia Geral. Aparecida-SP, 1º a 10 de maio de 2019. Brasília: Edições CNBB, 2019.

CONFERÊNCIA NACIONAL DOS BISPOS DO BRASIL. *Campanha da Fraternidade 2020*. Texto-Base. Tema: "Fraternidade e Vida: Dom e Compromisso". Lema: "Viu, sentiu compaixão e cuidou dele" (Lc 10,33-34). Brasília: Edições CNBB, 2019.

CONSELHO PONTIFÍCIO PARA A PROMOÇÃO DA NOVA EVANGELIZAÇÃO. *A confissão*: Sacramento da misericórdia. São Paulo: Paulinas; Paulus, 2015.

FRANCISCO, Papa. *Christus Vivit*. Exortação Apostólica Pós-Sinodal aos jovens e a todo o povo de Deus. São Paulo: Paulinas, 2019.

FRANCISCO, Papa. *Evangelii Gaudium*. Exortação Apostólica sobre o anúncio do Evangelho no mundo atual. São Paulo: Paulus/Loyola, Paulinas, 2013.

FRANCISCO. *Palavras do Papa Francisco no Brasil*. São Paulo: Paulinas, 2013.

FRANCISCO, Papa. *Laudato Si'*. Carta Encíclica sobre o cuidado da casa comum. São Paulo: Paulus/Loyola, 2015.

FRANCISCO, Papa. *Para a Celebração do Dia Mundial de Oração pelo Cuidado da Criação* (01.09.2019). Disponível em: http://w2.vatican.va/content/francesco/pt/messages/pont-messages/2019/documents/papa-francesco_20190901_messaggio-giornata-cura-creato.html. Acesso em: 14 jun. 2020.

FRANCISCO, Papa. *Misericordiae Vultus*. Bula de proclamação do Jubileu Extraordinário da Misericórdia. São Paulo: Paulus, 2015.

FRANCISCO, Papa. *Gaudete et Exsultate*. Exortação Apostólica sobre o chamado à santidade no mundo atual. São Paulo: Paulus, 2018.

FRANCISCO, Papa. *Amoris Lætitia*. Exortação Apostólica Pós-Sinodal sobre o amor na família. São Paulo: Loyola, 2016.

KASPER, Walter. *A Misericórdia*: Condição fundamental do Evangelho e chave da vida cristã. São Paulo: Loyola; Portugal: Principia Editora, 2015.

MACKENZIE, John L. Misericórdia. In: MACKENZIE, John L. *Dicionário Bíblico*. São Paulo: Paulus, 1983, p. 615-618.

MANZINI, Rosana; ZACHARIAS, Ronaldo (Orgs.). *A Doutrina Social da Igreja e o cuidado com os mais frágeis*. São Paulo: Paulinas, 2018.

MANZINI, Rosana. A Doutrina Social da Igreja e o cuidado misericordioso com os mais frágeis. In: MANZINI, Rosana; ZACHARIAS, Ronaldo (Orgs.). *A Doutrina Social da Igreja e o cuidado com os mais frágeis*. São Paulo: Paulinas, 2018, p. 29-39.

MISSAL ROMANO. *Oração Eucarística VI-D*. 15 ed. São Paulo: Paulus, 2011.

PONTIFÍCIO CONSELHO "JUSTIÇA E PAZ". *Compêndio da Doutrina Social da Igreja*. 7 ed. São Paulo: Paulinas, 2011.

SCANNONE, Juan Carlos. *O Evangelho da Misericórdia em espírito de discernimento*: A ética social do Papa Francisco. Brasília: Edições CNBB, 2019.

SEGOVIA BERNABÉ, José Luis. *Evangelii Gaudium*: Desafíos desde la crisis. In: SEGOVIA BERNABÉ, José Luis; ÁVILA BLANCO, Antonio; MARTÍN VELASCO, Juan; PAGOLA, José Antonio. *Evangelii Gaudium y los desafíos pastorales para la Iglesia*. Madrid: PPC, 2014, p. 9-58.

SOBRINO, Jon. *O princípio misericórdia:* Descer da cruz os povos crucificados. Tradução: Jaime A. Clasen. Petrópolis: Vozes, 1994.

ZACHARIAS, Ronaldo. O cuidado com os mais pobres como desafio ao pensamento e à ação social da Igreja. In: MANZINI, Rosana; ZACHARIAS, Ronaldo (Orgs.). *A Doutrina Social da Igreja e o cuidado com os mais frágeis*. São Paulo: Paulinas, 2018, p. 41-67.

4

A violência contra os pobres

Um pecado contra o próprio Deus

Francisco de Aquino Júnior[1]

Introdução

A violência é uma das realidades mais cruéis, mais visíveis e mais generalizadas de nosso tempo, chegando mesmo a se constituir como um traço ou uma marca fundamental de nossa sociedade. Mas é uma realidade tão complexa – em sua configuração, em suas dimensões, em seus sujeitos e suas vítimas – que é difícil abordá-la sem cair na tentação de reducionismo ou simplificação, sobretudo aquela veiculada por sua espetacularização midiática, aliada à política de criminalização da pobreza.

Vamos tratar aqui de uma das expressões da violência: a violência contra os pobres. Trata-se da expressão mais radical e mais massiva da violência; uma forma de violência que se cons-

---

[1] Francisco de Aquino Júnior é Doutor em Teologia (Westfälische Wilhelms - Universität Münster – Alemanha), Professor de Teologia na Faculdade Católica de Fortaleza (FCF) e na Universidade Católica de Pernambuco (UNICAP) e Presbítero da Diocese de Limoeiro do Norte – CE.

titui como substrato primário ou fonte de muitas outras formas de violência ou, em todo caso, que dá a outras formas de violência dimensões e proporções ainda mais dramáticas e cruéis.

Começaremos com algumas considerações prévias sobre a violência em geral. Abordaremos, em seguida, a problemática da violência contra os pobres em suas várias dimensões e configurações. E concluiremos com uma breve reflexão teológico-pastoral sobre a violência contra os pobres.

1. Considerações prévias sobre a violência

O caráter generalizado da violência em nossa sociedade produz um duplo efeito, cuja articulação pode ser trágica para sua compreensão e para seu enfrentamento: ao mesmo tempo que aparece como uma realidade que afeta a todas as pessoas e provoca reações de medo e autodefesa, induz a uma compreensão superficial e simplória, tanto no que diz respeito à sua configuração e às suas expressões, quanto no que diz respeito a seus sujeitos e a suas vítimas. Por isso mesmo, antes de tratar de qualquer forma/expressão de violência, convém alertar, ainda que sumariamente ou a modo de teses, contra compreensões simplórias e falsas universalizações da violência.

1.1 Compreensões simplórias e superficiais

Antes de tudo, é preciso advertir contra compreensões simplórias e superficiais da violência que, além de não fazerem jus a essa realidade ou mesmo falsificá-la, terminam produzindo ou legitimando novas formas de violência contra suas principais vítimas em nossa sociedade:

a) não se pode identificar violência com as agressões e os homicídios praticados por pessoas das periferias, como apresentam e induzem os meios de comunicação social num claro intento de criminalização da pobreza e justificação da violência estatal-policial. Isso aparece claramente na diferença drástica de tratamento das mídias em geral e dos programas policiais em particular aos crimes praticados por jovens pobres e negros, por jovens brancos de classe média/alta e, sobretudo, por policiais. É bom lembrar que agressão e homicídio não são praticados apenas por pessoas pobres e que elas, antes de serem sujeitos, são vítimas de violência;

b) tampouco se pode reduzir a violência a agressões físicas ou mesmo a homicídios, embora essa seja sua expressão mais visível e, sobretudo, mais midiatizada. Há muitas outras formas de violência que antecedem, acompanham e sucedem agressão física e homicídio: socioeconômica, psicossocial, simbólica, estatal, religiosa etc.; formas cotidianas de violência que, por sua constância e generalidade, são naturalizadas e já não dão ibope. Agressão física e homicídio são fruto e culminância de um processo longo e complexo de violências. Quando alguém chega a praticar ou sofrer esse tipo de violência, já praticou ou sofreu muitas outras formas de violência;

c) menos ainda se pode compreender ou tratar a violência como algo natural-animal, como se o homem fosse vítima de um instinto animalesco agressivo incontrolável. A violência é algo que se "aprende" em sociedade: "É preciso reconhecer o caráter cultural e histórico do que parece ser a pura realização da natureza humana".[2] Ninguém nasce violento. Aprende-se a

---

[2] SOARES, Luiz Eduardo. *Desmilitarizar*: Segurança pública e direitos humanos. São Paulo: Boitempo, 2019, p. 208-209.

ser violento. Certamente, a violência tem raízes e dinamismos biológicos, mas não se pode confundir agressividade animal com violência: "A agressividade é comum ao homem e ao animal; o específico do homem é a violência" que "surge como racionalização da agressividade";[3]

d) por fim, a violência sequer pode ser identificada com o uso de força. Não é qualquer uso da força que é ou pode ser considerado como violência, mas somente aquele que agride a dignidade do ser humano, privando-o dos meios materiais, políticos, sociais, culturais, religiosos etc. de reprodução da vida. Sem falar que a força que pode favorecer ou impedir a reprodução da vida não é apenas de caráter físico, mas também de caráter econômico, político, cultural, religioso etc. O que caracteriza a violência, portanto, não é o uso da força (qualquer que seja e praticada por quem quer que seja), mas seu caráter destrutivo da vida humana ou de "injustiça forçada".[4]

1.2 Falsas universalizações

Além de alertar contra compreensões simplórias e superficiais da violência, é importante e necessário advertir contra a tentação equivocada e/ou cínica da falsa universalização das vítimas da violência, como se todas as pessoas fossem igualmente vítimas da violência e como se apenas um setor da sociedade (pobre-negro) fosse responsável pela situação de violência em que vivemos.

É verdade que, no ambiente de "violência pandêmica" em que nos encontramos, ninguém está completamente imune. De uma for-

---

[3] ELLACURÍA, Ignacio. Violencia y cruz. In: *Escritos Teológicos III*. San Salvador: UCA, 2002, p. 446.
[4] ELLACURÍA. Violencia y cruz, p. 453ss.

ma ou de outra, a violência atinge todas as pessoas, nem que seja pelo sentimento comum de insegurança e medo. Nem mesmo a classe média/alta está livre. Basta ver a busca por condomínios fechados e o crescimento do mercado de segurança privada. Mas se a violência de alguma forma atinge a todos, não atinge igualmente a todos. Não "estamos todos no mesmo barco". Na melhor das hipóteses, estamos todos no mesmo oceano de "violência pandêmica". Mas, enquanto alguns estão em iates, outros estão em barcos, outros, agarrados a um tronco, e milhares já morreram afogados num mar de sangue... É falso e cínico o discurso ideológico de universalização da violência que trata todas as pessoas como igualmente vítimas da violência.

Mesmo entre as vítimas da violência – que não são apenas pessoas pobres – há diferenças que não se podem negar e/ou minimizar. Certamente, a violência tem muitas dimensões e adquire muitas configurações: econômica, de gênero, racial, de identidade sexual, estatal-policial etc. E é preciso levar a sério essas diferentes formas e expressões de violência no que têm de específico e irredutível. Mas, sem cair em nenhum tipo de determinismo nem banalização da violência, é preciso considerar que essas diferentes formas de violência se inserem numa trama social em que há fatores mais determinantes que outros. Não há dúvida de que há violências que estão vinculadas a relações de gênero, raça ou identidade sexual. Mas, quando essas violências estão articuladas com a violência econômica, adquirem dimensões e proporções muito maiores. Entre uma mulher rica e uma mulher pobre, entre um *gay* rico e um *gay* pobre, entre um negro rico (coisa mais rara) e um negro pobre há diferenças consideráveis, de modo que nem se pode banalizar nenhum tipo de violência, nem se pode colocá-las todas no mesmo nível – o que seria outra forma sutil/cínica/burguesa de banalização da violência.

Por fim, é importante destacar um fato curioso no discurso de universalização da violência: todos são igualmente *vítimas* da violência, mas não são igualmente *sujeitos* da violência. Aqui a violência não aparece como um fato universal que diz respeito a todos: ela tem classe e raça. Violenta é a população pobre e negra que está encarcerada ou é candidata nata ao encarceramento. A elite que se proclama vítima da violência não se reconhece como sujeito da violência econômica, psicossocial, estatal-policial etc. Mesmo uma mulher que é vítima do machismo ou um *gay* que é vítima de homofobia nem sempre se reconhecem como sujeitos de violência contra a empregada doméstica ou contra os pobres em geral. A tentação é sempre responsabilizar o outro pela violência, e o outro, normalmente, é o que se encontra numa situação de dominação: a mulher, o *gay*, o negro e, sobretudo e em última instância, o pobre. De modo que o discurso de universalização da violência (vítimas) torna-se um discurso classista-racista (sujeitos). O resultado dessa lógica perversa traduz-se em dinamismos socioculturais e em políticas públicas de defesa/blindagem das elites e criminalização da pobreza.

2. Violência contra os pobres

A violência é uma realidade plural e complexa que não se deixa reduzir a nenhuma de suas formas/expressões, por mais cruel, massiva e determinante que seja. Todo reducionismo aqui, além de falso, termina sendo uma forma sutil de indiferença com as vítimas e cumplicidade com seus agressores. O fato de nos concentrarmos na problemática da violência contra os pobres e mesmo de considerarmos essa forma de violência como substrato primário de outras formas de violência ou, em todo caso, como algo que dá a outras formas de violência dimensões e proporções ainda mais cruéis não significa indiferença, relativização e banalização dessas outras formas e expressões de violência na sociedade. Significa simplesmente deter-se na abordagem de uma forma/expressão concreta de violência e abordá-la no contexto mais amplo das relações sociais, o que, de alguma forma, deve acontecer também com a abordagem de outras formas e expressões da violência. É importante, em todo caso, insistir na complexidade da violência e na irredutibilidade de suas formas e expressões, inclusive no que diz respeito a cada forma/expressão de violência com suas várias dimensões, como é o caso da violência contra os pobres.

No contexto da guerra civil salvadorenha, Ignacio Ellacuría e Oscar Romero chamaram atenção para diferentes formas de violência, sua hierarquização e mútua implicação: violência estrutural, violência repressiva, violência terrorista, violência revolucionária, violência espontânea ou em legítima defesa.[5] Já o Texto-Base da Campanha da Fraternidade da Igreja do Brasil em 2018 – *Fraternidade e superação da violência* – distinguiu três formas fundamentais de violência que se implicam mutuamente: violência direta, violência institucional, cultura da violência.[6] Tendo presentes esses esboços de abordagem panorâmica da violência, procuraremos mostrar

---

[5] ROMERO, Oscar. Iglesia y organizaciones políticas populares: Tercera Carta Pastoral. In: SOBRINO, Jon; MARTÍN-BARÓ, Ignacio; CARDENAL, Rodolfo. *La voz de los sin voz*: La palabra viva de Monseñor Romero. San Salvador: UCA, 2007, p. 113-118; ROMERO, Oscar. Misión de la Iglesia en médio de la crisis del país: Cuarta Carta Pastoral. In: SOBRINO, Jon; MARTÍN-BARÓ, Ignacio; CARDENAL, Rodolfo. *La voz de los sin voz*, p. 156-159; ELLACURÍA, Ignacio. Comentarios a la Carta Pastoral. In: *Escritos Políticos II*: Veinte años de historia en El Salvador (1969-1989). San Salvador: UCA, 1993, p. 712-732; ELLACURÍA, Ignacio. Trabajo no violento por la paz y violencia liberadora. In: *Escritos Teológicos III*, p. 502-508.
[6] CONFERÊNCIA NACIONAL DOS BISPOS DO BRASIL. *Campanha da Fraternidade 2018*: Texto-Base. Brasília: CNBB, 2017, p. 15-24.

como ela se materializa hoje no mundo dos pobres, indicando, sem maiores desenvolvimentos, diversas expressões/dimensões desse fenômeno complexo que é a violência contra os pobres: violência socioeconômica, violência psicossocial, violência pandêmica, violência estatal-policial, violência sociopolítica.

2.1 Violência socioeconômica

A forma mais primária e mais radical de violência é aquela que priva grande parte da população até das condições materiais básicas de reprodução da vida. Talvez muita gente até consiga ver isso como uma injustiça, mas não propriamente como violência. Certamente é uma *injustiça*, porque é fruto de uma repartição desigual dos bens e porque nega aquilo que as pessoas mais necessitam para viver; algo constitutivo e típico, embora não exclusivo, de uma economia capitalista, fundada na concorrência e na lei do mais forte. Mas é também uma *violência*, porque essa negação "destrói a vida, impossibilitando, estrutural e institucionalmente, o acesso às condições indispensáveis para sobreviver, obrigando as maiorias, forçando-as, a levar uma vida inumana".[7]

Não é preciso fazer muito esforço para perceber essa forma radical e massiva de violência em nosso meio. E se ela está presente na maioria das sociedades que conhecemos ou de que temos notícia, adquiriu em nossa sociedade dimensões e proporções escandalosas e inaceitáveis, não obstante o crescimento da riqueza no mundo e importantes esforços e iniciativas pontuais de alguns governos. Os números, sempre parciais, escritos com sangue, falam por si.

---

[7] ELLACURÍA. Trabajo no violento por la paz y violencia liberadora, p. 50.

Situação mundial: Enquanto a América do Norte e a Europa têm apenas 18,6% da população e concentram 67,1% de toda a riqueza global, a África e a América do Sul têm 20,3% da população e detêm apenas 11,1% da riqueza;[8] apenas 147 companhias controlam 40% da riqueza total do mundo;[9] enquanto 8,6% da população detém 85,3% de toda a riqueza no mundo, 69,8% da população detém apenas 2,9% da riqueza;[10] 0,7% da população mundial detém 46% da riqueza total do mundo, enquanto 73,2% da população mais pobre detém apenas 2,4% da riqueza; 1% da população mundial tem mais riqueza do que os 99% restantes; apenas 8 indivíduos detêm a mesma riqueza que a metade mais pobre do mundo; entre 1998 e 2011, a renda dos 10% mais pobres aumentou cerca de 65 dólares, enquanto a renda do 1% mais rico aumentou cerca de 11.800 dólares (182 vezes mais).[11]

Situação brasileira: As políticas sociais desenvolvidas nos governos petistas, embora não tenham diminuído a desigualdade social no Brasil,[12] tiveram um impacto muito importante na vida da população mais pobre. O desmonte progressivo dessas políticas desde o golpe de 2016 tem aumentado enormemente a pobre-

---

[8] POCHMANN, Marcio. *Desigualdade econômica no Brasil*. São Paulo: Ideias & Letras, 2015, p. 50s.
[9] POCHMANN. *Desigualdade econômica no Brasil*, p. 57.
[10] POCHMANN. *Desigualdade econômica no Brasil*, p. 62s.
[11] DOWBOR, Ladislau. *A era do capital improdutivo*. São Paulo: Outras Palavras, 2017, p. 27ss.
[12] MARCONDES, Daniel; GIACOMELLI, Felipe; LEMONTE, Marco. Desigualdade no Brasil. In: *Jornal Folha de São Paulo* (08.06.2015). Disponível em: http://temas.folha.uol.com.br/desigualdade-no-brasil/numeros/pesquisa-com-dados-do-ir--mostra-desigualdade-estavel-de-2006-a-2012.shtml. Acesso em: 14 jun. 2020; PERRIN, Fernanda; PORTINARI, Natália. Desigualdade de renda no Brasil não caiu entre 2011-2015, aponta estudo. In: *Jornal Folha de São Paulo* (08.09.2017). Disponível em: https://www1.folha.uol.com.br/mercado/2017/09/1916858-desigualdade-no-brasil-nao-caiu-desde-2001-aponta-estudo.shtml. Acesso em: 14 jun. 2020.

za e a miséria no País. De 2016 para 2017, o número de pobres que vivem com até 406 reais por mês passou de 52,8 para 54,8 milhões (2 milhões a mais!), e o número de pessoas que vivem na extrema pobreza, com até 140 reais por mês, passou de 13,5 para 15,2 milhões de pessoas (quase 2 milhões a mais!); percentual de pobreza por região: Nordeste (44,8%), Sudeste (17,4%), Sul (12,8%); quase metade da população das regiões Norte e Nordeste tem rendimento mensal de até meio salário mínimo; entre 2014 e 2017, o número de pessoas sem ocupação passou de 6,9% para 12,5% da população (6,2 milhões de pessoas a mais!); 40,88% da população vive de trabalho informal; os brancos ganham, em média, 72,5% a mais que pretos e pardos, e os homens, 29,7% a mais do que as mulheres;[13] estudos parciais de 2015 estimavam mais de 100 mil pessoas vivendo em situação de rua no Brasil,[14] e o Censo da População em Situação de Rua na cidade de São Paulo, em 2019, apontou aumento de 53% em 4 anos, passando de 15.905 (2015) para 24.344 (2019).[15] E isso antes da pandemia do coronavírus!

---

[13] AGÊNCIA DE NOTÍCIAS IBGE. *Síntese de Indicadores Sociais*. Disponível em: https://agenciadenoticias.ibge.gov.br/agencia-sala-de-imprensa/2013-agencia-de--noticias/releases/23298-sintese-de-indicadores-sociais-indicadores-apontam--aumento-da-pobreza-entre-2016-e-2017. Acesso em: 15 jun. 2020.
[14] INSTITUTO DE PESQUISA ECONÔMICA e APLICADA (IPEA). *Estimativa da População em Situação de Rua no Brasil*. Disponível em: https://agenciadenoticias. ibge.gov.br/agencia-sala-de-imprensa/2013-agencia-de-noticias/releases/23298--sintese-de-indicadores-sociais-indicadores-apontam-aumento-da-pobreza-entre-2016-e-2017. Acesso em: 15 jun. 2020.
[15] PREFEITURA DE SÃO PAULO. ASSISTÊNCIA E DESENVOLVIMENTO SOCIAL. *Pesquisa Censitária da População em Situação de Rua* – São Paulo, 2019. Disponível em: https://app.powerbi.com/view?r=eyJrIjoiYzM4MDJmNTAtNzhlMi00NzliLTk4MzYtY2MzN2U5ZDE1YzI3IiwidCI6ImE0ZTA2MDVjLWUzOTUtNDZIYS1iMmE4LThlNjE1NGM5MGUwNyJ9. Acesso em: 15 jun. 2020.

2.2 Violência psicossocial

A violência socioeconômica – também a verbal, a física, a repressiva – sempre vai acompanhada de uma violência psicossocial[16] que desresponsabiliza o agressor e/ou justifica sua violência e faz a vítima se sentir responsável pela situação em que se encontra ou pela agressão sofrida. Trata-se de uma violência que se efetiva por mecanismos muito sutis e eficazes e que agride/violenta a pessoa em sua interioridade ou intimidade mais profunda: identidade, dignidade, autoestima, criatividade etc.

Ela está vinculada a uma ideologia ou a um ideal de pessoa e de sociedade, fundado no sucesso e na meritocracia individuais. Essa ideologia, ou ideal, funciona como modelo/padrão que serve para explicar e justificar/legitimar a riqueza de uns e a pobreza/miséria de outros: se alguém tem é porque batalhou e conseguiu (mérito); se não tem é porque é preguiçoso ou acomodado (demérito). Não há relação entre riqueza e pobreza, de modo que os ricos não podem ser responsabilizados pela situação de pobreza e miséria em que vive tanta gente. Além do mais, esse ideal/padrão vai produzindo um imaginário ou uma visão muito negativa dos pobres e, ligado a isso, um sentimento difuso de aversão, hostilidade e até mesmo de fobia contra os pobres: incompetentes, preguiçosos, acomodados, vagabundos, boas-vidas, viciados, drogados, agressivos, perigosos, assassinos. Tudo isso vai se traduzindo em *sentimento* de indiferença, insegurança, indig-

---

[16] MARTÍN-BARÓ, Ignacio. *Crítica e libertação na psicologia*: Estudos psicossociais. Petrópolis: Vozes, 2017; SAWAIA, Bader (Org.). *As artimanhas da exclusão*: Análise psicossocial e ética da desigualdade social. Petrópolis: Vozes, 2014; XIMENES, Verônica Morais; NEPOMUCENO, Bárbara Barrosa; CIDADE, Elívia Camurça; MOURA JÚNIOR, James Ferreira (Orgs.). *Implicações psicossociais da pobreza*: Diversidades e resistências. Fortaleza: Expressão Gráfica e Editora, 2016.

nação, preconceito, rechaço, ódio etc. e em *política* de criminalização da pobreza, cuja expressão mais clara é o encarceramento massivo da juventude pobre e negra. A filósofa espanhola Adela Cortina criou até um neologismo para isso: *aporofobia* (fobia de pobre), isto é, "rechaço, aversão, temor e desprezo pelo pobre, pelo desamparado que, ao menos aparentemente, não pode devolver nada de bom em troca".[17] Trata-se de uma fobia muito peculiar, cuja causa não está vinculada à identidade (etnia, raça, sexo, identidade sexual) ou a uma opção (religiosa, ideológica) da pessoa, mas a uma condição social involuntária e imposta: pobreza e/ou miséria. E, assim, o pobre é duplamente violentado: por ser privado das condições materiais básicas de reprodução da vida (violência socioeconômica) e por ser responsabilizado e rechaçado socialmente por uma situação da qual é vitima (violência psicossocial).

Mas a violência psicossocial não para na responsabilização do pobre por sua situação de pobreza e no seu rechaço social. Seu dinamismo faz que o próprio pobre interiorize esse imaginário social, assumindo a responsabilidade por seu fracasso e culpabilizando-se por isso; dificulta/impede-o de perceber que sua pobreza ou miséria é fruto de uma forma injusta e violenta de organização da sociedade, que transforma privilégio em mérito e injustiça em irresponsabilidade e fracasso pessoais. Pedrinho Guareschi destaca aqui a importância e eficácia do que Robert Farr chama de "individualismo como representação coletiva", cuja consequência é a "atribuição do sucesso e do fracasso exclusivamente a pessoas particulares, esquecendo-se completamente de causalidades históricas e sociais". Essa "'individualização do

---

[17] CORTINA, Adela. *Aporofobia, el rechazo al pobre*: Un desafio para la democracia. Barcelona: Editorial Planeta, 2017, p. 14.

social", que é inseparável do "endeusamento do indivíduo", leva a um processo de "culpabilização psicológica" em que "as pessoas são, individualmente, responsabilizadas por uma situação econômica adversa e injusta".[18] Isso tem um duplo efeito na vida dos pobres. Por um lado, leva a uma justificação do *status quo* da sociedade, já que cada um é responsável pela situação em que se encontra, bem como a uma justificação de qualquer medida que se julgue necessária para defender e/ou reestabelecer a "ordem". Por outro lado, leva a um processo de autoculpabilização dos pobres pela situação de pobreza em que se encontram e, com isso, à interiorização dos preconceitos e das humilhações sofridas, com consequências drásticas para a autoestima e para o desenvolvimento de potencialidades e da criatividade humana. E, aqui, a violência psicossocial mostra mais um de seus dinamismos perversos: além de ser responsabilizado e rechaçado socialmente por uma situação da qual é vítima (externo), o pobre é forçado a interiorizar e assumir esse imaginário social, violentando sua autoestima e comprometendo o desenvolvimento e a construção de novas possibilidades de vida (interno).

2.3 Violência pandêmica

A situação massiva e generalizada de violência socioeconômica e psicossocial vai criando um ambiente sociocultural muito fecundo para o desenvolvimento de muitas outras formas de violência que se retroalimentam e, juntas, vão gestando um ambiente de violência pandêmica, cuja expressão maior são os índices assustadores de homicídio e cujas principais vítimas são

---

[18] GUARESCHI, Pedrinho. Pressupostos psicossociais da exclusão: Competitividade e culpabilização. In: SAWAIA. *As artimanhas da exclusão*, p. 152.

os pobres e, em particular, a juventude pobre e negra. É a face mais visível, mais midiatizada e mais assustadora da violência.

Os dados são alarmantes. O *Atlas da Violência* 2019 revela que, em 2017, houve 65.602 homicídios no Brasil (em 2007, foram 48.219 homicídios), o que equivale a uma taxa de aproximadamente 31,6 mortos para cada cem mil habitantes e um aumento de 36,1% em relação à quantidade de homicídios em 2007. Um cenário de guerra. Mas revela também dados importantes para saber quem são as principais vítimas dessa guerra, dentre os quais convém destacar: 1) 75,5% das vítimas foram pessoas negras: uma taxa de homicídios de 43,1 para cada cem mil negros – para os não negros, a taxa foi de 16 para cada cem mil; 2) 35.783 jovens foram assassinados no Brasil (em 2007, foram 24.489), o que representa uma taxa de 69,9 homicídios para cada cem mil jovens no País. No Ceará, essa taxa chegou a 140,2, com um crescimento de 60% em relação ao ano anterior; 3) 4.936 mulheres foram mortas no País, uma média de 13 assassinatos por dia; 4) constatou-se uma redução da taxa de homicídios nas regiões Sudeste e Centro-Oeste e um aumento significativo nas regiões Norte e Nordeste, provavelmente influenciado pela guerra entre as facções criminosas em 2016 e sua reorganização territorial no Brasil. Enquanto a taxa de homicídios nas regiões Norte e Nordeste foi de aproximadamente 48 mortos para cada cem mil habitantes, na região Sudeste a taxa foi de 26,7 para cada cem mil habitantes.[19]

Esses dados ajudam a perceber que a violência letal no Brasil tem classe, cor, idade e geografia. É, sobretudo, a juventude pobre e negra que está sendo assassinada. E cada vez mais

---

[19] INSTITUTO DE PESQUISA ECONÔMICA e APLICADA (IPEA). *Atlas da Violência 2019*. Disponível em: http://www.ipea.gov.br/atlasviolencia/download/12/atlas-2019. Acesso em: 17 jun. 2020.

a juventude pobre e negra das regiões Norte e Nordeste, como demonstra o processo em curso de "nordestinação da violência", com um impacto social tremendo nessas regiões, em que quase metade da população vive com até meio salário mínimo. O Ceará é um exemplo claro dessa tragédia: de janeiro a julho de 2017, foram assassinados 522 adolescentes no Ceará, dos quais 222 foram assassinados em Fortaleza, o que significa 1 adolescente morto por dia na capital cearense. E com características muito peculiares. Em geral, "jovens do sexo masculino, negros e moradores das áreas periféricas da cidade".[20] É preciso analisar esses casos no contexto sócio-histórico de violência pandêmica em que se inserem e do qual são resultado. Como bem afirma o deputado estadual Renato Roseno (PSOL – CE), esses homicídios não são um "evento isolado", mas um "processo", no qual estão implicados "determinantes estruturais" como "classe social, raça, gênero, geração, local de moradia" e muitos outros fatores, como "passado de violência doméstica, abandono escolar, contato com armas, violência policial, ausência de equipamentos sociais, serviços públicos deficitários, ameaças, disputas territoriais, morte de adolescentes próximos". A superposição desses elementos cria um ambiente de violência pandêmica, no qual "o matar e o morrer são possibilidades muito próximas".[21] E, não raras vezes, com requintes de crueldade, como no caso do linchamento da transexual Dandara Kettley, numa periferia de Fortaleza, em 15 de fevereiro de 2017.

---

[20] COMITÊ CEARENSE PELA PREVENÇÃO DE HOMICÍDIOS NA ADOLESCÊNCIA. *Cada vida importa*. Relatório do Primeiro Semestre de 2017. Disponível em: https://www.al.ce.gov.br/phocadownload/relatorio_primeiro_semestre.pdf. Acesso em: 17 jun. 2020.

[21] COMITÊ CEARENSE PELA PREVENÇÃO DE HOMICÍDIOS NA ADOLESCÊNCIA. *Cada vida importa*. Relatório Final 2016, p. 564. Disponível em: https://www.al.ce.gov.br/phocadownload/relatorio_final.pdf. Acesso em: 17 jun. 2020.

2.4 Violência estatal-policial

A violência estatal-policial contra os pobres não é uma novidade. O Estado sempre teve dois pesos e duas medidas. Isso é visível até na linguagem policial: um pobre que comete um crime é "um mau elemento"; um rico que comete um crime é "um cidadão que teve um momento de fraqueza". Mas isso tem se tornado, de modo cada vez mais claro e intenso, uma política de Estado, isto é, uma estratégia política de enfrentamento da violência pandêmica que se instaurou nos meios populares e cuja expressão mais visível é o encarceramento massivo da juventude pobre e negra. Tudo – até tortura! – em nome da "ordem" e da "segurança pública".

O sociólogo francês Loïc Wacquant tem chamado a atenção para a estratégia neoliberal de enfrentamento da pobreza e da violência, desenvolvida nos EUA a partir dos anos 1990 e pouco a pouco exportada para a Europa e para a América Latina.[22] Trata-se de uma estratégia que conjuga "desmantelamento do Estado social", "disciplinamento do mercado de trabalho desqualificado e desregulado" e "fortalecimento do Estado penal".[23] Isso significa uma mudança importante de estratégia governamental: da "regulamentação do bem-estar social" para a "administração penal dos rejeitos humanos da sociedade de mercado",[24] o que se traduz na "substituição gradual da rede de assistência do Estado de bem-estar social pela 'rede de arrasto' da polícia, dos tribunais e das prisões".[25] Cada vez mais a "guerra contra a pobreza" perde

---

[22] WACQUANT, Loïc. *As duas faces do gueto*. São Paulo: Boitempo, 2008.
[23] WACQUANT. *As duas faces do gueto*, p. 96s.
[24] WACQUANT. *As duas faces do gueto*, p. 9, 132.
[25] WACQUANT. *As duas faces do gueto*, p. 11.

espaço para a "guerra contra o Estado de bem-estar social".[26] E o resultado mais importante dessa política de "encarceramento como um instrumento de administração da insegurança social"[27] é a transformação das prisões em "aterro sanitário para dejetos humanos de uma sociedade cada vez mais diretamente subjugada pelos ditames materiais do mercado e da compulsão moral de responsabilidade social".[28] Wacquant chega mesmo a se perguntar se "a forma extrema da gestão punitiva da miséria não consiste em suprimi-la pela eliminação física dos miseráveis".[29]

O Brasil tem uma das maiores populações carcerárias do mundo e tem registrado a maior taxa de crescimento nas últimas décadas. Dados oficiais do Departamento Penitenciário Nacional revelam que a população carcerária do Brasil passou de 232,7 mil, em 2000, para 773,1 mil, no primeiro semestre de 2019; a taxa de encarceramento para cada cem mil habitantes nesse período passou de 137 para 367,91; o *deficit* de vagas passou de 97 mil para 312,1 mil; motivos das prisões: crime contra a pessoa (11,31%), crime contra a lei de drogas (39,4%) e crime contra o patrimônio (36,7%); 34,7% tinham prisão provisória.[30] Em sua análise de dados sobre a situação penitenciária no Brasil, Luiz Eduardo Soares mostra que "a maioria dos presos é jovem, pobre, negro, sexo masculino e de baixa escolaridade"[31] e afirma que "não há dúvida de que negros e pobres são as principais víti-

---
[26] WACQUANT. *As duas faces do gueto*, p. 12, 72.
[27] WACQUANT. *As duas faces do gueto*, p. 96.
[28] WACQUANT. *As duas faces do gueto*, p. 14, 120.
[29] WACQUANT. *As duas faces do gueto*, p. 114.
[30] DEPARTAMENTO PENITENCIÁRIO NACIONAL. Levantamento Nacional de Informações Penitenciárias. Dezembro 2019. Disponível em: https://app.powerbi.com/view?r=eyJrIjoiZTlkZGJjODQtNmJlMi00OTJhLWFlMDktNzRlNmFkNTM0MWI3liwidCl6ImViMDkwNDIwLTQ0NGMtNDNmNy05MWYyLTRiOGRhNmJmZThlMSJ9. Acesso em: 14 jun. 2020.
[31] SOARES. *Desmilitarizar*, p. 28.

mas do crime mais grave, o homicídio doloso, além de serem as principais vítimas da brutalidade policial letal e das abordagens ilegais".[32] Entre as principais causas desse processo que ele define como "criminalização da pobreza" e "verdadeira consagração do racismo institucionalizado", destaca "o racismo da sociedade brasileira, a lei de drogas, o modelo policial e a cultura da vingança e da guerra, que atravessa distintas classes e se enraíza nas corporações policiais".[33]

2.5 Violência sociopolítica

A violência contra os pobres se materializa, por fim, na violência contra as lideranças e as organizações populares que defendem seus interesses e lutam por seus direitos. Esse tipo de violência vai da aversão e agressão sociocultural a direitos humanos e políticas sociais à criminalização e ao assassinato de lideranças populares.

Há todo um imaginário sociocultural negativo acerca dos pobres que os responsabiliza por sua pobreza e justifica sua criminalização e que produz e alimenta uma aversão a todo discurso/grupo de direitos humanos (defesa de bandidos/bandidagem) e qualquer política social compensatória (alimenta vagabundagem). Isso tem crescido muito ultimamente, a ponto de o sentimento mais ou menos difuso e dissimulado de aversão a direitos humanos e a organizações populares se tornar um sentimento de ódio explícito que aguça emoções, produz imaginário e mobiliza reações que vão da agressão verbal e física a lideranças populares à naturalização, legitimação e até mesmo prática de tortura e linchamento. Tornou-se comum, até entre pessoas e lideranças

---
[32] SOARES. *Desmilitarizar*, p. 25.
[33] SOARES. *Desmilitarizar*, p. 43.

religiosas, afirmações do tipo: "bandido bom é bandido morto", "menos um, graças a Deus", "tem que sofrer", "pena de morte", "direitos humanos é defender bandido", "queria ver se fosse seu filho", entre outras. E tudo isso tem encontrado em grupos, partidos e governos de extrema direita uma mediação sociopolítica fundamental. Chegamos a ponto de tolerar no Parlamento apologia à tortura e a torturadores e de eleger como presidente da República um inimigo declarado dos direitos humanos que defende tortura, torturadores, milícias e violência policial, estimula machismo, racismo e homofobia e criminaliza movimentos populares. Mas é preciso perceber que ele representa em tudo isso uma parcela importante da população. Tornou-se eco e mediação institucional de um imaginário e sentimento difusos em nossa sociedade. O "fenômeno Bolsonaro" é muito maior e mais complexo do que o "presidente Bolsonaro", por mais que ele tenha um papel cultural-político-institucional importante nesse processo.

Todo esse imaginário sociocultural de preconceito e aversão contra pobres, direitos humanos e organizações populares adquire dimensões e proporções muito maiores na medida em que é tolerado ou mesmo promovido institucionalmente: seja na medida em que a *justiça* criminaliza lideranças e organizações populares, colocando o direito de propriedade individual acima dos interesses coletivos, prendendo e condenando lideranças populares, tratando a luta por direitos como crime e as organizações populares como organizações criminosas ou mesmo terroristas, seja na medida em que *governos e parlamentos* burlam, mudam ou criam mecanismos legais que toleram e promovem violação de direitos e a criminalização de movimentos populares. É o caso, por exemplo, da Política de Segurança Pública do governo petista do Ceará, que inclui entre os "procedimentos" de estabelecimento da ordem até a prática da tortura nos presídios, como revela o Relatório de Missão ao Estado do Ceará do Mecanismo Nacional de Prevenção e Combate à Tortura.[34] É o caso do Projeto de Lei apresentado pelo ex-ministro Sérgio Moro, em 4 de fevereiro de 2019, que altera o Código Penal no que se refere à ação policial, afirmando que "o juiz poderá reduzir a pena até a metade ou deixar de aplicá-la se o excesso decorrer de escusável medo, surpresa ou violenta emoção".[35] E é o caso do Projeto de Lei 272/2016, do senador Lasier Martins (PDT – RS), que altera a Lei Antiterrorismo (PL 13.260/2016), acrescentando aos atos qualificados como terrorismo a prática de "incendiar, depredar, saquear, destruir ou explodir meios de transporte ou qualquer bem público ou privado",[36] num claro e articulado intento de criminalizar movimentos populares como o MST, o MTST e outros.

Todo esse processo sociocultural e político-estatal de violência contra os direitos humanos e contra as organizações populares, aliado à impunidade de seus agressores, cria um ambiente extremamente favorável à agressão verbal, moral e até física de lideranças populares que não raramente culmina em assassinato. O Brasil é um dos países que mais mata lideranças populares.[37] Um levan-

---

[34] BRASIL. MECANISMO NACIONAL DE PREVENÇÃO E COMBATE À TORTURA. *Relatório de Missão ao Estado do Ceará*. Brasília, Abril de 2019. Disponível em: https://apublica.org/wp-content/uploads/2019/04/relatario-missa-o-ceara--protegido-sem-isbn-1.pdf. Acesso em: 13 jun. 2020.
[35] MORO, Sérgio. *Projeto de Lei Anticrime*. Disponível em: http://estaticog1.globo.com/2019/02/04/mjsp_projeto_de_lei_anticrime.pdf?_ga=2.68568401.1564241228.1586531085-7d20d590-7cbe-6733-9fc0-7bc-b11ec5476. Acesso em: 13 jun. 2020; SOARES. *Desmilitarizar*, p. 130-135.
[36] SENADO FEDERAL. Projeto de Lei 272/2016. Disponível em: https://legis.senado.leg.br/sdleg-getter/documento?dm=4053697&ts=1567535503273&disposition=inline. Acesso em: 13 jun. 2020.
[37] GLOBAL WITNESS. *A que preço?* Negócios irresponsáveis e o assassinato de defensores da terra e do meio ambiente em 2017. Disponível em: https://www.globalwitness.org/en/campaigns/environmental-activists/a-que-pre%C3%A7o/. Acesso em: 15 jun. 2020.

tamento realizado pela Comissão Pastoral da Terra revela que, entre 1985 e 2017, foram assassinadas no Brasil 1.904 lideranças camponesas e que, dos 1.438 casos em se deram esses assassinatos, apenas 113 foram julgados, nos quais apenas 31 mandantes e 91 executores foram condenados.[38] Só em 2017, foram 71 lideranças assassinadas.[39] Em 2018, os conflitos no campo cresceram 4% em relação ao ano anterior: foram 1.489 conflitos, envolvendo 960.342 pessoas e 28 assassinatos.[40] Em 2019, foram registrados 1.833 conflitos, envolvendo 859.023 pessoas e 32 assassinatos.[41] Esses assassinatos denunciam o caráter injusto e violento de nossa sociedade e revelam a face mais cruel e mortal da violência contra os pobres: uma tentativa de encobrir a violência contra os pobres, abafar/silenciar seu grito de denúncia, destruir o sonho de dias melhores e impedir qualquer processo de mudança social que garanta direitos que possibilitem a reprodução da vida em todas as dimensões. Por isso mesmo, Dom Pedro Casaldáliga sempre insistiu que "nada há mais subversivo que o cadáver de um mártir".[42] Sua morte violenta denuncia o processo longo, lento e mortal de violência contra os pobres. Não por acaso, há tanto esforço para manchar/profanar a imagem/memória dos mártires.

---

[38] CENTRO DE DOCUMENTAÇÃO DOM TOMÁS BALDUINO (CPT). *Conflitos no Campo – Brasil 2017*, p. 41. Disponível em: https://cptnacional.org.br/component/jdownloads/send/41-conflitos-no-campo-brasil-publicacao/14110-conflitos-no-campo-brasil-2017-web?Itemid=0. Acesso em: 15 jun. 2020.
[39] CPT. *Conflitos no Campo*, p. 180-182.
[40] CPT. *Conflitos no Campo – Brasil 2018*, p. 25. Disponível em: https://www.cptnacional.org.br/component/jdownloads/send/41-conflitos-no-campo-brasil-publicacao/14154-conflitos-no-campo-brasil-2018?Itemid=0. Acesso em: 15 jun. 2020.
[41] CPT. *Conflitos no Campo – Brasil 2019*, p. 20. Disponível em: https://www.cptnacional.org.br/component/jdownloads/send/41-conflitos-no-campo-brasil-publicacao/14195-conflitos-no-campo-brasil-2019-web?Itemid=0. Acesso em: 15 jun. 2020.
[42] CASALDÁLIGA, Pedro. *A Cuia de Gedeão*: Poemas e autos sacramentais sertanejos. Petrópolis: Vozes, 1982, p. 30.

3. Reflexão teológico-pastoral

A reflexão teológico-pastoral sobre uma situação/realidade qualquer pressupõe uma compreensão razoável dessa situação/realidade; compreensão que se adquire tanto por experiência/percepção pessoal/grupal, quanto por análise de caráter científico, ou, melhor ainda, pela complementação de ambos os saberes. Só então se pode refletir teologicamente sobre o tema, situando-o no horizonte e no dinamismo histórico da salvação ou do reinado de Deus, que é o assunto próprio da teologia. Por isso mesmo, antes de refletir teologicamente sobre a violência contra os pobres, procuramos analisar e compreender esse tipo de violência em seu dinamismo, em sua configuração e em suas várias dimensões: socioeconômica, psicossocial, pandêmica, estatal-policial, sociopolítica. A pergunta que se põe agora é o que isso tem a ver com o dinamismo histórico da salvação ou reinado de Deus. Noutras palavras, trata-se de saber se a violência contra os pobres não tem, além das dimensões acima abordadas, uma dimensão estritamente teologal-espiritual que diz respeito a Deus e seu desígnio salvífico-criador, ainda que negativamente, isto é, como aversão, oposição, negação, enfim, pecado.

Convém recordar aqui, ainda que sumariamente, três aspectos ou traços fundamentais da experiência judaico-cristã de Deus narrada na Escritura que são decisivos para uma reflexão cristã sobre a violência contra os pobres:[43] 1) o Deus bíblico é o Deus da vida, Deus criador e salvador, Deus dos pobres e

---

[43] ELLACURÍA. Violencia y cruz, p. 450-482; GUTIÉRREZ, Gustavo. *O Deus da vida*. São Paulo: Loyola, 1992; AQUINO JÚNIOR, Francisco de. *Teologia em saída para as periferias*. São Paulo: Paulinas, 2019, p. 153-166, 179-188.

marginalizados, e o seu desígnio para a humanidade é um reino de fraternidade, justiça e paz; 2) todo atentado/violência contra os pobres e marginalizados é, em última instância, um atentado/ violência contra o próprio Deus, é um pecado que clama ao céu; 3) a resposta de Deus e do seu povo a essa violência é uma ação salvífico-redentora em favor das vítimas, ação que pode chegar ao extremo de entrega/doação da própria vida.

De modo que, do ponto de vista do desígnio salvífico-criador de Deus para a humanidade e do dinamismo histórico de seu reinado de fraternidade, justiça e paz, tal como se revelam na história de Israel e na práxis de Jesus de Nazaré e tal como estão narrados na Escritura, a violência contra os pobres, em suas mais diversas formas e expressões, é um *pecado contra Deus,* e a reação cristã contra esse pecado consiste numa *ação salvífico- -redentora em favor dos pobres.*

Antes de tudo, é preciso insistir no caráter pecaminoso da violência em suas diversas formas e expressões. A violência tem uma dimensão estritamente teologal-espiritual que diz respeito, ainda que negativamente, a Deus e seu desígnio para a humanidade: agride e destrói a obra criadora de Deus (criação), impossibilita ou dificulta seu reinado de fraternidade, justiça e paz (salvação) e recusa o Dom/Espírito de Deus que nos faz viver na fraternidade uns com os outros e na filiação com Deus (santificação). Ao fazer isso, ofusca e/ou destrói a imagem de Deus no mundo. Por isso, a violência contra o próximo é sempre uma violência contra Deus e, enquanto tal, um pecado. Não raramente, um pecado mortal, porque mata. E isso se materializa com toda força e crueldade no mundo dos pobres.

Não sem razão, Oscar Romero dizia que a "historicização da fé no mundo dos pobres" ajudou a Igreja a ter uma "consciência mais clara do pecado": "Sabemos que a ofensa a Deus é a morte do homem. Sabemos que o pecado é verdadeiramente mortal, não só pela morte interna de quem o comete, mas pela morte real e objetiva que produz". E conclui: "Pecado é aquilo que deu morte ao Filho de Deus e pecado continua sendo aquilo que dá morte aos filhos de Deus".[44]

Também o Papa Francisco tem insistido muito no caráter pecaminoso da violência. Em sua viagem apostólica à Turquia, por exemplo, referindo-se ao "brado" das "vítimas dos conflitos em muitas partes do mundo", disse que "turvar a paz de um povo, cometer ou consentir qualquer gênero de violência, especialmente contra pessoas frágeis e indefesas, é um pecado gravíssimo contra Deus porque significa não respeitar a imagem de Deus que está no homem".[45] Na entrevista que concedeu ao jornal italiano *La Repubblica*, na Quinta-Feira Santa de 2017, afirmou: "Penso que hoje o pecado se manifesta com a sua força destruidora nas guerras, nas várias formas de violência e maus tratos, no abandono dos mais frágeis".[46] E, em sua mensagem no terceiro domingo da Páscoa de 2018, falando da "perspectiva cristã sobre o corpo" e pensando naqueles que são "maltratados no corpo", disse que "cada ofensa ou ferida ou violência contra o corpo do nosso irmão é um ultraje a Deus Criador" e que "na carne dessas pessoas encontramos o Corpo

---

[44] ROMERO, Oscar. *Una experiencia eclesial en El Salvador, Centro America*. In: SOBRINO, Jon; MARTÍN-BARÓ, Ignacio; CARDENAL, Rodolfo. *La voz de los sin voz*: La palavra viva de Monseñor Romero. San Salvador: UCA, 2007, p. 189.
[45] FRANCISCO, Papa. *Viagem Apostólica à Turquia*. Palavras do Santo Padre na Igreja Patriarcal de São Jorge, Istambul (30.11.2014). Disponível em: http://w2.vatican.va/content/francesco/pt/homilies/2014/documents/papa-francesco_20141130_divina-liturgia-turchia.html. Acesso em: 16 jun. 2020.
[46] FRANCISCO, Papa. Entrevista ao jornal italiano *La Repubblica* (13.04.2017). Disponível em: http://www.radiovaticana.va/proxy/portuguese/noticiario/2017_04_13.html#Art_1305458. Acesso em: 16 jun. 2020.

de Cristo (...) ferido, desprezado, caluniado, humilhado, flagelado, crucificado".[47]

Desse modo, a violência contra os pobres, além das dimensões socioeconômica, psicossocial, pandêmica, estatal-policial e sociopolítica, tem uma dimensão estritamente teologal-espiritual. Constitui-se, em última instância, em um atentado contra Deus que se efetiva e se materializa como atentado contra a obra criadora de Deus e seu desígnio salvífico para a humanidade. É um pecado e, não raramente, um pecado mortal!

Mas não basta reconhecer ou mesmo insistir no caráter pecaminoso da violência. A consciência do pecado chama à conversão, e a conversão se efetiva na adesão/volta a Deus e na participação/colaboração no seu desígnio salvífico-criador. Pensando concretamente no pecado da violência contra os pobres, a conversão se efetiva, aqui, no empenho em favor das vítimas da violência e contra estruturas e mecanismos que favorecem e/ou promovem violência contra os pobres. E, na medida em que essa violência é uma realidade complexa que se materializa de diferentes formas e em diferentes níveis, a reação salvífico-criadora a essa violência também deve se dar em "níveis distintos" e deve adquirir "formas distintas" de realização.[48] Mesmo não podendo desenvolver o tema aqui, convém ao menos indicar alguns níveis e/ou expressões desse empenho em favor das vítimas, que é a forma cristã de enfrentar a violência contra os pobres. Ao *pecado da violência* contra os pobres responde-se com *ação salvífico-criadora* em favor/defesa dos pobres.

---

[47] FRANCISCO, Papa. *Regina Coeli* (15.04.2018). Disponível em: http://www.vatican.va/content/francesco/pt/angelus/2018/documents/papa-francesco_regina-coeli_20180415.html. Acesso em: 16 jun. 2020.
[48] ELLACURÍA. Violencia y cruz, p. 463.

Em primeiro lugar, é preciso reconhecer e deixar-se tocar e comover pelos sinais de ação salvífico-criadora que existem no mundo dos pobres: partilha, proximidade, cuidado, consolo, mediação de conflitos, pactos/regras de convivência, criatividade, "jeitinho", festa etc. Certamente, há muita ambiguidade em tudo isso – e onde não há ambiguidade? Mas é isso que torna a vida possível e/ou alivia as dificuldades e sofrimentos do dia a dia. Francisco tem insistido muito no potencial transformador e espiritual dessa solidariedade vivida pelos pobres,[49] autêntica "experiência de salvação comunitária".[50] E, em sintonia com Puebla, que falava do "potencial evangelizador dos pobres",[51] insiste na necessidade de nos deixarmos "evangelizar por eles", convidando-nos a "reconhecer a força salvífica de suas vidas", a "colocá-los no centro do caminho da Igreja", a "descobrir Cristo neles: não só a emprestar-lhes a nossa voz nas suas causas, mas também a ser seus amigos, a escutá-los, a compreendê-los e a acolher a misteriosa sabedoria que Deus nos quer comunicar através deles".[52]

Em segundo lugar, é preciso reconhecer, valorizar e promover os gestos cotidianos de solidariedade com os pobres: a proximidade física e o esforço de socorrê-los em suas necessi-

---

[49] FRANCISCO, Papa. *Visita ao bairro pobre de Kangemi em Nairobi* – Quênia (27.11.2015). Disponível em: http://www.vatican.va/content/francesco/pt/speeches/2015/november/documents/papa-francesco_20151127_kenya-kangemi.html. Acesso em: 16 jun. 2020.
[50] FRANCISCO, Papa. *Laudato Si'*. Carta Encíclica sobre o cuidado da casa comum. São Paulo: Paulinas, 2015, n. 149.
[51] CONFERÊNCIA EPISCOPAL LATINO-AMERICANA (CELAM). *Evangelização no presente e no futuro da América Latina*: Conclusões da Conferência de Puebla. Texto Oficial. São Paulo: Paulinas, 1986, n. 1147.
[52] FRANCISCO, Papa. *Evangelii Gaudium*. Exortação Apostólica sobre o anúncio do Evangelho no mundo atual. São Paulo: Paulinas, 2013, n. 198. Daqui em diante = EG.

dades cotidianas, que vão de bens materiais básicos à escuta e ao consolo nas angústias e no desespero. Como recorda Francisco, é preciso escutar o "clamor do pobre" e "socorrê-lo" em suas necessidades.[53] Tudo começa com a "atenção" prestada ao pobre: "Esta atenção é o início de uma verdadeira preocupação pela sua pessoa e, a partir dela, desejo procurar efetivamente o seu bem". É no contexto mais amplo da "atenção" e do "amor" aos pobres que as "ações" e os "programas de promoção assistencial" devem ser desenvolvidos e que podemos "acompanhá-los adequadamente no seu caminho de libertação".[54] Aqui têm lugar muitas práticas e atividades desenvolvidas por várias pessoas e grupos: *visitas* a doentes, idosos, encarcerados, enlutados, periferias etc.; *partilha/doação* de alimentos, medicamentos etc.; *serviços básicos* em casas/centros de acolhida/referência; *mediação de conflitos* etc.

Em terceiro lugar, está o desafio e a tarefa do *enfrentamento* da cultura da violência que se impôs em nossa sociedade e da *vivência e propagação* de uma cultura da solidariedade, fundada no reconhecimento da dignidade fundamental da pessoa humana e na garantia das condições necessárias de reprodução da vida. Francisco tem insistido muito nisso. É preciso enfrentar e superar a "cultura do descartável", o "ideal egoísta" e a "globalização da indiferença".[55] Não se podem naturalizar a injustiça e a violência. "Não é salutar habituarmo-nos ao mal; faz-nos mal permitir que nos anestesiem a consciência social."[56] É preciso cultivar uma

---
[53] EG 187.
[54] EG 199.
[55] EG 53, 54, 67.
[56] FRANCISCO, Papa. *Exortação Apostólica Pós-Sinodal Querida Amazônia*. São Paulo: Paulinas, 2020, n. 15.

cultura de solidariedade. Isso "supõe a criação de uma nova mentalidade que pense em termos de comunidade, de prioridade da vida de todos sobre a apropriação de bens por parte de alguns";[57] é "uma reação espontânea de quem reconhece a função social da propriedade e o destino universal dos bens".[58] Esse desafio é ainda mais urgente em um contexto como o nosso de banalização da vida humana e de aversão generalizada aos direitos humanos.

Por fim, é preciso levar a sério e enfrentar aquilo que está na base e que é fonte de muitas outras formas de violência: a desigualdade social. Francisco tem insistido que "a desigualdade é a raiz dos males sociais"[59] e que, "enquanto não se eliminar a exclusão e a desigualdade dentro da sociedade e entre os vários povos, será impossível desarraigar a violência", pois, "sem igualdade de oportunidades, as várias formas de agressão e de guerra encontrarão um terreno fértil que, mais cedo ou mais tarde, há de provocar a explosão".[60] Por isso, ele tem manifestado preocupação com a constatação de vozes que "procuram 'explicar' que os direitos sociais já são 'velhos', já passaram da moda e nada têm a oferecer às nossas sociedades" e que levam "à aceitação e à justificação da desigualdade e indignidade" – que é também uma "maneira de gerar violência: silenciosa, mas, contudo, violência".[61] E por isso tem destacado a importância e a necessidade das organizações populares na transformação da sociedade

---

[57] EG 188.
[58] EG 189.
[59] EG 202.
[60] EG 59.
[61] FRANCISCO, Papa. *Discurso aos juízes do continente americano reunidos em congresso no Vaticano* (04.06.2019). Disponível em: http://w2.vatican.va/content/francesco/pt/speeches/2019/june/documents/papa-francesco_20190604_giudici-panamericani.html. Acesso em: 18 jun. 2020.

a partir da conquista e da garantia de direitos que possibilitam uma vida digna para todos.[62] Importa levar a sério a complexidade e o caráter pecaminoso da violência contra os pobres e colaborar em diferentes níveis e de diferentes formas na ação salvífico-criadora de Deus, mediante reconhecimento e defesa de sua dignidade fundamental, diferentes formas de solidariedade e colaboração na luta por seus direitos.

Referências bibliográficas

AGÊNCIA DE NOTÍCIAS IBGE. *Síntese de Indicadores Sociais*. Disponível em: https://agenciadenoticias.ibge.gov.br/agencia-sala-de-imprensa/2013-agencia-de-noticias/releases/23298--sintese-de-indicadores-sociais-indicadores-apontam-aumento--da-pobreza-entre-2016-e-2017. Acesso em: 15 jun. 2020.

AQUINO JÚNIOR, Francisco de. *Teologia em saída para as periferias*. São Paulo: Paulinas, 2019.

---

[62] FRANCISCO, Papa. *Discurso aos participantes do Encontro Mundial dos Movimentos Populares* (28.10.2014). Disponível em: http://www.vatican.va/content/francesco/pt/speeches/2014/october/documents/papa-francesco_20141028_incontro-mondiale-movimenti-popolari.html. Acesso em: 10 jun. 2020; FRANCISCO, Papa. *Discurso aos participantes do II Encontro Mundial dos Movimentos Populares* (Bolívia, 09.07.2015). Disponível em: http://www.vatican.va/content/francesco/pt/speeches/2015/july/documents/papa-francesco_20150709_bolivia--movimenti-popolari.html. Acesso em: 10 jun. 2020; FRANCISCO, Papa. *Discurso aos participantes do III Encontro Mundial dos Movimentos Populares* (05.11.2016). Disponível em: http://www.vatican.va/content/francesco/pt/speeches/2016/november/documents/papa-francesco_20161105_movimenti-popolari.html. Acesso em: 10 jun. 2020; FRANCISCO, Papa. *Carta aos movimentos e organizações populares* (12.04.2020). Disponível em: http://www.vatican.va/content/francesco/pt/letters/2020/documents/papa-francesco_20200412_lettera-movimentipopolari.html. Acesso em: 10 jun. 2020.

BRASIL. MECANISMO NACIONAL DE PREVENÇÃO E COMBATE À TORTURA. *Relatório de Missão ao Estado do Ceará*. Brasília, Abril de 2019. Disponível em: https://apublica.org/wp-content/uploads/2019/04/relatario-missa-o-ceara-protegido-sem-isbn-1.pdf. Acesso em: 13 jun. 2020.

CASALDÁLIGA, Pedro. *A Cuia de Gedeão*: Poemas e autos sacramentais sertanejos. Petrópolis: Vozes, 1982.

CENTRO DE DOCUMENTAÇÃO DOM TOMÁS BALDUINO (CPT). *Conflitos no Campo – Brasil 2017*. Disponível em: https://cptnacional.org.br/component/jdownloads/send/41-conflitos-no-campo-brasil-publicacao/14110-conflitos-no-campo-brasil-2017-web?Itemid=0. Acesso em: 15 jun. 2020.

CENTRO DE DOCUMENTAÇÃO DOM TOMÁS BALDUINO (CPT). *Conflitos no Campo – Brasil 2018*. Disponível em: https://www.cptnacional.org.br/component/jdownloads/send/41--conflitos-no-campo-brasil-publicacao/14154-conflitos-no-campo-brasil-2018?Itemid=0. Acesso em: 15 jun. 2020.

CENTRO DE DOCUMENTAÇÃO DOM TOMÁS BALDUINO (CPT). *Conflitos no Campo – Brasil 2019*. Disponível em: https://www.cptnacional.org.br/component/jdownloads/send/41--conflitos-no-campo-brasil-publicacao/14195-conflitos-no-campo-brasil-2019-web?Itemid=0. Acesso em: 15 jun. 2020.

COMITÊ CEARENSE PELA PREVENÇÃO DE HOMICÍDIOS NA ADOLESCÊNCIA. *Cada vida importa*. Relatório do Primeiro Semestre de 2017. Disponível em: https://www.al.ce.gov.br/phocadownload/relatorio_primeiro_semestre.pdf. Acesso em: 17 jun. 2020.

COMITÊ CEARENSE PELA PREVENÇÃO DE HOMICÍDIOS NA ADOLESCÊNCIA. *Cada vida importa*. Relatório Final 2016. Disponível em: https://www.al.ce.gov.br/phocadownload/relatorio_final.pdf. Acesso em: 17 jun. 2020.

CONFERÊNCIA EPISCOPAL LATINO-AMERICANA (CELAM). *Evangelização no presente e no futuro da América Latina*: Conclusões da Conferência de Puebla. Texto Oficial. São Paulo: Paulinas, 1986.

CONFERÊNCIA NACIONAL DOS BISPOS DO BRASIL. *Campanha da Fraternidade 2018*: Texto-Base. Brasília: CNBB, 2017.

CORTINA, Adela. *Aporofobia, el rechazo al pobre*: Un desafio para la democracia. Barcelona: Editorial Planeta, 2017.

DEPARTAMENTO PENITENCIÁRIO NACIONAL. Levantamento Nacional de Informações Penitenciárias. Dezembro 2019. Disponível em: https://app.powerbi.com/view?r=eyJrIjoiZTlkZGJjODQtNmJlMi00OTJhLWFlMDktNzRlNmFkNTM0MWI3IiwidCI6ImViMDkwNDIwLTQ0NGMtNDNmNy05MWYyLTRiOGRhNmJmZThlMSJ9. Acesso em: 14 jun. 2020.

DOWBOR, Ladislau. *A era do capital improdutivo*. São Paulo: Outras Palavras, 2017.

ELLACURÍA, Ignacio. Violencia y cruz. In: *Escritos Teológicos III*. San Salvador: UCA, 2002, p. 427-482.

ELLACURÍA, Ignacio. Comentarios a la Carta Pastoral. In: *Escritos Políticos II*: Veinte años de historia en El Salvador (1969-1989). San Salvador: UCA, 1993, p. 679-732.

ELLACURÍA, Ignacio. Trabajo no violento por la paz y violencia liberadora. In: *Escritos Teológicos III*. San Salvador: UCA, 2002, p. 501-512.

FRANCISCO, Papa. *Viagem Apostólica à Turquia*. Palavras do Santo Padre na Igreja Patriarcal de São Jorge, Istambul (30.11.2014). Disponível em: http://w2.vatican.va/content/francesco/pt/homilies/2014/documents/papa-francesco_20141130_divina-liturgia-turchia.html. Acesso em: 16 jun. 2020.

FRANCISCO, Papa. Entrevista ao jornal italiano *La Repubblica* (13.04.2017). Disponível em: http://www.radiovaticana.va/proxy/portuguese/noticiario/2017_04_13.html#Art_1305458. Acesso em: 16 jun. 2020.

FRANCISCO, Papa. *Regina Coeli* (15.04.2018). Disponível em: http://www.vatican.va/content/francesco/pt/angelus/2018/documents/papa-francesco_regina-coeli_20180415.html. Acesso em: 16 jun. 2020.

FRANCISCO, Papa. *Visita ao bairro pobre de Kangemi em Nairobi* – Quênia (27.11.2015). Disponível em: http://www.vatican.va/content/francesco/pt/speeches/2015/november/documents/papa-francesco_20151127_kenya-kangemi.html. Acesso em: 16 jun. 2020.

FRANCISCO, Papa. *Laudato Si'*. Carta Encíclica sobre o cuidado da casa comum. São Paulo: Paulinas, 2015.

FRANCISCO, Papa. *Evangelii Gaudium*. Exortação Apostólica sobre o anúncio do Evangelho no mundo atual. São Paulo: Paulinas, 2013.

FRANCISCO, Papa. *Exortação Apostólica Pós-Sinodal Querida Amazônia*. São Paulo: Paulinas, 2020.

FRANCISCO, Papa. *Discurso aos juízes do continente americano reunidos em congresso no Vaticano* (04.06.2019). Disponível em: http://w2.vatican.va/content/francesco/pt/speeches/2019/june/documents/papa-francesco_20190604_giudici-panamericani.html. Acesso em: 18 jun. 2020.

FRANCISCO, Papa. *Discurso aos participantes do Encontro Mundial dos Movimentos Populares* (28.10.2014). Disponível em: http://www.vatican.va/content/francesco/pt/speeches/2014/october/documents/papa-francesco_20141028_incontro-mondiale-movimenti-popolari.html. Acesso em: 10 jun. 2020.

FRANCISCO, Papa. *Discurso aos participantes do II Encontro Mundial dos Movimentos Populares* (Bolívia, 09.07.2015). Disponível em: http://www.vatican.va/content/francesco/pt/speeches/2015/july/documents/papa-francesco_20150709_bolivia-movimenti-popolari.html. Acesso em: 10 jun. 2020.

FRANCISCO, Papa. *Discurso aos participantes do III Encontro Mundial dos Movimentos Populares* (05.11.2016). Disponível em: http://www.vatican.va/content/francesco/pt/speeches/2016/november/documents/papa-francesco_20161105_movimenti-popolari.html. Acesso em: 10 jun. 2020.

FRANCISCO, Papa. *Carta aos movimentos e organizações populares* (12.04.2020). Disponível em: http://www.vatican.va/content/francesco/pt/letters/2020/documents/papa-francesco_20200412_lettera-movimentipopolari.html. Acesso em: 10 jun. 2020.

GLOBAL WITNESS. *A que preço?* Negócios irresponsáveis e o assassinato de defensores da terra e do meio ambiente em 2017. Disponível em: https://www.globalwitness.org/en/campaigns/environmental-activists/a-que-pre%C3%A7o/. Acesso em: 15 jun. 2020.

GUARESCHI, Pedrinho. Pressupostos psicossociais da exclusão: Competitividade e culpabilização. In: SAWAIA, Bader (Org.). *As artimanhas da exclusão*: Análise psicossocial e ética da desigualdade social. Petrópolis: Vozes, 2014, p. 143-157.

GUTIÉRREZ, Gustavo. *O Deus da vida*. São Paulo: Loyola, 1992.

INSTITUTO DE PESQUISA ECONÔMICA e APLICADA (IPEA). *Estimativa da População em Situação de Rua no Brasil*. Disponível em: https://agenciadenoticias.ibge.gov.br/agencia-sala-de-imprensa/2013-agencia-de-noticias/releases/23298-sintese-de-indicadores-sociais-indicadores-apontam-aumento-da--pobreza-entre-2016-e-2017. Acesso em: 15 jun. 2020.

INSTITUTO DE PESQUISA ECONÔMICA e APLICADA (IPEA). *Atlas da Violência 2019*. Disponível em: http://www.ipea.gov.br/atlasviolencia/download/12/atlas-2019. Acesso em: 17 jun. 2020.

MARCONDES, Daniel; GIACOMELLI, Felipe; LEMONTE, Marco. Desigualdade no Brasil. In: *Jornal Folha de São Paulo* (08.06.2015). Disponível em: http://temas.folha.uol.com.br/desigualdade-no-brasil/numeros/pesquisa-com-dados-do-ir-mostra-desigualdade-estavel-de-2006-a-2012.shtml. Acesso em: 14 jun. 2020.

MARTÍN-BARÓ, Ignacio. *Crítica e libertação na psicologia*: Estudos psicossociais. Petrópolis: Vozes, 2017.

MORO, Sérgio. *Projeto de Lei Anticrime*. Disponível em: http://estaticog1.globo.com/2019/02/04/mjsp_projeto_de_lei_anticrime.pdf?_ga=2.68568401.1564241228.1586531085-7d20d590--7cbe-6733-9fc0-7bcb11ec5476. Acesso em: 13 jun. 2020.

PERRIN, Fernanda; PORTINARI, Natália. Desigualdade de renda no Brasil não caiu entre 2011-2015, aponta estudo. In: *Jornal Folha de São Paulo* (08.09.2017). Disponível em: https://www1.folha.uol.com.br/mercado/2017/09/1916858-desigualdade-no-brasil-nao-caiu-desde-2001-aponta-estudo.shtml. Acesso em: 14 jun. 2020.

POCHMANN, Marcio. *Desigualdade econômica no Brasil*. São Paulo: Ideias & Letras, 2015.

PREFEITURA DE SÃO PAULO. ASSISTÊNCIA E DESENVOLVIMENTO SOCIAL. *Pesquisa Censitária da População em Situação de Rua* – São Paulo, 2019. Disponível em: https://app.powerbi.com/view?r=eyJrIjoiYzM4MDJmNTAtNzhlMi0-

0NzliLTk4MzYtY2MzN2U5ZDE1YzI3IiwidCI6ImE0ZTA2M
DVjLWUzOTUtNDZlYS1iMmE4LThlNjE1NGM5MGUwN
yJ9. Acesso em: 15 jun. 2020.

ROMERO, Oscar. Iglesia y organizaciones políticas populares: Tercera Carta Pastoral. In: SOBRINO, Jon; MARTÍN-BARÓ, Ignacio; CARDENAL, Rodolfo. *La voz de los sin voz*: La palavra viva de Monseñor Romero. San Salvador: UCA, 2007, p. 91-121.

ROMERO, Oscar. Misión de la Iglesia en médio de la crisis del país: Cuarta Carta Pastoral. In: SOBRINO, Jon; MARTÍN-BARÓ, Ignacio; CARDENAL, Rodolfo. *La voz de los sin voz*: La palavra viva de Monseñor Romero. San Salvador: UCA, 2007, p. 123-172.

ROMERO, Oscar. Una experiencia eclesial en El Salvador, Centro America. In: SOBRINO, Jon; MARTÍN-BARÓ, Ignacio; CARDENAL, Rodolfo. *La voz de los sin voz*: La palavra viva de Monseñor Romero. San Salvador: UCA, 2007, p. 183-193.

SAWAIA, Bader (Org.). *As artimanhas da exclusão*: Análise psicossocial e ética da desigualdade social. Petrópolis: Vozes, 2014.

SENADO FEDERAL. Projeto de Lei 272/2016. Disponível em: https://legis.senado.leg.br/sdleg-getter/documento?dm=4053697&ts=1567535503273&disposition=inline. Acesso em: 13 jun. 2020.

SOARES, Luiz Eduardo. *Desmilitarizar*: Segurança pública e direitos humanos. São Paulo: Boitempo, 2019.

WACQUANT, Loïc. *As duas faces do gueto*. São Paulo: Boitempo, 2008.

XIMENES, Verônica Morais; NEPOMUCENO, Bárbara Barrosa; CIDADE, Elívia Camurça; MOURA JÚNIOR, James Ferreira (Orgs.). *Implicações psicossociais da pobreza*: Diversidades e resistências. Fortaleza: Expressão Gráfica e Editora, 2016.

5

A violência contra as mulheres

A face macabra do cotidiano

Maria Inês de Castro Millen[1]

Introdução

Em 13 de junho de 2020, recebi uma mensagem num grupo do WhatsApp com uma nota de pesar pelo assassinato da jovem Brenda, assinada pela Coordenação Diocesana da Pastoral da Juventude e pela Comissão Diocesana de Assessores/as da Pastoral da Juventude da Diocese de Oeiras, Piauí. Eis parte da nota:

> [...] Na manhã deste sábado (13) somos surpreendidos com a triste e revoltante notícia de mais um caso de feminicídio, desta vez na cidade de São Francisco de Assis do Piauí. A jovem Brenda, de apenas 15 anos, teve sua vida ceifada de maneira covarde e brutal por um homem que tentava se relacionar com ela e não aceitava o NÃO da jovem.

---

[1] Maria Inês de Castro Millen é Doutora em Teologia Moral (Pontifícia Universidade Católica – Rio de Janeiro), Professora do Instituto Teológico Arquidiocesano Santo Antônio – ITASA e do Centro de Ensino Superior de Juiz de Fora – CES e Presidente da Sociedade Brasileira de Teologia Moral (SBTM).

Infelizmente vivemos em uma sociedade que mantém nas suas estruturas uma cultura machista e patriarcal enraizada que continua vitimando mulheres pelo simples fato de serem mulheres. Os casos de feminicídio no Brasil só aumentam [...].

O grupo do qual faço parte e no qual essa mensagem foi postada é um grupo que tem como participantes apenas mulheres; ele visa ser um espaço de reflexão destas mesmas mulheres sobre a realidade, a partir da Palavra de Deus. O que se segue a essa nota são muitas manifestações de pesar, de tristeza – inclusive a minha –, de indignação e de desejo de lutar para que possíveis saídas para essa situação possam ser encontradas. Uma das participantes do grupo apresenta uma cartilha com o título *Pela Construção de Relações Saudáveis e Seguras*, feita para orientar encontros virtuais, assinada pela Juventude Franciscana do Brasil, juntamente com a Pastoral da Juventude da Conferência Nacional dos Bispos do Brasil. A cartilha aparece como um instrumento interessante que se propõe, neste momento de pandemia, a refletir sobre as causas e perigos dos relacionamentos abusivos.[2]

Quando li essas mensagens no WhatsApp, muitas questões me vieram à mente e, por causa delas, modifiquei um texto já escrito anteriormente, mais acadêmico, mais formal, mas que de repente me soou como mais uma reflexão que fazemos das nossas cátedras, assépticas, trazendo dados, estatísticas e até propostas de ação. Modifiquei o texto porque fiquei pensando que isto não basta e que estamos muito incomodadas exatamente porque

---

[2] SECRETARIA NACIONAL DE FORMAÇÃO DA JUVENTUDE FRANCISCANA DO BRASIL; PASTORAL DA JUVENTUDE – CNBB. PJ e JUFRA no enfrentamento dos relacionamentos abusivos. *Pela construção de relações saudáveis e seguras*. Guia de encontro online. Disponível em: https://drive.google.com/file/d/1WmH31OUNFve_btTKlUqh_MdGrNsFBagF/view. Acesso em: 14 jun. 2020.

sabemos que também não basta estarmos aturdidas, enraivecidas, indignadas e até amedrontadas diante de uma triste realidade que se impõe e da qual muitas vezes somos cúmplices.

Falar sobre cumplicidade pode soar incômodo para muitas pessoas e provocar reações não muito boas em nós mesmas, mas vou tentar me explicar. Penso, em primeiro lugar, que, para nos colocarmos com coragem diante desta situação insustentável – a da violência contra as mulheres –, precisamos enfrentar, antes de tudo, algumas questões muito difíceis e às vezes até geradoras de conflitos e de polarizações, como as questões de gênero, raça, classe social e estruturação da sociedade na qual vivemos. Precisamos ter presente que a situação é muito mais estrutural do que pessoal, e a nossa reflexão deve passar por este viés.

1. Questões de gênero

Falar de gênero nem sempre é tranquilo, sobretudo em ambientes eclesiásticos. Penso que há aqui um mal-entendido que se arrasta e que ainda não foi suficientemente confrontado.

As ideologias extremistas se sobrepõem e, quando isso acontece, a conversa sincera e leal se torna impossível. Passamos a participar de um diálogo de surdos ou de monólogos explicativos que não convencem, que muitas vezes se tornam agressivos e que mais atrapalham do que ajudam.

O que temos para além das ideologias de gênero? Falo em ideologias, no plural, porque temos dois polos extremados e igualmente ideológicos quando se trata desta questão: aquele que pretende a negação absoluta da referência sexual anatômico-fisiológica e aquele que só aceita esta referência. As ideologias abrem caminho para a intolerância, o radicalismo extremista, o fanatismo e a generofobia.

Para respondermos à pergunta sobre o que temos para além das ideologias, precisamos voltar nosso pensamento para os estudos de gênero geradores de uma teoria que surge no final dos anos 1980 e início dos anos 1990 do século passado, nos Estados Unidos, no seio do movimento feminista.

Joan Scott, em seu artigo *Gênero: uma categoria útil de análise histórica*, de 1986, nos mostra que o termo "gênero", inicialmente, queria mostrar o caráter fundamentalmente social das distinções baseadas no sexo e, por isso, enfatizava igualmente o aspecto relacional das definições normativas da feminilidade.[3] Assim, sendo "gênero" o termo utilizado para designar as relações sociais entre os sexos, seu uso igualmente rejeita explicações biológicas para justificar diversas formas de subordinação da mulher.

Guacira Louro, que lê Scott, nos diz que um ponto importante na sua argumentação é o seguinte:

> É preciso desconstruir o "caráter permanente da oposição binária" masculino-feminino. Em outras palavras: Joan Scott observa que é constante nas análises e na compreensão das sociedades um pensamento dicotômico e polarizado sobre os gêneros; usualmente se concebem homem e mulher como polos opostos que se relacionam dentro de uma lógica invariável de dominação-submissão. Para ela seria indispensável implodir essa lógica.[4]

Giannino Piana, professor de ética cristã na Itália, em uma entrevista à revista IHU *on-line* também nos ajuda a pensar a questão.

---

[3] SCOTT, Joan. Gênero: Uma categoria útil de análise histórica. In: *Educação & Realidade* 20/2 (1995): 71-99. Tradução de Guacira Lopes Louro da versão francesa *Les Cahiers du Grif*, n. 37/38. Paris: Tierce, 1988.
[4] LOURO, Guacira Lopes. *Gênero, sexualidade e educação*: Uma perspectiva pós-estruturalista. 6 ed. Petrópolis: Vozes, 1997, p. 30.

> A teoria do gênero estabeleceu, desde o início, como objetivo, aquele de explicar a pluralidade de identidades das pessoas, não redutível ao simples dado biológico, mas ligada à presença de outros fatores. [...] A tendência de considerar a identidade subjetiva como fruto de um processo complexo, que envolve, além do dado biológico, as dinâmicas psicológicas e educacionais, as várias formas de socialização e o contexto cultural no qual tem lugar o desenvolvimento da personalidade, em certa medida sempre existiu. [...] Rejeitando posições unilaterais e simplificadoras de marca estritamente ideológica, se deve admitir que a leitura do mundo humano que provém da teoria do gênero solicita à ética em geral, e àquela de inspiração cristã em primeiro lugar, que fundamente as próprias orientações sobre bases mais amplas do que as tradicionais, prestando maior atenção às complexas dinâmicas que presidem a construção dos comportamentos, dinâmicas ligadas aos processos estruturais e culturais próprios da sociedade à qual se pertence.[5]

Essas análises apontam para além das ideologias e nos permitem pensar, sem preconceitos, o masculino e o feminino nas suas diferenças biológicas, mas também nas diferentes compreensões do que ser homem ou mulher significa para cada tempo, sociedade, cultura, etnia, religião. Torna-se necessário, assim, reconhecer a importância da diferença homem-mulher, que se origina na biofisiologia, fundamento irrenunciável a partir do qual todo ser humano se organiza, mas também não hesitar em reconhecer, ao mesmo tempo, o importante e fundamental papel das estruturas sociais e da cultura na formação das identidades pessoais sexuadas.

---

[5] PIANA, Giannino. Gênero: Para refletir além dos extremismos. In: *Revista IHU On-Line* (27.04.2015). Disponível em: http://www.ihu.unisinos.br/noticias/542092--genero-para-refletir-alem-dos-extremismos. Acesso em: 08 jun. 2020.

Para a nossa temática, é importante pensar, sobretudo, o que significam para nós, mulheres, as relações de gênero. Talvez essa seja a questão crucial.

As relações entre as pessoas, em geral, podem ter muitas variantes. Primeiro porque os humanos são diferentes entre si. Diferentes nas suas identidades sexuadas, diferentes quanto a idades, raças, costumes, visão de mundo e compreensão da estrutura social à qual pertencem. Em segundo lugar, porque relações sempre geram ações derivadas de emoções, que podem ser tanto amistosas e amorosas, como também indiferentes ou raivosas e até violentas.

Precisamos pensar que o modo como essas relações ocorrem é espontâneo até certo ponto. Isso porque as instituições familiares, sociais e culturais ensinam padrões de comportamentos inter-relacionais que se replicam e passam a fazer parte do inconsciente coletivo de um povo. Sabendo disso, precisamos compreender qual a herança relacional que recebemos dessas instâncias formadoras.

A cultura ocidental, formada pelo pensamento greco-romano e judaico-cristão é, infelizmente, patriarcal, machista e, em algumas circunstâncias, até misógina.

O que eu gostaria de discutir aqui é a situação das mulheres neste contexto. O movimento feminista, que já tem mais de cinco décadas, teve e tem um papel importantíssimo por possibilitar a mulheres e homens discutirem suas identidades, relacionalidade, questões referentes às desigualdades e seus lugares no mundo. Aqui cabe uma pergunta: por que ainda continuamos os(as) mesmos(as) de antes depois de tantos anos de reflexão e de movimentos que pretendem outros encaminhamentos? Sabemos que a luta pelas mudanças é grande e constante e que muitas situações hoje já são diferentes graças a essa luta. No entanto, apesar de tudo, o que percebemos é que muitos e muitos homens ainda se consideram melhores, maiores e mais capazes do que as mulheres, e agem como se assim fossem, e que muitas mulheres ainda aceitam tranquilamente essa situação, apesar de algumas resistências que muitas vezes lhes rendem incompreensões, medos, humilhações e violências de todo tipo.

O que deveria nos impressionar é que esses homens que assim pensam e agem foram, na sua maioria, educados por mulheres. Aqui temos uma questão complexa, e eu me recordo de Paulo Freire, que nos ensina como é difícil nos desvencilharmos do círculo vicioso opressor/oprimido[6] e da educação bancária.[7] Freire também nos mostra como é difícil estabelecermos diálogos construtivos, pois às vezes as pessoas nem entendem o que significa dialogar.[8]

Refletindo com mulheres que apoiam e se engajam na libertação das mulheres de uma opressão estrutural imposta sistematicamente a elas, chegamos à conclusão de que educamos nossos filhos, com algumas exceções, é claro, para serem homens ou mulheres segundo o modelo impresso em nós pela família, pela cultura e pela sociedade. Acreditamos sinceramente que devemos educá-los para serem humanos, mas não conseguimos nos desvencilhar dos padrões aprendidos, isto é, que o homem deve ser bom, honesto, mas sempre ativo, provedor, chefe, organizador, planejador da vida, vencedor; e a mulher, se conseguir ser isso também, sem se descuidar da sua função feminina de mater-

---

[6] FREIRE, Paulo. *Pedagogia do oprimido*. 7 ed. Rio de Janeiro: Paz e Terra, 1979, p. 27-62.
[7] FREIRE. *Pedagogia do oprimido*, p. 63-87.
[8] FREIRE. *Pedagogia do oprimido*, p. 89-140.

nar, cuidar e zelar pelo bem de todos, será ótimo. Isso significa que a função social de homens e mulheres e a relação que se estabelecerá entre eles, se não mudarmos nosso inconsciente coletivo por meio de um novo modo de perceber o mundo e nossa humanidade, continuarão repetindo o padrão imposto que teoricamente rejeitamos, pois isso implica, além de muitas outras coisas, relações de poder que precisam ser reformuladas.

Entendo que tudo é muito complexo, que muita tinta já se gastou para falar dessa situação, mas penso também que ainda precisamos dar muitos passos significativos quando verificamos o aumento desproporcional da violência contra as mulheres.

Assim, repito, pela importância que quero dar à questão: dizer e construir homens e mulheres é dizer e construir também um modo humano de ser no mundo, um modo novo de se relacionar com as pessoas e com as coisas, um modo de ser que resgate a nossa humanidade reconhecendo a teia complexa de relações culturais nas quais estamos inseridas. Escutemos esta autora, Monika Von Koss:

> Para nós, seres humanos, possuir uma determinada configuração anatômica e fisiológica significa também possuir um *status* social, cujos limites, direitos e obrigações estão devidamente convencionados e em relação aos quais a comunidade mostra determinadas expectativas. Como seres culturais, nossa identidade sexual não é determinada exclusivamente pela biologia, mas essencialmente definida pela cultura que, por sua vez, se baseia em nossas crenças a respeito do mundo e do papel que nele desempenhamos. [...] As ideias e conceitos associados à polaridade sexual básica, nos últimos cinco mil anos de história, têm servido para fundamentar a fixação de papéis rigidamente

definidos, do lugar social de mulheres e homens, com prevalência de uma hierarquia que subordina a mulher ao homem, valorizando as qualidades masculinas em detrimento dos valores.[9]

O que sabemos é que ainda hoje as mulheres, que constituem a metade da humanidade, são consideradas inferiores, não são reconhecidas nem mesmo pelas outras mulheres, não são vistas como confiáveis para postos de trabalho que necessitam liderança e competência e sofrem, por essa razão, violências impensáveis.

Sabemos ainda que as mulheres pobres, negras, improdutivas e estrangeiras são ainda mais discriminadas e, por isso, mais vulneráveis. Seus sofrimentos e suas dores permanecem encobertos ou então são normalizados por uma sociedade anestesiada que não se reconhece no outro e não leva em conta a dignidade que é própria a cada ser.

2. Estruturação da sociedade

Quando falo aqui de sociedade, quero, como Roberto DaMatta, me referir a uma entidade entendida de modo globalizado, a uma realidade que forma um sistema. Como ele nos diz,

> um sistema que tem suas próprias leis e normas. Normas que, se obviamente precisam dos indivíduos para poder se concretizar, ditam a esses indivíduos como é que devem ser atualizadas e materializadas. Aqui a sociedade é uma entidade que se faz e refaz por meio de um sistema complexo de relações sociais, elos que se impõem aos seus membros, indicando – tal como acontece numa peça de teatro ou num cerimonial – tudo aqui-

---

[9] KOSS, Monika Von. *Feminino + Masculino*: Uma nova coreografia para a eterna dança das polaridades. São Paulo: Escrituras, 2000, p. 153-154.

lo que é estritamente necessário e tudo o que é dispensável ou superficial para que se possa criar e sustentar o evento que se deseja construir.[10]

O mundo que habitamos até o começo deste ano de 2020 tinha regras muito claras, e estas exigiam das pessoas um aceleramento de suas vidas em busca do progresso individual econômico-material e do *status* que isso poderia gerar. Estávamos navegando no mundo da meritocracia, do toma lá dá cá, no mundo dos espertos e ousados que não se intimidavam em dar um jeitinho para que a vida lhes favorecesse.

Este mundo foi obrigado a parar. Um vírus, organismo acelular, invisível, desencadeou um processo jamais visto e pensado. No dia em que escrevo este texto, o Brasil já tem mais de um milhão de infectados e mais de 50 mil mortos pela covid-19. Muitos já escreveram sobre isso, muitas *lives* foram feitas para discutir a questão, e o que se conclui é que, para sobrevivermos, teremos que mudar. Há um esgotamento da Terra em todos os sentidos, e o que mais nos interessa aqui é constatar a falência das relações humanas causada por este modelo de sociedade narcísica, consumista, depredadora, fundamentalista, polarizada, fanática, belicosa. No melhor estilo cainesco, não nos responsabilizamos mais uns pelos outros e estamos a dizer que não somos guardas de nossos irmãos. Desde que eu fique bem, juntamente com meus agregados, o resto que se arranje. Essa é a lógica que nos rege. Agora, por força de uma pandemia sem precedentes, estamos obrigados ao isolamento social, que muitos teimam em não cumprir, negando o óbvio.

---

[10] DAMATTA, Roberto. *A casa & a rua*: Espaço, cidadania, mulher e morte no Brasil. 5 ed. Rio de Janeiro: Rocco, 1997, p. 6.

Neste contexto, a violência contra as mulheres aumentou. Algumas pessoas não suportam umas às outras por muito tempo. A convivência é penosa. Nossa vulnerabilidade e fraqueza, antes camufladas por muitos expedientes externos, agora se colocam às claras, e os conflitos são inevitáveis.

Obrigados a ficar em casa, lugar que sempre se pensou como reduto feminino acolhedor, muitos homens se irritam. Suas energias canalizadas para o que se exerce fora de casa agora se encontram sufocadas e, sob qualquer pretexto, explodem. A tensão criada se torna insuportável.

É muito interessante quando DaMatta fala sobre a casa e a rua como "categorias sociológicas" importantes para a compreensão da sociedade brasileira. Ele também repete que ser cidadão – relacionado com a rua – e indivíduo – relacionado com a casa – é algo que se aprende e é algo demarcado por expectativas de comportamento singulares.[11] Na configuração social tradicional, o homem é um cidadão e suas relações com a rua são mais extensas, enquanto a mulher está mais relacionada à individualidade e à casa. Assim, as demarcações de papéis são dadas e passadas de geração a geração, ainda que subliminarmente.

No atual momento, depois de passarmos por todas as reflexões modernas e feministas de emancipação da mulher e de termos, de fato, conquistado uma presença feminina mais efetiva no espaço público e uma cidadania que nos garante algumas coisas, constatamos ainda uma onda enorme de violência contra as mulheres. E, então, precisamos nos perguntar: por que será? O que mais precisamos fazer? Penso que refletir sobre a condição masculina poderia nos ajudar.

---

[11] DAMATTA. *A casa & a rua*, p. 46.

Gosto muito da reflexão feita por Sócrates Nolasco no seu livro *O mito da masculinidade*.[12] O livro é de 1993 e relata um trabalho sobre a condição masculina iniciado em 1984, quando da sua graduação em Psicologia. Seria muito importante conhecê-lo. A pesquisa feita nos apresenta algumas constatações pessoais do autor e de outras fontes. Cito, aqui, as que julgo mais importantes para esta nossa conversa. Na introdução do seu livro, Nolasco se refere à sua história e diz: "Perder era percebido quase como uma negação de ser homem". E ele se envolve com esta pesquisa porque, como diz:

> Minha percepção sobre o significado de ser homem diferia um pouco da maneira convencional. Cada vez mais a ideia do homem como inimigo, vilão violento e agressivo passava a não fazer sentido. Para aderir aos valores e comportamentos determinados, os homens tiveram que se submeter a níveis de violência identificados pelos comportamentos agressivos e autoritários que adotam no cotidiano.[13]

Nolasco relata que, nos anos 1970, começa, nos EUA, um movimento de discussão sobre a virilidade masculina, motivado pela constatação das conquistas femininas; as reações foram diversas. Desde o ódio pelas mulheres até a reflexão mais equilibrada de Andrew Tolson que cito aqui:

> O papel masculino que uma sociedade sexista impõe ao homem é uma imagem de machismo e de virilidade muitas vezes tão mutiladora para o homem como a imagem da feminilidade para a mulher. Por isso, a possibilidade de um movimento de liberta-

---
[12] NOLASCO, Sócrates. *O mito da masculinidade*. 2 ed. Rio de Janeiro: Rocco, 1993.
[13] NOLASCO. *O mito da masculinidade*, p. 14.

ção dos homens liga-se a uma tomada de consciência, por parte destes, das limitações que lhe são impostas pela sua própria sociedade sexista.[14]

Deste modo, nada ganhamos com a guerra entre os sexos, nem com a desconfiança mútua; mas, sim, com um caminho que juntos podemos e devemos percorrer para mudar este inconsciente coletivo tão prejudicial à vida de ambos.

Sei que as mulheres são as maiores vítimas, pois foram mais vulnerabilizadas pelo sistema e, por esta razão, são mais abusadas, assediadas e até assassinadas por homens que foram educados para serem machos viris e predadores. Mas, embora sejamos as maiores vítimas, somos chamadas, neste momento, a ser também curadoras do mundo. Curadoras feridas. Uma tarefa dificílima. Com os olhos fixos em Jesus, o curador ferido, sigamos, com coragem!

3. A violência

Esta é uma questão amarga que envolve o modo como se relacionam pessoas, comunidades, sociedades e nações. O fator violência, pela sua gravidade, nos convoca a sérias reflexões que tragam procedimentos que possam, pelo menos, suavizar as dores e os traumas por ele provocados. Aqui vamos priorizar a violência cometida contra as mulheres, pelo simples fato de serem mulheres, e, por isso, queremos mais que amenizar dores. Não nos basta apenas o cuidado depois das ocorrências ruins, mas a proposta é trabalhar na prevenção, evitando-as a todo custo. Na situação atual, quando estamos obrigados a ficar juntos em

---

[14] TOLSON, Andrew *apud* NOLASCO. *O mito da masculinidade*, p. 19.

casa, temos números que apontam o acirramento da violência doméstica. Vejamos o que nos diz o texto elaborado pelo Fórum Brasileiro de Segurança Pública:

> Embora a quarentena seja a medida mais segura, necessária e eficaz para minimizar os efeitos diretos da Covid-19, o regime de isolamento tem imposto uma série de consequências não apenas para os sistemas de saúde, mas também para a vida de milhares de mulheres que já viviam em situação de violência doméstica. Sem lugar seguro, elas estão sendo obrigadas a permanecer mais tempo no próprio lar junto a seu agressor, muitas vezes em habitações precárias, com os filhos e vendo sua renda diminuída.[15]

Assim, falar de violência nos tempos atuais é falar de uma realidade que apresenta sua face macabra, de maneira dramática, no cotidiano de todas as pessoas, sobretudo das mulheres.

Triste ainda é ter de lidar com a normalização da violência. Esta é tão corriqueira, que parece nem mais incomodar muito. A indiferença diante dos fatos mais absurdos que estão todos os dias diante de nós é um péssimo sinal. Mas, para além da indiferença, existem ainda a exaltação e a facilitação da violência, apresentada como remédio para os males que nos afligem. Podemos trazer como exemplo o estímulo e a legalização do uso de armas de fogo por qualquer pessoa. Deste modo, combater violência com violência parece ser a regra, apresentada como desculpa de legítima defesa. Voltamos ao tempo do olho por olho, dente por dente, da justiça feita com as próprias mãos, do fanatismo belicoso, do

---

[15] FÓRUM BRASILEIRO DE SEGURANÇA PÚBLICA. Violência doméstica durante a pandemia de Covid-19. Disponível em: https://forumseguranca.org.br/wp-content/uploads/2018/05/violencia-domestica-covid-19-v3.pdf. Acesso: 20 jun. 2020.

desejo da eliminação do diferente, considerado como inimigo, seja ele quem for.

Relembro que nesta reflexão estamos destacando a violência de gênero, a violência contra as mulheres. Se as estatísticas nos apontam números alarmantes, sabemos, no entanto, que estes números são muito menores do que os que realmente existem, pelo fato de nem sempre as mulheres narrarem suas experiências dramáticas, por medo ou por vergonha.

Podemos ainda dizer que existem vários tipos de violência, que vão desde o desprezo humilhante até o feminicídio, passando pelos ataques e assédios verbais, físicos, psicológicos, morais e sexuais. Um sofrimento sem fim, uma dor que nunca se apagará. As cicatrizes deixadas são enormes.

Os assédios de todo tipo cometidos contra as mulheres por pseudoautoridades masculinas, sejam elas parentes ou estranhos, civis ou religiosos, são cruéis e trágicos, mas muito mais frequentes do que se imagina.

Muitos confundem autoridade com poder. Nunca compreenderão que a verdadeira autoridade é aquela que convence pelo poder do amor, e não pela força. A partir do momento em que precisam usar a força, seja qual for, a do braço, a da palavra ou a da caneta, podemos saber que já perderam sua autoridade. Esse poder ilusório da força forja homens malvados, indignos, prepotentes, egocentrados, mas também infelizes, porque temidos, mas nunca amados. Fingem que mandam e outros fingem que obedecem, e o sofrimento se dilata.

Também sabemos que não nos basta uma legislação, pois, por mais que esta seja protetora das mulheres, incluindo a Lei Maria da Penha, o que vemos é que, na maioria das vezes, os agressores seguem impunes e são reincidentes.

A maioria dos ataques é feita por pessoas muito próximas a essas mulheres, e as mais frágeis, dependentes financeira e afetivamente, estruturalmente feitas vulneráveis e invisíveis, como as pobres e as desempregadas, são as mais atingidas.

Como já dito, no nosso tempo, em que o isolamento social se faz necessário e a convivência familiar se torna mais intensa, a situação se complica e a violência contra a mulher aumenta assustadoramente.

O que podemos fazer? Como enfrentar de verdade essa situação, indignando-nos, mas sem nos vitimizarmos ou perpetuarmos o ciclo da violência? Concordo com o Papa Francisco que temos um "excesso de diagnóstico";[16] ouso acrescentar que são diagnósticos com pouca anamnese. "Anamnese" é uma palavra muito usada na medicina, derivada do grego *ana*, que significa "trazer de novo", e *mnesis*, que significa "memória". Para compreendermos bem uma doença que se instala, muito ajuda uma apurada anamnese. Apressados demais, queremos tratar a doença sem identificarmos cuidadosamente as causas preexistentes. E é aqui que entra a necessidade do estudo de gênero, a busca da origem de uma masculinidade tóxica, que precisa ser combatida, mas também curada, para salvar os homens, juntamente com as mulheres. Jesus nos ensinou que precisamos vencer a violência sem fazer vencidos.

Assim, recorro novamente às narrativas de Nolasco, para que, compreendendo melhor algumas possíveis causas da violência, possamos tentar elaborar uma proposta que seja eficaz:

---

[16] FRANCISCO, Papa. *Evangelii Gaudium*. Exortação Apostólica sobre o anúncio do Evangelho no mundo atual. São Paulo: Paulus/Loyola, 2013, n. 50. Daqui em diante = EG.

> A educação de um menino tal como concebida por nossa cultura desenvolve-se valorizando mais o esfacelamento das características emotivas da dinâmica subjetiva da criança do que propriamente um modelo de homem que transcenda as fronteiras de seu sexo e do uso que deve fazer do mesmo. Ao longo de sua vida, um menino vai aprendendo a sufocar e a não revelar o que sente. Com isto, sutilmente vai abandonando a si mesmo, e deste abandono nasce a ilusão de que a incorporação do *estereótipo do macho* lhe concederá, quando adulto, o resgate do paraíso perdido na infância.
>
> Uma educação que se apoia em estratégias voltadas para o aniquilamento da infância, com a negação de todas as dimensões inerentes a ela, *propicia a violência e a tirania, que muitos homens incorporam* como, talvez, a única possibilidade de expressarem uma parte dilacerada de suas vidas. A violência masculina alimenta-se da negação das necessidades afetivas de uma criança não atendida, que busca por seu intermédio se fazer expressar [...].[17]

A reflexão, afinal, que desejo fazer é a de que se nós, mulheres, não ajudarmos a modificar a consciência social que continua a reproduzir o estereótipo do macho, ainda presente em nossos amigos, maridos, filhos, parentes e desafetos ou desconhecidos, continuaremos vendo e lamentando o aumento do número de agressões contra as mulheres, tentando achar soluções punitivas a partir de uma real indignação, mas não sei se teremos sucesso.

Talvez a saída cristã de amor aos inimigos agressores, no caminho percorrido por Jesus que acolhe, defende e cuida ternamente das vítimas, mas que também perdoa e tenta trazer para si os pecadores, para modificar-lhes o coração, seja a única alterna-

---

[17] NOLASCO. *O mito da masculinidade*, p. 47. Grifos da autora.

tiva viável para colocarmos um fim a esse processo de violência contra as mulheres que perdura e faz tantas vítimas, provocando dores e feridas que custam muito a cicatrizar, se e quando cicatrizam.

Sei que é um caminho difícil, penoso, sobretudo para as mulheres que sofrem e ainda amargam imensas desilusões, mas pensemos em nossas filhas e filhos, pensemos em nossas netas e netos. O caminho da humanização nos convoca a um novo olhar sobre as pessoas e sobre o modo como se estruturam as instituições que nos acolhem.

As mulheres estão inseridas na Igreja e, muitas vezes, na sociedade, estão entre os descartados, os mais pobres e vulneráveis deste mundo. Mesmo sendo a metade da humanidade e mães da outra metade, ainda não têm sua dignidade reconhecida.

O Papa Francisco, desde o início do seu pontificado, tem tentado colocar em pauta, de modo positivo, a causa das mulheres, embora também esteja preso a uma herança patriarcal difícil de ser superada. Sua intenção parece ser honesta e sua consideração para com as mulheres aponta para outro modo de nos relacionarmos, mas a Igreja ainda tem muito que caminhar. Há um ranço patriarcal e machista que nem de longe foi superado. No entanto, ao colocar as mulheres na mesma dinâmica dos pobres, Francisco abre espaço para novos rumos, para novos projetos. É interessante notar que, na *Evangelli Gaudium*, as mulheres ganham um destaque quando são consideradas não somente pobres, mas duplamente pobres. Vejamos:

> *Duplamente pobres são as mulheres* que padecem situações de exclusão, maus-tratos e violência, porque frequentemente têm menores possibilidades de defender os seus direitos. E, todavia,

também entre elas, encontramos continuamente os mais admiráveis gestos de heroísmo quotidiano na defesa e no cuidado da fragilidade das suas famílias.[18]

Os gestos de heroísmo das mulheres são reconhecidos, mas seu protagonismo não. Infelizmente, ainda somos vistas como aquelas que não conseguem defender seus direitos. E isso, em parte, é verdade, pois toda a sociedade padece da doença que coloca as mulheres no lugar da impossibilidade e da submissão, e mesmo algumas mulheres, marcadas por esta lógica, pensam que, para vencer essa situação, também precisam se colocar no lugar do opressor e ser duras, autoritárias e prepotentes. Não percebem que apenas inverteram os polos, mas não abrem espaço para um novo modo de ser e conviver. Ainda estamos engatinhando no processo da real humanização de todos.

Se retomarmos as palavras do Papa Francisco apresentadas abaixo e substituirmos por "mulheres" as palavras "pobres" ou "frágeis" e "pequeninos", nos surpreenderemos e veremos que, com urgência, será preciso reconsiderar o modo de agir da Igreja em relação a estas ditas mulheres. O segundo subtítulo do capítulo quarto da *Evangelii Gaudium* refere-se à *inclusão dos pobres*. E o que ele nos diz?

> Cada cristão e cada comunidade são chamados a ser instrumentos de Deus a serviço da libertação e da promoção dos *pobres*, para que possam integrar-se plenamente na sociedade; isto supõe estar docilmente atentos, para ouvir o clamor do *pobre* e socorrê-lo.[19]

---

[18] EG 212. Grifos da autora.
[19] EG 187. Grifos da autora.

Este imperativo de ouvir o clamor dos *pobres* faz-se carne em nós, quando no mais íntimo de nós mesmos nos comovemos à vista do sofrimento alheio.[20]

É uma mensagem tão clara, tão direta, tão simples e eloquente que *nenhuma hermenêutica eclesial tem o direito de relativizar*.[21]

Jesus, o evangelizador por excelência, e o Evangelho em pessoa, identificou-Se especialmente com os *mais pequeninos* (cf. Mt 25,40). Isto recorda-nos, a todos os cristãos, que somos chamados a cuidar dos *mais frágeis da Terra*.[22]

Quem dera que se ouvisse o grito de Deus, perguntando a todos nós: "Onde está o teu irmão?" (Gn 4,9) [...]. Não nos façamos de distraídos! *Há muita cumplicidade...* A pergunta é para todos![23]

Considerações finais

Pois bem, estes são os pensamentos que me ocorreram ao olhar para o tema que me coube desenvolver. Ainda há muito a refletir, a dialogar e muitos projetos precisam ser construídos e levados adiante.

Concluo com duas metáforas presentes no texto da Campanha da Fraternidade 2020, que teve como tema *"Fraternidade e Vida; dom e compromisso"*, e como lema *"Viu, sentiu compaixão e cuidou dele"* (Lc 10,33-34). Infelizmente, por conta das con-

---

[20] EG 193. Grifos da autora.
[21] EG 194. Grifos da autora.
[22] EG 209. Grifos da autora.
[23] EG 211. Grifos da autora.

sequências da Covid-19, este texto, muito rico, não foi tão bem refletido como merecia. Uma pena! Mas podemos retomá-lo a qualquer momento.

A primeira metáfora é a que aponta para o nosso modo de olhar para a realidade do sofrimento do outro. Diz o texto que podemos ter "um olhar que vê e passa em frente" ou "um olhar que vê e permanece, se envolve, se compromete".[24]

A segunda metáfora é a das bacias. Diz o texto que, em nosso agir evangelizador, temos diante de nós duas bacias com água: "De um lado, a bacia utilizada por Pilatos, símbolo da indiferença e da omissão; do outro lado, a bacia utilizada por Jesus no lava-pés, sinal de terno cuidado e compromisso para com o serviço".[25]

Como funciona o nosso olhar e qual bacia escolhemos? A resposta a essas perguntas fala muito sobre cada um de nós, mas também nos indica caminhos a serem percorridos.

Confiemos no Evangelho, que é Jesus, e sigamos com coragem a tarefa de construir uma humanidade mais fraterna, mais amorosa, que possa nos trazer alegria de viver e esperança para o futuro que se abre diante de nós!

Referências bibliográficas

CONFERÊNCIA NACIONAL DOS BISPOS DO BRASIL. *Campanha da Fraternidade 2020.* Texto-Base. Brasília: Edições CNBB, 2019.

---

[24] CONFERÊNCIA NACIONAL DOS BISPOS DO BRASIL. *Campanha da Fraternidade 2020.* Texto-Base. Brasília: Edições CNBB, 2019, n. 26. Daqui em diante = CF.
[25] CF 168.

DAMATTA, Roberto. *A casa & a rua*: Espaço, cidadania, mulher e morte no Brasil. 5 ed. Rio de Janeiro: Rocco, 1997.

FÓRUM BRASILEIRO DE SEGURANÇA PÚBLICA. Violência doméstica durante a pandemia de Covid-19. Disponível em: https://forumseguranca.org.br/wp-content/uploads/2018/05/violencia-domestica-covid-19-v3.pdf. Acesso: 20 jun. 2020.

FRANCISCO, Papa. *Evangelii Gaudium*. Exortação Apostólica sobre o anúncio do Evangelho no mundo atual. São Paulo: Paulus/Loyola, 2013.

FREIRE, Paulo. *Pedagogia do oprimido*. 7 ed. Rio de Janeiro: Paz e Terra, 1979.

KOSS, Monika Von. *Feminino + Masculino*: Uma nova coreografia para a eterna dança das polaridades. São Paulo: Escrituras, 2000.

LOURO, Guacira Lopes. *Gênero, sexualidade e educação*: Uma perspectiva pós-estruturalista. 6 ed. Petrópolis: Vozes, 1997.

NOLASCO, Sócrates. *O mito da masculinidade*. 2 ed. Rio de Janeiro: Rocco, 1993.

PIANA, Giannino. Gênero: Para refletir além dos extremismos. In: *Revista IHU On-Line* (27.04.2015). Disponível em: http://www.ihu.unisinos.br/noticias/542092-genero-para-refletir-alem-dos-extremismos. Acesso em: 08 jun. 2020.

SCOTT, Joan. Gênero: Uma categoria útil de análise histórica. In: *Educação & Realidade* 20/2 (1995): 71-99. Tradução de Guacira Lopes Louro da versão francesa *Les Cahiers du Grif*, n. 37/38. Paris: Tierce, 1988.

SECRETARIA NACIONAL DE FORMAÇÃO DA JUVENTUDE FRANCISCANA DO BRASIL; PASTORAL DA JUVENTUDE – CNBB. PJ e JUFRA no enfrentamento dos relacionamentos abusivos. *Pela construção de relações saudáveis e seguras*. Guia de encontro online. Disponível em: https://drive. google.com/file/d/1WmH31OUNFve_btTKIUqh_MdGrNsF-BagF/view. Acesso em: 14 jun. 2020.

6

A violência contra a terra
O rosto do Crucificado na terra crucificada

Alexandre A. Martins[1]

Introdução

Um dos grandes apelos do Papa Francisco é por uma transformação na nossa maneira de viver no mundo, especialmente em relação ao modo como lidamos com os recursos naturais, isto é, com tudo o que vem da terra. Seu apelo é por uma conversão ecológica que deixe "emergir, nas relações com o mundo que [n]os rodeia, todas as consequências do encontro com Jesus". E acrescenta: "Viver a vocação de guardiões da obra de Deus não é algo de opcional nem um aspecto secundário da experiência cristã, mas parte essencial de uma existência virtuosa".[2] Para Francisco, a "vocação de guardiões da obra de

---
[1] Alexandre Andrade Martins tem Pós-Doutorado em Democracia e Direitos Humanos (*Ius Gentium Conimbrigae* - Universidade de Coimbra - Portugal), é Doutor em Ética Teológica (Marquette University – Milwaukee, WI - USA), Mestre em Ciências da Religião (Pontifícia Universidade Católica - São Paulo), Especialista em Bioética e Pastoral da Saúde (Centro Universitário São Camilo) e Professor na Marquette University.
[2] FRANCISCO, Papa. *Laudato Si'*. Carta Encíclica sobre o cuidado da casa comum. São Paulo: Paulus/Loyola, 2015, n. 217. Daqui em diante = LS.

Deus" exige que adotemos, entre outras coisas, um novo estilo de vida, do ponto de vista pessoal, e um novo modo de produção, no contexto amplo do desenvolvimento socioeconômico. Em outras palavras, a conversão ecológica significa passarmos de um modelo consumista-exploratório para um modelo cuidadoso-sustentável. Obviamente, como um líder religioso, ele fundamenta essa mudança de direção a partir do encontro com Jesus, único capaz de revelar a verdadeira vocação humana; eis o porquê do termo conversão, tradicionalmente utilizado no contexto religioso.

Apesar de algumas pessoas negarem, parece evidente que o atual modelo econômico de exploração de recursos naturais não é sustentável. Como diz a Carta da Terra, o meio ambiente no qual vivemos, isto é, a terra e todos os seus recursos, é finito, o que deveria ser "uma preocupação comum de todas as pessoas".[3] Essa mesma Carta ainda afirma que o meio ambiente, com tudo que nele se encontra, é uma realidade viva da qual a humanidade é parte. Como toda realidade viva, há processos e limites que precisam ser respeitados para o bem-estar de todas as espécies que fazem parte dessa realidade. "A capacidade de recuperação da comunidade da vida e o bem-estar da humanidade dependem da preservação de uma biosfera saudável com todos seus sistemas ecológicos, uma rica variedade de plantas e animais, solos férteis, águas puras e ar limpo."[4] O modelo consumista-exploratório não respeita a vitalidade dessa realidade, nem seus processos e limites. Isso não apenas ameaça a vida da terra, com o esgotamento dos seus recursos, mas também a vida de todas as espé-

---

[3] CARTA DA TERRA. Disponível em: https://cartadaterrainternacional.org/leia-a--carta-da-terra/. Acesso em: 20 jun. 2020.
[4] CARTA DA TERRA.

cies presentes no planeta, entre elas, nós, a espécie humana. Isso exige uma mudança de rota, que Francisco chama de conversão ecológica.

Seguindo as mesmas bases cristãs teológicas do Papa Francisco, ofereço neste capítulo uma reflexão a partir de um olhar contemplativo da realidade viva que está sofrendo: a terra. Dessa forma, este texto é um convite a uma parada meditativa para olhar a terra e a violência que ela sofre ao ser usada e abusada pelo modelo consumista-exploratório, que se relaciona com os seus recursos naturais apenas como uma oportunidade para extrair riquezas econômicas, que geralmente beneficiam apenas grupos poderosos, insensíveis ao sofrimento da terra e das espécies que nela vivem, incluindo os povos vulneráveis e sem poder econômico, os pobres.

Um dos grandes méritos da encíclica *Laudato Si'* foi unir o clamor da terra ao clamor dos pobres,[5] afirmando que a crise ecológica deve ser vista juntamente com a crise social – isto é, uma ecologia integral –, pois "é fundamental buscar soluções integrais que considerem as interações dos sistemas naturais entre si e com os sistemas sociais. Não há duas crises separadas: uma ambiental e outra social; mas uma única e complexa crise socioambiental. As diretrizes para a solução requerem uma abordagem integral para combater a pobreza, devolver a dignidade aos excluídos e, simultaneamente, cuidar da natureza".[6] Tudo está interconectado; é apropriado dizer que também nós somos natureza. Não há nós, humanos, e a natureza, separada de nós, a ser cuidada. Há uma só natureza que precisa ser cuidada por aqueles que fazem parte dela, começando por onde há mais sofrimento nessa realidade viva. Dessa

---

[5] LS 49.
[6] LS 139.

forma, o foco deste texto é a contemplação dessa realidade viva que sofre, voltando o nosso olhar para a terra no seu grito de dor como vítima da ação violenta de membros da mesma natureza, por meio de um sistema econômico de base consumista-exploratória.

A tempo: este texto está cheio de metáforas e paralelos; sendo assim, solicito que se deixem navegar pelas ondas da linguagem contemplativa.

1. Descobrindo o Sagrado

Na região da cidade interiorana de Resplendor, às margens do Rio Doce, em Minas Gerais, há o Parque Estadual de Sete Salões,[7] uma área remanescente de Mata Atlântica, com relevo montanhoso, cujo ponto culminante é o Pico de Sete Salões. O que hoje é um parque estadual era parte das terras do povo originário Krenak, uma etnia de matriz Botocuda, que chegou a habitar uma imensa área que atualmente constitui parte dos estados de Minas Gerais, Espírito Santo e Bahia.[8] Com a invasão dos portugueses e o processo de colonização, os Krenak foram perdendo terras e empurrados para o oeste do seu próprio território, estabelecendo-se numa área muito menor, onde hoje se encontram os municípios de Resplendor e Conselheiro Pena. No século XX, especialmente a partir dos anos 1950, os Krenak foram perdendo suas terras num processo de dominação das áreas pelo Estado, que obrigava os Krenak a se mover de um lugar para

---

[7] Sobre o Parque Estadual de Sete Salões, ver: http://www.minasgerais.com.br/pt/atracoes/resplendor/parque-estadual-sete-saloes. Acesso em: 20 jun. 2020.
[8] Não sou estudioso do povo Krenak. O meu conhecimento deste povo é limitado ao meu contato com um grupo que vive na reserva Krenak, no município de Resplendor/MG. O programa Povos Indígenas no Brasil oferece uma visão geral da etnia Krenak. Ver: https://pib.socioambiental.org/pt/Povo:Krenak. Acesso em: 20 jun. 2020.

outro, de acordo com o interesse do Estado e dos brancos que dominavam a região. Entre as ações mais conhecidas estão a retirada dos Krenak para a construção da rodovia que liga Vitória/ES a Governador Valadares/MG e a distribuição de títulos pelo Estado para os arrendatários. Isso fez com que os Krenak se espalhassem por várias regiões do Brasil em busca de sobrevivência.[9]

Em 1997, quase 10 anos depois que a Constituição de 1988 deu direito aos povos indígenas de habitar as suas terras – sendo áreas protegidas como reservas indígenas –, os Krenak tiveram parte das suas terras, às margens do Rio Doce, na região de Resplendor, de volta. No entanto, a demarcação oficial ocorreu apenas em 2000, depois de uma longa disputa judicial. Mas a luta ainda continua para incluir o Sete Salões. Muitos voltaram para a região, mas outros decidiram ficar onde estavam. A etnia Krenak é atualmente muito pequena; não chega a 700 pessoas, e os que habitam parte das terras ancestrais não chegam a 500 Krenak. Apenas os mais velhos falam a língua originária; os mais jovens falam o português, mas há uma tentativa de resgatar a língua Krenak. A terra que os Krenak receberam de volta já não era a mesma, pois tinha sofrido anos de exploração para fins comerciais, especialmente por parte de mineradoras, e o Sete Salões, área mais preservada, não tinha sido incluído. Uma área ancestral e sagrada para os Krenak não é mais parte do seu território.

Com 17 anos, motivado pelos eventos que "celebravam" os 500 anos do "descobrimento do Brasil" – na verdade, in-

---

[9] SILVA, Rodrigo de M.; LEIVAS, Paulo G. C. As violações sofridas pelo povo Krenak e o dano causado ao projeto de vida. In: *Revista Brasileira de Direitos e Garantias Fundamentais*, Florianópolis, 3/1 (2017): 118-135. Disponível em: http://dx.doi.org/10.26668/IndexLawJournals/2526-0111/2017.v3i1.2023. Acesso em: 20 jun. 2020.

vasão portuguesa das terras indígenas que começou na Bahia –, muito perto do território original dos Krenak, tive a oportunidade de conhecer os Krenak em Resplendor e me encantar com a beleza de Sete Salões. No meu pequeno contato com os Krenak, logo percebi como eles eram um povo com certa tristeza, vivendo praticamente na miséria. Encontrei várias pessoas com tuberculose, até então uma doença que apenas conhecia pelos livros de literatura do romantismo brasileiro do século XIX, que tinha matado muitos escritores e se tornado conhecida como o mal do século. Havia também várias pessoas com problema de alcoolismo, o que levava os brancos de Resplendor a estereotipar os Krenak como cachaceiros (infelizmente, um estereótipo que persiste em várias regiões onde índios e brancos partilham a mesma área urbana). Um padre católico, também biólogo de formação e apaixonado pelos povos indígenas, me guiou no contato com os Krenak, mostrando as injustiças contra eles e ensinando que o alcoolismo e a tuberculose, assim como outras doenças que podiam ser facilmente prevenidas e tratadas, eram frutos da injustiça e da marginalização que esse povo originário vinha sofrendo por séculos, impedido de viver em suas terras com a sua cultura. Contudo, o que mais me marcou foi o que aprendi com os próprios Krenak: a terra é sagrada. Aprendi aquilo que o Papa Francisco falou na *Laudato Si'*: "Com efeito, para eles [os principais interlocutores, que são as comunidades aborígenes], a terra não é um bem econômico, mas dom gratuito de Deus e dos antepassados que nela descansam, um espaço sagrado com o qual precisam interagir para manter a sua identidade e os seus valores".[10]

---

[10] LS 146.

A violência contra a terra

Os Krenak foram jogados de um lado para outro, retirados de suas terras para ceder espaço para a exploração econômica por parte de pessoas que nunca viram na terra nada mais do que uma oportunidade para fazer dinheiro. Quem nunca contemplou a terra como uma realidade viva não conhece a sacralidade do meio ambiente onde os ancestrais viveram, morreram e descansam. Assim, mesmo quando parte dessa terra, agora devastada e pobre de recursos naturais – talvez encontrar a terra assim explique a tristeza que senti no meu contato com alguns Krenak –, foi devolvida para seu povo originário, a sacralidade não foi considerada, ignorando, desse modo, a necessidade de incluir Sete Salões, onde há um pico cheio de mistérios, fonte de espiritualidade para os Krenak. Escutá-los falando de Sete Salões me fez querer ir lá; fui, infelizmente sem a companhia de um Krenak, mas acompanhado por um guia, pois não era permitido entrar com pessoas não autorizadas, e um Krenak era uma dessas pessoas. Mesmo assim, depois de algumas horas de caminhada pelo parque, subindo a montanha, comecei a perceber a vitalidade daquela terra. Ao chegar ao pico, parecia existir algo diferente na atmosfera. As histórias que escutei dos Krenak se faziam presentes na minha mente e eram sentidas no meu corpo.

O nome Sete Salões tem origem no interior do pico rochoso, no qual se pode entrar. Logo no início, há uma caverna ampla, com areia no solo, onde acampamos para passar a noite. Era o primeiro salão. Os próximos salões exigiriam muita serenidade e esforço para serem conhecidos, pois era fácil se perder adentrando a caverna, rastejando por passagens apertadíssimas e escuras, onde os braços precisavam ficar estendidos, enquanto o corpo era empurrado pelos movimentos dos pés e o rastejar da barriga. Chega-se, assim, a uma grande área, onde é possível se sentar, o segundo salão. Dessa forma, se pode passar de um salão para o outro, e são muito mais que sete. Na verdade, ninguém sabe quantos são, e algo que ainda me intriga é o porquê do número 7, número com forte simbolismo bíblico.

Entre o medo e o desejo de ir além, passava de um salão ao outro. Sentia que estava sendo engolido pelo seio da terra, sem palavras para expressar o medo – de não saber retornar ou de ficar preso entre um salão e outro – e, ao mesmo tempo, o desejo de ir além, como um movimento de transcendência, de encontro com o Transcendente que dá sentido à realidade viva, à natureza, e estava dando sentido para mim. Não sabia como os meus companheiros estavam vivendo essa experiência, mas eu não me controlava mais. O movimento de transcendência se tornou maior do que o medo. Não queria parar. Queria chegar até o último salão, se é que ele existia. A escuridão de cada passagem, com o corpo encoberto por todos os lados no contato com a terra, era o momento mais íntimo até a chegada ao salão, onde a luz da lanterna ofuscava a verdadeira visão.

Foi uma experiência mágica. Não queria voltar para o primeiro salão, mas fui obrigado por um dos companheiros, que, desesperado, gritava meu nome para segui-lo na direção contrária à que gostaria. Já era noite quando saí do seio íntimo do meu contato com a terra. Nesse momento entendi o que significa dizer que a terra é sagrada, pois vi o sagrado, uma mãe que me abraçou por inteiro. Ao me deitar no chão, em cima de palhas improvisadas como cama e num saco de dormir, chorei, pois entendi a tristeza dos Krenak.

2. Contemplando a crucificada

A experiência do descobrimento da fé em Jesus Cristo inicia com um encontro pessoal com o Transcendente Trinitário revelado na pessoa de Jesus. Assim aconteceu com Paulo no caminho a Damasco e assim expressou o Papa emérito Bento XVI: "Ao início do ser cristão, não há uma decisão ética ou uma grande ideia, mas o encontro com um acontecimento, com uma Pessoa que dá à vida um novo horizonte e, dessa forma, o rumo decisivo".[11] Esse encontro com Jesus é o encontro com o amor – *agape* – de Deus encarnado na história, do qual fluem a celebração e a ação ética. A partir do encontro com Jesus, realizamos o sacramento e a prática cristã no mundo: "Fé, culto e *ethos* compenetram-se, mutuamente, como uma única realidade que se configura no encontro com a *agape* de Deus".[12] E é isso que nos leva aos pobres e nos faz realizar o amor na sua expressão social: "Amor a Deus e amor ao próximo fundem-se num todo: no mais pequenino, encontramos o próprio Jesus e, em Jesus, encontramos Deus".[13]

A fé em Deus, revelada no amor encarnado, impulsiona ao encontro com o próximo. Com Jesus, o impulso do amor leva aos pobres sofredores. Portanto, como o próprio Bento XVI afirmou na abertura da Conferência de Aparecida, a opção preferencial pelos pobres é parte da fé cristológica, verdade que Aparecida incorporou em seu documento final: "Nossa fé proclama que 'Jesus Cristo é o rosto humano de Deus e o rosto divino do homem'. Por isso, 'a opção preferencial pelos pobres está implícita na fé cristológica naquele Deus que se fez pobre por nós, para nos enriquecer com sua pobreza'. Essa opção nasce de nossa fé em Jesus Cristo, o Deus feito homem, que se fez

---

[11] BENTO XVI, Papa. *Deus Caritas Est.* Carta Encíclica sobre o amor cristão. São Paulo: Paulinas, 2006, n. 1. Daqui em diante, DCE.
[12] DCE 14.
[13] DCE 15.

nosso irmão".[14] A nossa fé em Jesus nasce do encontro pessoal com Ele, e n'Ele, junto aos pobres, realizamos a missão cristã.

O Papa Francisco foi além. Não apenas incorporou ao Magistério Católico[15] esse ensinamento sobre a opção pelos pobres, vindo de Aparecida,[16] como também elevou tal opção ao *status* de imperativo ético,[17] tornando a opção preferencial pelos pobres um princípio ético central para sua ecologia integral, que escuta e responde ao clamor da terra e dos pobres:

> Nas condições atuais da sociedade mundial, onde há tantas desigualdades e são cada vez mais numerosas as pessoas descartadas, privadas dos direitos humanos fundamentais, o princípio do bem comum torna-se imediatamente, como consequência lógica e inevitável, um apelo à solidariedade e uma opção preferencial pelos mais pobres. Esta opção implica tirar

---

[14] CONSELHO EPISCOPAL LATINO-AMERICANO (CELAM). *Documento de Aparecida*. Texto conclusivo da V Conferência Geral do Episcopado Latino-Americano e do Caribe (13-31 de maio de 2007). 2 ed. Brasília: Edições CNBB; São Paulo: Paulus/Paulinas, 2007, n. 392. Daqui em diante = Aparecida. O documento cita, aqui, respectivamente, a *Ecclesia in America*, n. 67, de João Paulo II, e o Discurso Inaugural de Bento XVI na V Conferência Geral do Episcopado Latino-Americano, n. 3 (p. 273 da edição citada).

[15] A opção preferencial pelos pobres foi incorporada ao Magistério papal pelo Papa João Paulo II, na sua encíclica social *Sollicitudo Rei Socialis* (1987), n. 39. Ver: JOÃO PAULO II, Papa. *Sollicitudo Rei Socialis*. Carta Encíclica pelo Vigésimo Aniversário da Encíclica *Populorum Progressio*. Disponível em: http://www.vatican.va/content/john-paul-ii/pt/encyclicals/documents/hf_jp-ii_enc_30121987_sollicitudo-rei-socialis.html. Acesso em: 20 jun. 2020. O Papa Francisco deu continuidade a esse Magistério, incorporando a perspectiva da Conferência de Aparecida e de toda a teologia latino-americana de opção pelos pobres ao seu Magistério.

[16] FRANCISCO, Papa. *Evangelii Gaudium*. Exortação Apostólica sobre o anúncio do Evangelho no mundo atual. São Paulo: Paulus/Loyola, 2013, n. 186-216.

[17] Sobre o desenvolvimento do Magistério de Francisco que eleva a opção preferencial pelos pobres a *status* de imperativo ético, ver: MARTINS, Alexandre A. Ética Social Católica e Saúde Pública: Em busca de uma Bioética Libertadora. In: *Perspectiva Teológica*, Belo Horizonte 51/3 (2019): 461-480. Disponível em: https://doi.org/10.20911/21768757v51n3p461/2019. Acesso em: 20 jun. 2020.

as consequências do destino comum dos bens da terra, mas – como procurei mostrar na exortação apostólica *Evangelii gaudium* – exige acima de tudo contemplar a imensa dignidade do pobre à luz das mais profundas convicções de fé. Basta observar a realidade para compreender que, hoje, esta opção é uma exigência ética fundamental para a efetiva realização do bem comum.[18]

O desenvolvimento do Magistério de Francisco não para por aí. Focalizando na região amazônica, ele eleva a floresta à condição social e teológica de lugar de encontro e diálogo entre culturas, afirmando que, "se queremos dialogar, devemos começar pelos últimos. Estes não são apenas um interlocutor que é preciso convencer, nem mais um que está sentado a uma mesa de iguais. Mas são os principais interlocutores, dos quais primeiro devemos aprender, a quem temos de escutar por um dever de justiça e a quem devemos pedir autorização para poder apresentar as nossas propostas".[19] Aqui, especificamente, os últimos aos quais Francisco se refere são os povos originários, que sofrem na pobreza diante da exploração da Amazônia.

Os povos originários conhecem a dor da floresta e dos seus habitantes: "A terra tem sangue e está sangrando, as multinacionais cortaram as veias da nossa 'Mãe Terra'".[20] Assim, precisamos ouvi-los em vista de entender a violência que ataca essa realidade viva – a terra com todos os seus habitantes –, para enten-

---

[18] LS 158.
[19] FRANCISCO, Papa. *Querida Amazonia*. Exortação Apostólica *Pós-Sinodal ao povo de Deus e a todas as pessoas de boa vontade*, n. 26. Disponível em: http://www.vatican.va/content/francesco/pt/apost_exhortations/documents/papa-francesco_esortazione-ap_20200202_querida-amazonia.html#_ftnref58. Acesso em: 02 jul. 2020. Daqui em diante = QA.
[20] QA 42.

der como reconhecer os limites e dar espaço para a recuperação do meio ambiente. "A sabedoria dos povos nativos da Amazônia 'inspira o cuidado e o respeito pela criação, com clara consciência dos seus limites, proibindo o seu abuso. Abusar da natureza significa abusar dos antepassados, dos irmãos e irmãs, da criação e do Criador, hipotecando o futuro'".[21]

O que Francisco nos ensina na Exortação Apostólica *Querida Amazônia* não está restrito a essa região, mas se aplica à nossa relação com a terra e seus povos originários em qualquer parte do globo. A sabedoria que os povos nativos da Amazônia inspiram no cuidado com essa floresta também está presente em outros povos originários, como os Krenak. Os Krenak, um dos povos da Mata Atlântica, sentiram na pele e na quase total dizimação do seu povo os efeitos da destruição do seu bioma, isto é, a Mata Atlântica. Hoje vivem numa terra restrita e devastada, num pequeno pedaço que lhes foi devolvido depois da exploração ilimitada pelos brancos e sua ganância. Sem respeitar as tradições dos Krenak, suas crenças, sua cultura e seu modo de ver e se relacionar com a terra, eles foram jogados de um lado para outro, exilados e presos em "centros de reeducação". Quando puderam retornar, o pedacinho de terra com alguma preservação e com o Sete Salões, local místico e sagrado para eles, não lhes foi devolvido; um desrespeito à terra, à tradição e à história desse povo.

A opção preferencial pelos pobres é um chamado "a contemplar, nos rostos sofredores de nossos irmãos, o rosto de Cristo que nos chama a servi-lo neles: 'os rostos sofredores dos pobres são rostos sofredores de Cristo'".[22] A violência contra os pobres,

---
[21] QA 42.
[22] Aparecida 393. Aparecida cita, aqui, o documento *Santo Domingo*, n. 178.

entre eles os povos originários, como os Krenak e os nativos da Amazônia, vem unida à violência contra a terra. Ao explorar a terra sem respeitar seus limites, ela chora, assim como aqueles que nela vivem. Dessa forma, o Papa Francisco situa a terra ao lado dos pobres: "Entre os pobres mais abandonados e maltratados, conta-se a nossa terra oprimida e devastada, que 'geme e sofre as dores do parto' (Rm 8,22). Esquecemo-nos de que nós mesmos somos terra (cf. Gn 2,7). O nosso corpo é constituído pelos elementos do planeta; o seu ar permite-nos respirar, e a sua água vivifica-nos e restaura-nos".[23]

Não há a natureza e nós. O que existe é a natureza, da qual somos parte. A terra, nós, humanos, e todas as outras espécies desse planeta somos a natureza que clama por cuidado. "Cada uma das diferentes espécies tem valor em si mesma"[24] e dá glória a Deus simplesmente pela sua existência.

Há uma magia e uma beleza na natureza que precisam ser contempladas para que ela seja amada. Como nossa fé em Jesus nasce de um encontro pessoal com ele, nossa consciência de que somos natureza unida a uma terra cheia de recursos, mas limitada, nasce de um movimento de encontro com ela, a terra, manifestação natural que vai além da expressão humana da natureza. "O universo desenvolve-se em Deus, que o preenche completamente. E, portanto, há um mistério a contemplar numa folha, numa vereda, no orvalho, no rosto do pobre."[25]

Assim como o rosto do Crucificado é contemplado no rosto dos pobres e sofredores, o Crucificado também se faz presente no sofrimento da terra. Ao contemplá-la, contemplamos o amor

---
[23] LS 2.
[24] QA 54.
[25] LS 233.

crucificado, que deu a vida para nos salvar. A terra, por meio dos seus recursos, está dando a sua vida para nos manter vivos e para o nosso bem-estar. Seria uma doação natural se não fosse a ação devastadora com base em um paradigma consumista-exploratório ilimitado. O que seria um processo de doação, dentro de um círculo natural de recuperação, tornou-se um calvário, uma cruz condenatória, que está matando a vida da terra e, consequentemente, todas as espécies que nela habitam.

A terra é uma crucificada; o rosto de Cristo se faz presente nela e nos chama a agir em vista do cuidado com a nossa casa comum, para que a natureza volte a ter a oportunidade de ser a manifestação da beleza e do amor criador de Deus. Contemplando a crucificada, encontramos o Verbo que se faz carne na realidade do mundo. Em sua "Missa sobre o altar do mundo", Teilhard de Chardin, mesmo num tempo em que não se falava de crise ecológica, mostra a presença do Sacramento de Deus no mundo natural:

> Na nova Humanidade que hoje se engendra, o Verbo prolongou o ato sem fim do seu nascimento; e, pela virtude da sua imersão no seio do Mundo, as grandes águas da Matéria, sem um frémito, carregaram-se de vida. Nada estremeceu, aparentemente, sequer sob a transformação inefável. E, contudo, misteriosa e realmente, ao contato da Palavra substancial, o Universo, imensa Hóstia, fez-se Carne. Toda a matéria passou a ser encarnada doravante, meu Deus, por meio da Vossa Encarnação.[26]

---

[26] CHARDIN, Pierre Teilhard de. *A Missa no altar do mundo* (1923). Disponível em: http://amigosteilhardportugal.pt/wp-content/uploads/2018/05/A-Missa-Sobre-o-Mundo.pdf. Acesso em: 02 jul. 2020. Originalmente, essa versão traduzida em português foi publicada em: CHARDIN, Pierre Teilhard de. *Hino do Universo*. Lisboa: Notícias, 1996.

Esperamos por essa nova humanidade que, na realidade, não é tão nova assim, pois já estava presente na vida dos povos originários antes dos processos de colonização iniciados pelos europeus. Essa nova-velha humanidade ainda está preservada na vida e nas tradições de povos originários que persistem em existir e teimam no amor contemplativo dos mistérios da terra em meio a toda devastação promovida pela sociedade moderna, rasa na sua imaginação contemplativa e dominada por um modelo consumista-exploratório da terra, dos povos, dos animais, isto é, da natureza, uma realidade viva.

3. Mostrando a violência

Para finalizar, gostaria de mostrar um exemplo de violência contra a terra que revela a sua dor, a dor da crucificada que precisamos contemplar para agir contra a violência. O exemplo que quero resgatar, até mesmo para não nos esquecermos, é a violência da exploração capitalista predatória dos recursos naturais no estado de Minas Gerais, que levou aos "desastres naturais" em Mariana (2015) e Brumadinho (2019). Esses dois crimes ecológicos praticamente destruíram o Rio Doce, entre outras destruições ambientais de animais e de vidas humanas. Destaco o Rio Doce porque os Krenak vivem às margens dele – chamado de Uatu e considerado fonte sagrada de vida –, numa região que está a mais de 300km de onde os desastres ocorreram. Contudo, a lama tóxica, especialmente a da represa de Fundão, em Mariana, invadiu o rio, tornando-o um canal destruidor de lama até sua foz, no Oceano Atlântico. A vida natural, vegetal e animal, e a vida natural-humana dependentes do Rio Doce foram destruídas ou extremamente afetadas. Essa tragédia afetou diretamente os

Krenak em Resplendor, que dependiam dos recursos provenientes do rio Uatu.[27]

Retornando ao Papa Francisco, lembramos que ele afirmou: "Não podemos deixar de reconhecer que *uma verdadeira abordagem ecológica sempre se torna uma abordagem social*, que deve integrar a justiça nos debates sobre o meio ambiente, para ouvir *tanto o clamor da terra como o clamor dos pobres*".[28] *O clamor da terra e o clamor dos pobres* é uma expressão que Leonardo Boff tem usado como lema da sua defesa da terra e dos pobres.[29] Boff enfatiza que os pobres são os primeiros e os mais afetados pela exploração ilimitada da terra, fundamentada num paradigma mecanicista de progresso infinito que ataca violentamente a terra para a extração de recursos para o capital. Usando os conceitos pascalianos de *espírito de geometria* e *espírito de finesse,* Boff afirma que o mundo moderno capitalista é regido pelo espírito de geometria.[30] Esse espírito vê a terra como uma fonte inesgotável para ser explorada pela força e pela razão humana. Com o advento da industrialização, do mercado livre e da vitória do capitalismo, o espírito de geometria tornou-se uma máquina de destruição, exploração e injustiça. Isso transformou a terra em uma propriedade privada nas mãos dos donos dessa máquina que a violenta, fazendo

---

[27] Ver: estudo promovido pela Universidade Federal de Minas Gerais sobre o impacto do rompimento da barragem de Fundão na vida dos Krenak: CLÍNICA DE DIREITOS HUMANOS DA UFMG – CDH/UFMG; DIVISÃO DE ASSISTÊNCIA JUDICIÁRIA – DAJ. *Direito das populações afetadas pelo rompimento da barragem de fundão: povo Krenak – Relatório de Atividades.* Belo Horizonte: UFMG, 2017. Disponível em: https://www.greenpeace.org.br/hubfs/Campanhas/Agua_Para_Quem/documentos/relatorio_greenpeace-cdh_krenak.pdf. Acesso em: 02 jul. 2020.
[28] LS 49.
[29] BOFF, Leonardo. *Ecologia:* grito da terra, grito dos pobres. Rio de Janeiro: Sextante, 2004.
[30] BOFF, Leonardo. *Saber Cuidar: Ética do humano – compaixão pela terra.* 20 ed. Petrópolis: Vozes, 2014, p. 103-113.

sofrer tanto a terra quanto os seus moradores mais vulneráveis. Como resultado, a terra está clamando, numa dolorosa paixão, que a fonte de vida está morrendo, como uma crucificada. Juntamente com a terra estão os pobres, entre eles os povos originários, como os Krenak, que também estão chorando, vítimas dessa máquina de exploração que os exclui do acesso aos bens da terra.

O clamor da terra e o clamor dos pobres são uma invocação para uma relação diferente com a terra e seus recursos. É um clamor por justiça ecológica e social. Boff argumenta que o espírito de *finesse* necessita sobrepor-se ao espírito de geometria. O espírito de *finesse* surge da contemplação da beleza harmônica da criação. É um espírito de ternura, cuidado, humildade e comunidade. É a sabedoria que vem do coração, chamada por Agostinho de *inteligência do coração*. Segundo Boff, o espírito de *finesse* deve ser a base para um novo paradigma de progresso; um espírito terno e humilde que reconhece a grandiosidade da terra como a nossa mãe comum, que providencia todos os recursos necessários para o nosso florescimento e, ao mesmo tempo, aceita seus limites como uma frágil mãe, digna do nosso cuidado. Vários povos nativos da América Latina expressam essa relação com a terra de forma maternal, chamando-a de *Pachamama*, a grande mãe terra, que nos abraça quando a contemplamos.

A ecologia integral proposta por Francisco nos convida a assumir valores de "maior responsabilidade, um forte sentido de comunidade, uma especial capacidade de solicitude e uma criatividade mais generosa, um amor apaixonado pela própria terra". E acrescenta: "Estes valores têm um enraizamento muito profundo nas populações aborígenes".[31] Esses povos, humil-

---

[31] LS 179.

des e pobres, primeiras vítimas de devastação ambiental, têm valores essenciais para ensinar a toda a humanidade, especialmente àqueles que constroem seu poder e *status* em espírito de geometria de exploração ilimitada da terra e marginalização desumana dos pobres. O espírito de geometria tem as forças do mercado como seu principal instrumento de exploração e marginalização. Esse instrumento está matando nossa grande mãe terra e seus pequenos filhos e filhas, os pobres. O Papa Francisco afirma claramente: "O ambiente é um dos bens que os mecanismos de mercado não estão aptos a defender ou a promover adequadamente".[32] Assim como Boff, que clama por um novo paradigma, Francisco invoca uma conversão ecológica e comunitária: "Essa conversão comporta várias atitudes que se conjugam para ativar um cuidado generoso e cheio de ternura".[33]

Na *Querida Amazônia*, Francisco expressa exatamente a experiência indígena, como a que descrevi no início deste capítulo a partir do meu aprendizado com os Krenak em sua montanha sagrada. A conversão ecológica inicia-se com um encontro com a terra que nos leva a vê-la e senti-la como nunca a vimos e sentimos. Trata-se de uma contemplação da mãe terra que gera um conhecimento numa relação de comunhão. "Se entrarmos em comunhão com a floresta, facilmente a nossa voz se unirá à dela e transformar-se-á em oração: 'Deitados à sombra dum velho eucalipto, a nossa oração de luz mergulha no canto da folhagem eterna'. Tal conversão interior é que nos permitirá chorar pela Amazônia e gritar com ela diante do Senhor".[34]

---

[32] LS 190. Francisco cita, aqui, o Pontifício Conselho "Justiça e Paz", *Compêndio*, n. 470.
[33] LS 220.
[34] QA 56. Francisco cita, aqui, Sui Yun, *Cantos para o mendigo e o rei* (Wiesbaden 2000).

Espírito de finesse, espírito de cuidado generoso e cheio de ternura é uma perspectiva que reconhece a beleza da criação na qual nós, humanos, vivemos numa casa comum – na terra – com todas as outras espécies. Esse espírito parece ser rejeitado pelas forças do mercado, mantidas por um paradigma fundamentalista de exploração ilimitada da terra. Isso é um fundamentalismo de mercado que faz a terra e os pobres clamarem na sua agonia de morte. Teologicamente, esse clamor é mais uma vez resultado dos poderes do mundo rejeitando e crucificando a verdade do cuidado e da justiça para manter o *status quo*. O clamor identifica-se com o sofrimento de Jesus na cruz, visível no rosto dos pobres e na dor da terra, vítimas do fundamentalismo de mercado.[35]

As tragédias em Mariana e Brumadinho foram crimes ambientais resultantes do fundamentalismo de mercado e da sua incapacidade para cuidar da terra. Minas Gerais é o estado brasileiro mais rico em minérios. Este recurso natural tem sido explorado por forças colonizadoras e companhias desde a invasão dos portugueses, em 1500, desapropriando os moradores originários da região, escravizando, matando, explorando e jogando os poucos que sobrevivem para longe de suas terras, para viverem na miséria. Atualmente, companhias multinacionais lideradas pelo grupo Samarco Mineração SA, formado pela australiana BHP Billiton e pela Vale, continuam explorando a terra e maltratando seus moradores. O rompimento das represas na região de Maria-

---

[35] Utilizo a expressão "fundamentalismo de mercado" com base na análise do fenômeno da globalização a partir da antropologia teológica católica do teólogo moralista Daniel Groody. GROODY, D. G. Globalizing Solidarity: Christian Anthropology and The Challenge of Human Liberation. In: *Theological Studies*, Milwaukee 69/2 (2008): 250-268. Disponível em: https://doi.org/10.1177/004056390806900201. Acesso em: 02 jul. 2020.

na e Brumadinho criou um mar de lama tóxica que invadiu os municípios em torno das represas e no leito do Rio Doce. Muitos morreram e centenas de casas foram destruídas. O Rio Doce, principal rio da região, foi assassinado pela lama tóxica que se moveu em direção ao Oceano Atlântico, afetando todos os que viviam às suas margens, como os Krenak. Consequentemente, um longo processo de destruição ecológica e crise humanitária tem devastado a região. Pessoas perderam suas casas e demais bens, e a falta de água apropriada para o consumo tem afetado milhares de famílias. O principal recurso hídrico está poluído. Os pobres são os mais afetados por essa tragédia, fruto da negligência da Samarco e da Vale, no decorrer de anos de ilimitada exploração de minério na região, e da falta de apropriado cuidado e responsabilidade ambiental. Essas companhias apenas violentaram as terras. As autoridades públicas também são responsáveis por esses desastres, especialmente por serem cúmplices das atividades dessas companhias privadas e nunca terem regulado adequadamente suas ações. Some-se a isso o fato de que os governos estatal e federal, juntamente com o poder legislativo, falharam ao abordar esse desastre, ao apontar os responsáveis e obrigá-los a indenizar as famílias afetadas de forma justa – é bom recordar que a Vale é uma das maiores doadoras de fundos milionários para financiar campanhas políticas de vários partidos. Essas tragédias em Minas Gerais são exemplos do fundamentalismo de mercado responsável pelo clamor da terra e dos pobres.

O fundamentalismo de mercado deve ser combatido com a mesma força usada para combater o fundamentalismo religioso ligado ao terrorismo. As tragédias em Mariana e Brumadinho foram atentados terroristas liderados por uma ideologia fundamentalista que controla as forças do mercado. O fundamentalismo de mercado está matando pessoas todos os dias ao redor do mundo. Ele mata os fracos, os pobres, os vulneráveis e as áreas onde vivem. O que aconteceu nessas regiões foi algo impossível de ser escondido, mas foi apenas um sinal da devastação que ocorre todos os dias de forma sistemática, que não é mostrada pela mídia, mas sentida por quem vive na região, a ponto de um líder Krenak dizer: "Estamos e sempre estivemos em uma guerra".[36] O fundamentalismo de mercado está matando a nossa grande mãe terra e matará a todos, sem exceção, se não o combatermos. Temos aqui um problema ético-social que requer uma resposta ético-social capaz de conduzir o mundo para o paradigma do cuidado generoso.

Considerações finais

A terra é uma crucificada com povos crucificados. Não haverá ressurreição se não mudarmos nosso modo de produção de um modelo consumista-exploratório para um modelo cuidadoso-sustentável. Para isso, precisamos contemplar a dor, sentir o sofrimento da terra que, mesmo no drama da sua existência, continua a cuidar de todos os habitantes do meio ambiente, formando assim uma realidade viva. Se não cuidarmos, a realidade viva vai morrer.

Referências bibliográficas

BENTO XVI, Papa. *Deus Caritas Est*. Carta Encíclica sobre o amor cristão. São Paulo: Paulinas, 2006.

---

[36] Ver: KRENAK, Ailton. *Vozes da Floresta*. Entrevista concedida ao *Le Monde Diplomatique Brasil* (14.04.2020). Disponível em: https://www.youtube.com/watch?v=KRTJlh1os4w. Acesso em: 02 jul. 2020.

BOFF, Leonardo. *Ecologia*: Grito da terra, grito dos pobres. Rio de Janeiro: Sextante, 2004.

BOFF, Leonardo. *Saber Cuidar*: Ética do humano – compaixão pela terra. 20 ed. Petrópolis: Vozes, 2014.

CARTA DA TERRA. Disponível em: https://cartadaterrainternacional.org/leia-a-carta-da-terra/. Acesso em: 20 jun. 2020.

CHARDIN, Pierre Teilhard de. *A Missa no altar do mundo* (1923). Disponível em: http://amigosteilhardportugal.pt/wp-content/uploads/2018/05/A-Missa-Sobre-o-Mundo.pdf. Acesso em: 02 jul. 2020.

CLÍNICA DE DIREITOS HUMANOS DA UFMG – CDH/UFMG; DIVISÃO DE ASSISTÊNCIA JUDICIÁRIA – DAJ. *Direito das populações afetadas pelo rompimento da barragem de fundão: povo Krenak – Relatório de Atividades.* Belo Horizonte: UFMG, 2017. Disponível em: https://www.greenpeace.org.br/hubfs/Campanhas/Agua_Para_Quem/documentos/relatorio_greenpeace-cdh_krenak.pdf. Acesso em: 02 jul. 2020.

CONSELHO EPISCOPAL LATINO-AMERICANO (CELAM). *Documento de Aparecida.* Texto conclusivo da V Conferência Geral do Episcopado Latino-Americano e do Caribe (13-31 de maio de 2007). 2 ed. Brasília: Edições CNBB; São Paulo: Paulus/Paulinas, 2007.

FRANCISCO, Papa. *Querida Amazonia.* Exortação Apostólica Pós-Sinodal ao povo de Deus e a todas as pessoas de boa vontade, n. 26. Disponível em: http://www.vatican.va/content/francesco/pt/apost_exhortations/documents/papa-francesco_esortazione-ap_20200202_querida-amazonia.html#_ftnref58. Acesso em: 02 jul. 2020.

FRANCISCO, Papa. *Laudato Si'.* Carta Encíclica sobre o cuidado da casa comum. São Paulo: Paulus/Loyola, 2015.

FRANCISCO, Papa. *Evangelii Gaudium.* Exortação Apostólica sobre o anúncio do Evangelho no mundo atual. São Paulo: Paulus/Loyola, 2013.

GOVERNO DE MINAS GERAIS. *Parque Estadual de Sete Salões.* Disponível em: http://www.minasgerais.com.br/pt/atracoes/resplendor/parque-estadual-sete-saloes. Acesso em: 02 jul. 2020.

GROODY, D. G. Globalizing Solidarity: Christian Anthropology and The Challenge of Human Liberation. In: *Theological Studies,* Milwaukee 69/2 (2008): 250-268. Disponível em: https://doi.org/10.1177/004056390806900201. Acesso em: 02 jul. 2020.

INSTITUTO SOCIOAMBIENTAL – ISA. *Programa Povos Indígenas no Brasil*: etnia Krenak. Disponível em: https://pib.socioambiental.org/pt/Povo:Krenak. Acesso em: 02 jul. 2020.

JOÃO PAULO II, Papa. *Sollicitudo Rei Socialis.* Carta Encíclica pelo Vigésimo Aniversário da Encíclica *Populorum Progressio.* Disponível em: http://www.vatican.va/content/john-paul-ii/pt/encyclicals/documents/hf_jp-ii_enc_30121987_sollicitudo-rei-socialis.html. Acesso em: 20 jun. 2020.

KRENAK, Ailton. *Vozes da Floresta.* Entrevista concedida ao *Le Monde Diplomatique Brasil* (14.04.2020). Disponível em: https://www.youtube.com/watch?v=KRTJIh1os4w. Acesso em: 02 jul. 2020.

MARTINS, Alexandre A. Ética Social Católica e Saúde Pública: Em busca de uma Bioética Libertadora. In: *Perspectiva Teológica,* Belo Horizonte 51/3 (2019): 461-480. Disponível em: https://doi.org/10.20911/21768757v51n3p461/2019. Acesso em: 20 jun. 2020.

SILVA, Rodrigo de M.; LEIVAS, Paulo G. C. As violações sofridas pelo povo Krenak e o dano causado ao projeto de vida.

In: *Revista Brasileira de Direitos e Garantias Fundamentais,* Florianópolis, 3/1 (2017): 118-135. Disponível em: http://dx.doi.org/10.26668/IndexLawJournals/2526-0111/2017.v3i1.2023. Acesso em: 20 jun. 2020.

A crítica da idolatria do dinheiro

O fim da fronteira entre teologia moral, dogmática e estética

Jung Mo Sung[1]

Introdução

Jesus disse: "Eu vim para que todos tenham vida, e a tenham com abundância" (Jo 10,10). A fala de Jesus inclui todos, e não apenas aqueles que têm condições econômicas para garantir a sua vida e a dos seus. Realizar a missão de que todos possam ter vida, e vida em abundância, é garantir que os mais vulneráveis e os mais desprezados tenham essa vida. Em última instância, o objetivo final da missão que Jesus transmitiu para a sua Igreja é lutar pela vida dos mais vulneráveis e desprezados, os excluídos do mercado e da sociedade. Em outras palavras, se quisermos avaliar como estamos cumprindo a nossa missão como cristãos e como Igreja, o critério principal deve ser a forma como estamos lutando e participando dessa luta que acontece no mundo, em

---

[1] Jung Mo Sung tem Pós-Doutorado em Ciências Humanas (Universidade Metodista de Piracicaba - UNIMEP), é Doutor em Ciências da Religião (Universidade Metodista de São Paulo - UMESP), Professor no Programa de Pós-Graduação em Ciências da Religião (UMESP).

todos os lugares onde o Espírito de Deus inspira e motiva pessoas de boa vontade.

Uma das principais causas do sofrimento e morte das pessoas desprezadas e descartadas por um sistema capitalista global, marcado pela ganância sem fim e pela indiferença frente a essas mortes, é o que o Papa Francisco tem chamado insistentemente de "a idolatria do dinheiro". Sabendo disso, para participarmos com mais eficiência nessa missão que Jesus assumiu na sua vida e nos transmitiu, como seus discípulos e membros das comunidades cristãs espalhadas pelo mundo, penso que nos é muito útil entender o que significa a expressão "a idolatria do dinheiro" e as implicações teórico-teológicas da articulação entre o tema da idolatria, que é tradicionalmente da teologia dogmática – verdade sobre Deus –, e o da economia, que costuma ser objeto de discussão no departamento de moral.

A minha hipótese é que o discernimento feito pelo Papa Francisco sobre a idolatria do dinheiro como um dos problemas fundamentais da globalização e da vida dos pobres rompe com o "edifício" teológico do mundo moderno e com a própria compreensão que a sociedade contemporânea tem de si própria em relação ao seu sistema econômico.

1. O Papa Francisco: uma figura fora do esquadro

Se perder de vista a vida das pessoas "descartadas" por uma sociedade caracterizada pela insensibilidade social, o cristianismo pode correr o risco de se tornar uma religião a mais num mundo marcado pelo "mercado religioso". Isso acontecerá quando as suas lideranças estiverem mais preocupadas com seus índices do *market share* – grau de participação de uma empresa no mercado em termos das vendas de um determinado produto –, com a quantidade dos seus membros, do que com o cumprimento da missão: anunciar e testemunhar o amor de Deus entre os seres humanos.

Quando se entra nessa lógica de marketing religioso, a Igreja pode seguir dois caminhos. O primeiro é assumir como sua a insensibilidade social da nossa cultural neoliberal e afirmar que o importante é atender aos desejos dos seus membros e que os problemas sociais não são importantes ou não são relacionados com o que se assume como seu objetivo religioso, seja a salvação eterna, seja as demandas religiosas e espirituais dos seus membros. O segundo caminho possível, em geral visto como o mais "correto socialmente", é dizer que a Igreja também tem, ou deve ter, preocupações sociais, apesar da clareza de que, em primeiro lugar, a sua missão está relacionada a uma questão religioso--espiritual. Afinal, o ensinamento da Igreja, que é fundamentalmente teológico-espiritual, tem também implicações morais no campo social. Sendo assim, a Igreja e os seus membros devem também ter ensinamentos, chamados de "ensinamento social", e ações no campo da moral social.

O problema é que, mesmo que trate das questões sociais, elas são ou serão vistas como um assunto secundário. Diante da escassez de tempo, recursos humanos e materiais, as prioridades pastorais tendem a ser as das questões "especificamente religiosas ou espirituais". Dito de outra forma, as questões explicitamente "espirituais" e teológicas recebem prioridade sobre as questões sociais, ou as chamadas de moral social. Essa visão dualista, que soma: a) uma linha ou dimensão da "missão espiritual/teologia dogmática", e b) os "problemas sociais/moral social", não resulta em uma síntese, como seria uma equação (a)

+ (b) = (c), em que o sinal de igual expressaria uma síntese unificadora ou articulada. Isso porque a soma dessas duas partes não gera um resultado correto, porque as duas partes da adição não são da mesma qualidade ou da mesma espécie. Seria como somar uma laranja com uma bola porque as duas são esféricas, e tentar chegar a uma síntese.

Diante da diferença da qualidade entre as duas atividades nas práticas pastorais da Igreja, as chamadas questões religioso--espirituais têm prioridades sobre as sociais, assim como a teologia dogmática ou sistemática tem prioridade ou maior importância sobre o campo da "moral social" da Igreja. Basta vermos o ambiente das faculdades de teologia no mundo inteiro: o departamento de teologia dogmática ou sistemática é o maior e o principal, vindo em segundo lugar o da Bíblia e o de moral, com a prioridade para o tema da sexualidade sobre o tema do social; e, por fim, o de teologia prática ou pastoral.

Nos últimos anos, muitos analistas e teólogos têm salientado que o Papa Francisco deslocou o foco da Igreja Católica da ênfase na questão doutrinária, na ortodoxia e na teologia dogmática para o campo da prática moral. E, dentro desta, da questão da sexualidade para o campo da moral social. De outra forma, os papados de João Paulo II – especialmente na segunda parte – e de Bento XVI tinham o foco, em primeiro lugar, no campo da doutrina, ortodoxia e, portanto, da teologia dogmática; em segundo lugar, no campo da moral, e, dentro deste, no tema da sexualidade – em especial no tema da homossexualidade e do aborto –, e, em último lugar, no tema da pobreza e na desigualdade social. Francisco, por sua vez, estaria invertendo a ordem e colocando, em primeiro lugar, o campo da moral, e, dentro deste, o tema da pobreza e da desigualdade social, que é da moral social. Em segundo lugar, a moral sexual e a bioética (o tema da sexualidade e do aborto), e, em terceiro lugar, o campo da teologia dogmática, ou das questões doutrinárias.

Essa interpretação da inversão da ordem levou muitos teólogos e lideranças religiosas e sociais engajados nas lutas sociais, especialmente da linha de "libertação dos pobres", a apoiar o Papa Francisco. Thomas Reese, jornalista e jesuíta, publicou um artigo no *National Catholic Reporter*, em 2017, que sintetiza esse pensamento:

> Os papas anteriores escreveram sobre a "nova evangelização" de um modo abstrato e enfadonho. Esse papa comunica-se de um jeito que capta a atenção das pessoas com suas palavras e ações. A mensagem que emite é a mensagem do Evangelho – é sobre o amor do Pai por seu povo e a responsabilidade deles de amar uns aos outros. Ele não se mostra obcecado com regras e regulamentos. Está mais interessado na ortopráxis (como vivemos a fé) do que na ortodoxia (como explicamos a fé).[2]

Por outro lado, há muitos teólogos e bispos que estão criticando Francisco por supostas heresias. Não quero entrar em polêmica com essa linha de argumentação, nem trazer aqui citações (encontradas facilmente na internet), porque isso não nos ajuda a entender melhor os grandes desafios do nosso tempo. Seria uma perda de tempo. Quero chamar a atenção para o fato de que a contraposição entre o foco das questões sociais *versus* as

---

[2] REESE, Thomas. Five great achievements of Pope Francis' first four years. In: *National Catholic Reporter* (09.03.2017). Disponível em: https://www.ncronline. org/blogs/faith-and-justice/five-great-achievements-pope-francis-first-four-years. Versão em português: Cinco grandes realizações dos primeiros 4 anos de Papa Francisco. In: *Revista IHU On-Line* (13.03.2017). Disponível em: http://www.ihu. unisinos.br/186-noticias/noticias-2017/565682-cinco-grandes-realizacoes-dos--primeiros-4-anos-de-papa-francisco. Acesso em: 28 jun. 2020.

questões teológicas dogmáticas/sistemáticas, ou entre a prática social, ortopráxis, *versus* a doutrina, ortodoxia, são dois lados de uma mesma moeda, seguindo uma mesma lógica do pensamento teológico. Isto é, as duas linhas de pensamento pressupõem a separação entre o campo da teologia dogmática e o da moral, e discutem e disputam qual das duas deve ser a prioritária. Sem entrar em debate sobre as diferenças entre a teologia clássica pré-moderna e as teologias moderna e contemporânea, penso que é importante relembrarmos que a revolução kantiana influenciou profundamente a estrutura fundamental da teologia. Em Tomás de Aquino, por exemplo, não há separação entre a teologia dogmática e a teologia moral. Na Suma Teológica, na Parte I, ele apresenta o que nós, modernos, chamamos de teologia dogmática; enquanto, na Parte II, apresenta a teologia moral; mas ele não as distingue como departamentos distintos, com temas e metodologias específicas. Em outras palavras, para Tomás de Aquino, "a Doutrina Sagrada" trata sobre Deus, a bem-aventurança, os pecados e os sacramentos. É com o pensamento moderno que se separa o campo da teologia dogmática e a moral.

Na minha formação de estudante de teologia, na década de 1980, na Faculdade de Teologia Nossa Senhora Assunção, na Arquidiocese de São Paulo, sob a direção do Dom Paulo Evaristo Arns, tive a oportunidade de estudar com vários professores que assumiram a ruptura epistemológica proposta pela Teologia da Libertação.[3] Durante esse processo, aprendi a importância teológica do tema da vida dos pobres e das questões socioeconômicas; na sequência, o meu mestrado foi no departamento de teologia

---

[3] Sobre essa ruptura epistemológica da Teologia da Libertação e o seu contexto social, ver: SUNG, Jung Mo. *Teologia e economia*: Repensando a Teologia da Libertação e utopias. Petrópolis: Vozes, 1994, especialmente os capítulos 2 e 3.

moral, na área da moral social.[4] Apesar de ser na perspectiva da Teologia da Libertação, a maior parte das discussões pressupunha a distinção entre os temas da teologia dogmática/sistemática e os da moral. Em todo caso, o tema do "Deus dos pobres", ou "Deus da justiça", estava presente e era central.

Com mudanças no ambiente eclesiástico das Igrejas católicas na América Latina, com a diminuição da influência da Teologia da Libertação e das Comunidades Eclesiais de Base, a novidade epistemológica que procurava articular as questões dogmáticas (perguntas sobre Deus) e as questões éticas (a justiça em favor dos pobres), ao mesmo tempo e ao mesmo nível de importância, perdeu força e quase desapareceu completamente. Apesar do retrocesso epistemológico, ou da retomada do paradigma moderno que separa a dogmática da ética, ainda há muitos setores das Igrejas cristãs que estão preocupados com o tema da vida dos pobres. Isso fica claro no apoio que eles dão ao Papa Francisco.

E eu estou de acordo com esse apoio e com a percepção geral de que o Papa Francisco procura deslocar e mudar a prioridade da Igreja do campo da doutrina para o das questões éticas e sociais; e, dentro deste, para o tema da pobreza, da desigualdade social e da crise do meio ambiente. Os temas da "moral social" ganharam novamente destaque na Igreja Católica. É importante também destacar que, nesse deslocamento, a crítica do Papa não é sobre questões específicas e localizadas, como a situação dos pobres ou de como as Igrejas devem cuidar dos pobres, mas é uma crítica sistêmica ou uma crítica ao sistema capitalista e à sua ideologia neoliberal.

---

[4] A dissertação do mestrado foi sobre "A idolatria do capital e a morte dos pobres: Uma reflexão teológica sobre a dívida externa", publicada pela Paulinas, em 1989.

Contudo, eu penso que a visão desse Papa vai além do deslocamento da prioridade da doutrina para a moral, e da moral sexual para o tema social. A mudança que ele propõe vai além disso. Ele propõe apagar ou rearticular as fronteiras, os limites entre o campo da teologia dogmática, que trata das questões teológico-religiosas, e o campo da teologia moral ou da moral social. Em outras palavras, eu poderia dizer que o Papa Francisco está propondo, no campo do Magistério católico, uma ruptura com o paradigma teológico que vem dominando há alguns séculos, fruto da razão moderna kantiana, que separou a teologia entre teologia dogmática (que estuda a verdade sobre Deus) e teologia moral/prática (o "bem") e, nessa separação, esqueceu ou fez quase desaparecer da teologia o campo da espiritualidade e da estética, o da sensibilidade e o do belo/feio na vida. Talvez porque a sensibilidade frente ao belo, e o seu contrário, o feio, nos lembre sempre a provisoriedade da nossa vida e da história e, com isso, os desafios da espiritualidade, isto é, a vida espiritual no interior da vida real, instável e contraditória.

É claro que o tema da "teologia espiritual" continuou presente na Igreja e na tradição teológica, mas se tornou algo do tipo "místico", poético, não um objeto importante na reflexão teológica. Eu me lembro da primeira vez, na década de 1990, que conversei com uma pessoa que estava se doutorando em teologia espiritual em uma faculdade em Roma. Eu estava dando uma série de palestras sobre "teologia e economia" em um encontro teológico-missionário na Áustria, e tratei da "espiritualidade do consumo" que move a teologia do capitalismo. Um padre brasileiro, que estava de férias e participou do encontro, me procurou encantado e surpreendido pela expressão "espiritualidade do consumo", e disse: "Eu passei os últimos quatro anos estudando espiritualidade em Roma e nunca ouvi falar disso". Eu perguntei: "O que vocês estudam lá?". Ele me respondeu que estudam pensamentos de santos e santas conhecidos por suas espiritualidades; quase nada a respeito da verdade sobre Deus (a dogmática) e da moral social.

Essa separação entre a dogmática, a moral (pessoal e social) e a espiritualidade – cada campo possuindo uma lógica interna própria – é um dos problemas fundamentais do campo teológico no nosso tempo. É claro que, após a crítica ao pensamento moderno ocidental, o cenário da teologia tem mudado bastante, mas é preciso reconhecer que há ainda muito a fazer na separação moderna entre a teologia dogmática/sistemática e a moral. Acredito que, para entendermos a novidade do Papa Francisco, em relação aos Papas anteriores, precisamos, entre outras coisas, de uma nova articulação entre os campos da dogmática, da moral e da espiritualidade; entre a verdade sobre Deus (metafísica), o caminho da justiça/bem (ética) e a sensibilidade social-espiritual (estética).

2. Teologia dogmática ou moral social?

Ao tratarmos da relação entre dogmática, ética e estética no campo da teologia, precisamos definir qual caminho queremos seguir, isto é, em que sentido pretendemos ir e o que queremos evitar. Em primeiro lugar, penso que precisamos superar a concepção predominante na maioria das faculdades de teologia de que "a" teologia é a teologia dogmática ou sistemática, e que a teologia moral é uma teologia subalterna, inferior à dogmática, mais voltada para as práticas pastorais; e, em último lugar, distante, a teologia da espiritualidade. Em termos de prestígio acadêmico, quanto mais longe da "teoria/abstração" e mais próximo da vida prática, menos importante.

O lugar da exegese bíblica no campo da teologia é um tema à parte. Para uns, a exegese se tornou um campo separado e quase autônomo; para outros, um departamento que serve como um "auxiliar" ou instrumento para fazer teologia sistemática e moral; e ainda, para terceiros, a exegese bíblica substituiu, ou quase tomou o lugar da reflexão teológica no nosso tempo. Como esse tema não é o nosso foco aqui, seguimos.

A segunda possibilidade que queremos deixar de lado é o caminho de articular a relação entre a verdade, o bem e o belo no campo da metafísica; ou, em termos kantianos, a questão da "crítica transcendental" que discute as condições de possibilidade de conhecimento do que é a verdade, o bem e o belo no campo da teologia. Reconheço a importância de uma reflexão teórico-filosófica sobre esse tema e o diálogo entre a teologia e a filosofia que vem marcando a história da teologia moderna, que, no entanto, vai além do escopo deste capítulo. Como diz Manfredo A. Oliveira, em perspectiva filosófica:

> Nossa situação histórico-teórica nos aponta para a necessidade de uma reflexão radical, de uma avaliação e de uma confrontação que, sem negar a riqueza das situações humanas específicas reveladoras das contingências de nossa constituição biológica, pessoal e social, de nossa finitude radical, de nossa falibilidade, de nossa impotência frente a tantos fatores que nos marcam e de nossas práticas que refletem as formas comuns de vida das culturas, seja capaz de detectar o conjunto das "condições objetivas" de nossas teorias e de nossas ações.[5]

---

[5] OLIVEIRA, Manfredo Araújo de. Filosofia: Lógica e metafísica. In: IMAGUIRE, Guido; ALMEIDA, Custódio L. S.; OLIVEIRA, Manfredo A. de (Orgs.). *Metafísica contemporânea*. Petrópolis: Vozes, 2007, p. 184.

Por fim, a urgência dos desafios sociais nos leva ao terceiro caminho, o do Papa Francisco, de enfrentar os problemas humano-sociais antes da formação de um consenso teórico ou da clareza dogmática. Em outras palavras, o ponto de partida e o eixo central da caminhada serão os problemas e desafios do nosso tempo. Mas isso não significa que não precisamos discutir algumas questões epistemológicas necessárias para a reflexão. Significa somente que, das três áreas – dogmática, moral e espiritualidade –, a prioridade será da moral ou ética.

No capítulo II do documento *Evangelii Gaudium* – "Na crise do compromisso comunitário" –, o Papa Francisco afirma: "Antes de falar de algumas questões fundamentais relativas à ação evangelizadora, convém recordar brevemente o contexto em que temos de viver e agir".[6] Isso deixa claro que, para ele, a missão de evangelizar, de anunciar a boa-nova de Deus para o nosso tempo, só pode ser realizada correta ou eficazmente se entendermos o contexto em que vivemos. Isto porque essa missão de anunciar não é a de pregar uma verdade eterna, a--histórica, uma doutrina, mas o anúncio de uma verdade que é uma boa-nova: uma notícia nova e boa para as pessoas que a recebem. Isso significa que o conteúdo da mensagem tem ou deve ter uma relação intrínseca com a situação existencial--histórica dos destinatários. Por isso, a compreensão correta da situação social dos destinatários é parte intrínseca da tarefa dos anunciadores. Nesse sentido, o estudo ou análise da situação social, especialmente dos problemas dos pobres e das vítimas da dominação, é parte da missão.

---

[6] FRANCISCO, Papa. *Evangelii Gaudium*. Exortação Apostólica sobre o anúncio do Evangelho no mundo atual. São Paulo: Paulus/Loyola, 2013, n. 50. Daqui em diante = EG.

Na década de 1970, com o surgimento da Teologia da Libertação Latino-Americana (TLLA), setores importantes das Igrejas cristãs assumiram publicamente, e até mesmo politicamente, a opção de defender a vida dos pobres e vítimas da opressão em nome da sua fé em Deus. Muitos identificaram a TLLA com essa opção. Na verdade, essa opção já estava presente em outras linhas teológicas no século XX; a novidade foi o uso das ciências sociais no interior da teologia, e a relação entre a prática religioso-sócio-política e a teoria teológica. Retomei essa discussão porque o Papa Francisco aponta dois problemas do uso das ciências sociais na teologia e nas práticas das comunidades cristãs que mantêm a opção pelos pobres: a) o "excesso de diagnóstico, que nem sempre é acompanhado por propostas resolutivas e realmente aplicáveis", e b) "um olhar puramente sociológico, que tivesse a pretensão, com a sua metodologia, de abraçar toda a realidade de maneira supostamente neutra e asséptica".[7]

Uma das características da razão moderna é a de analisar e desvendar as causas que levaram as condições naturais e/ou sociais a estarem como estão, isto é, o seu caráter de diagnóstico. Nesse sentido, a função das ciências sociais é exatamente a de apresentar um diagnóstico do porquê estamos vivendo num mundo marcado pela profunda desigualdade social e crise ambiental. E como essas análises não têm a finalidade de somente descrever, mas sim também a de transformar a realidade social, a tendência das comunidades cristãs é passar do diagnóstico para o campo da ética sem as mediações histórico-sociais devidas. Com isso, corre-se o risco de passar do diagnóstico para o "dever-ser", isto é, o ideal, sem terminar o processo de uma

---

[7] EG 50.

síntese ou uma dialética entre a situação que está/é, o dever-ser, e o que é possível ser.

O horizonte utópico, o campo do que desejamos e do que deveria-ser, é necessário para interpretarmos a realidade humano--social,[8] para não cairmos no que Franz Hinkelammert, inspirado em Kant, chamou de "ilusão transcendental".[9] Essa ilusão de realizar o que deve-ser não vem somente das boas intenções ou de uma ética abstrata, mas faz parte da própria ciência moderna. Como diz Hinkelammert, "a ciência empírica tem um termo próprio de aparência realista para essa ilusão: 'em princípio possível'. Visto em termos de progresso infinito, os falsificadores transcendentais tornam-se 'possíveis em princípio', embora se aceite que 'nunca' será concretizado".[10]

Sem a crítica radical a essa ilusão transcendental, tão presente na lógica do desejo humano quanto na ciência moderna, "o excesso de diagnóstico" pode nos levar aos erros estratégicos na elaboração dos planos e metas e na execução das ações e ao erro de avaliar equivocamente as ações, conquistas e fracassos das nossas práticas. Por isso, o Papa Francisco alerta sobre os erros do "excesso de diagnóstico", não acompanhado por propostas realmente aplicáveis.

Além disso, o Papa alerta que um olhar puramente sociológico, com uma pretensão de "neutralidade" científica, não é

---

[8] Esse tema da relação entre horizonte utópico e interpretação da realidade social é uma das grandes contribuições de Franz Hinkelammert e um dos temas fundamentais para entendermos o papel da utopia no capitalismo e na luta por uma sociedade alternativa. HINKELAMMERT, Franz J. *Crítica de la razón utópica*. Ed. ampliada y revisada. Bilbao: Desclée, 2002. Para uma visão mais breve, ver: MÍGUEZ, Néstor; RIEGER, Joerg; SUNG, Jung Mo. *Para além do espírito do Império: Novas perspectivas em política e religião*. São Paulo: Paulinas, 2012.
[9] HINKELAMMERT. *Crítica de la razón utópica*.
[10] HINKELAMMERT. *Crítica de la razón utópica*, p. 65.

capaz de abraçar toda a realidade humana e social. Sem entrar em discussão sobre o tema da possibilidade ou não da "neutralidade das ciências" (um dos mitos da modernidade), seja da ciência natural, seja das sociais, é importante destacar aqui que o que interessa ao Papa e à missão da Igreja é anunciar e testemunhar a boa-nova às pessoas carregadas de corações sedentos de justiça e esperança, corpos marcados por sofrimento e desejo de viver com dignidade. Análises sociais podem nos ajudar a entender as estruturas sociais, como elas funcionam e como podemos mudá--las, mas não dão conta de entender as dinâmicas dos sofrimentos e esperanças, assim como "o espírito do mal" que leva às pessoas a aceitarem ou propagarem a opressão e o sofrimento.

Por isso, ao iniciar a discussão sobre "o contexto em que temos de viver e agir", o Papa diz: "O que quero oferecer situa--se mais na linha dum *discernimento evangélico*. É o olhar do discípulo missionário que 'se nutre da luz e da força do Espírito Santo'".[11] Aqui aparece, no meu entendimento, uma ponta do *iceberg* de uma novidade epistemológica nos discursos sócio--teológico-doutrinários do Magistério da Igreja Católica.

Alguns poderiam entender essas afirmações do Papa como um discurso pastoral, e não necessariamente teológico, além de não apresentar nada novo. Fruto de um preconceito negativo contra o chamado discurso pastoral, poderiam desvalorizar esse parágrafo da *Evangelii Gaudium* e, consequentemente, a argumentação que tenho apresentado até aqui. Porém, eu penso que essa linha de discernimento evangélico sobre o contexto em que vivemos e agimos, o capitalismo globalizado, é algo novo e vale a pena aprofundá-la.

---

[11] EG 50. Francisco cita, aqui, João Paulo II, Exort. Ap. pós-sinodal *Pastores dabo vobis* (25.03.1992), n. 10.

Gilberto Gorgulho, um frei dominicano que foi meu professor na Faculdade N. S. de Assunção, tratado por mim como "o Frei", me ensinou em 1981, num curso de um ano sobre "Tomás de Aquino e a Teologia da Libertação", que a teologia é uma ciência hermenêutica que interpreta as realidades do mundo sob a perspectiva de Deus, e não uma teoria ou uma "ciência" sobre o objeto "Deus". Para entender melhor o que eu quero dizer, para depois analisarmos o tema da "idolatria do dinheiro" que o Papa trata em seus documentos e pronunciamentos, permita-me fazer uma pequena digressão sobre o tema do objeto da ciência.

Para Tomás de Aquino, assim como para outros teólogos e filósofos do mundo antigo ocidental e da Idade Média, o objeto da "ciência" tem dois aspectos: o objeto material, que é o objeto a ser estudado, e o objeto formal, que é a perspectiva pela qual o objeto material é analisado. Assim, a teologia tem como objeto de estudo (o material) todos os aspectos do mundo e da vida – por exemplo, a política, os juros, o universo, a Igreja – sob a perspectiva (objeto formal) de Deus ou da revelação; enquanto a filosofia também estuda toda a realidade sob a perspectiva do "ser" ou da razão filosófica. Por isso, Aristóteles estudou a política, a natureza, a lógica e outros aspectos da vida na perspectiva da razão filosófica, ao passo que Tomás de Aquino o fez na perspectiva da revelação ou de Deus.

A distinção entre filósofos e teólogos não se dava pela diferença dos objetos de estudo, mas pelo objeto formal. Nessa perspectiva, é possível entender por que tantos teólogos do mundo pré-moderno discutiram teologicamente as questões políticas e econômicas.

Com o mundo moderno, a secularização (a separação entre o Estado e a Igreja; a esfera pública e a privada) e o desencantamento do mundo (com a racionalidade moderna e as ciências empíricas), a concepção de ciência mudou profundamente. A teologia deixou de ser a coroa do campo do conhecimento e, mais do que isso, perdeu importância sociopolítica e foi substituída pela ciência moderna. Com isso, a ciência passou a ter monopólio do conhecimento válido sobre a natureza e a sociedade.

Nesse processo, ocorreu uma mudança na noção de ciência. À medida que as áreas de conhecimento passaram a ser especializadas, cada ciência passou a ser identificada pelo seu objeto de estudo. Assim, a economia passou a ser objeto da ciência econômica; o Estado, da ciência política; a sociedade, da sociologia; o corpo, da ciência médica etc. Desaparece, ou quase, a diferença entre o objeto material e o formal na formulação da identidade e função de uma ciência. Só se discute o objeto da ciência.

Nesse processo da modernidade, de início, a Igreja e a teologia procuraram manter o poder político e do conhecimento que tinham por tantos séculos, mas a história caminhou e o mundo moderno prevaleceu sobre o medieval. Nesse processo de secularização e do desencantamento do mundo natural, foi estabelecido um tipo de "acordo" em que as ciências empíricas teriam o monopólio do conhecimento válido do mundo natural e social, ao passo que a teologia teria o monopólio do "mundo sobrenatural": Deus e a vida eterna. Com isso, o objeto material da teologia cristã muda. A teologia não estuda e não pode estudar temas como riqueza e pobreza, o poder do príncipe ou o mundo de forma geral, e só passa a discutir basicamente as qualidades de Deus, a sua existência e o seu agir em relação à salvação e à vida eterna. A teologia agora é compreendida como uma ciência (*logos*) que tem Deus (*theós*) como objeto de estudo. É o que chamamos de teologia dogmática.

O processo de modernização do mundo ocidental, com as revoluções industrial e político-burguesa, a Ilustração e o mito do progresso, como é de esperar, levou alguns séculos. Nesse processo, a sociedade em transição da cultura pré-moderna à moderna ainda precisava do sistema de valores e da moral religiosa, em especial a cristã, seja na linha católica, seja na protestante. Com isso, a teologia moral, separada da teologia dogmática, continuou tendo um papel social importante; afinal, a maioria dos habitantes do Ocidente ainda continuava cristã e assumia os valores morais cristãos. Com o passar do tempo, a teologia moral cristã deixa de ser o fundamento do comportamento social dominante ou obrigatório e passa a ser um tema somente para cristãos que frequentam as Igrejas.

De certa forma, podemos dizer que, com a perda do prestígio, do poder da Igreja e da teologia na sociedade moderna, e o poder da razão moderna ilustrada, surge uma nova concepção de teologia: a que se divide em teologia dogmática, a principal, que estuda o objeto Deus, e a teologia moral, a secundária, que se subdivide em moral pessoal/sexual e social. E, quase desaparecendo, a teologia espiritual.

Na América Latina, com o surgimento da TLLA, aparece no cenário eclesiástico e social o que para muitos é uma "confusão" ou uma mescla indevida de Deus, tema espiritual-religioso, com o tema da economia, com a discussão sobre a pobreza e a dependência econômica dos países latino-americanos e a luta pela libertação dos pobres. Podemos dizer que, com essa teologia, tivemos a criação de uma teologia que resgata um aspecto fundamental da teologia pré-moderna e articula diferentemente o diálogo com as ciências sociais modernas. Apesar de essa discussão não ter sido tratada com essa linguagem clássica medieval de objeto material e formal, a teologia latino-americana tentou recuperar a história humana e os temas sociais como o seu principal objeto material a ser estudado, enquanto a revelação de Deus libertador se tornou a perspectiva pela qual a história e a luta dos pobres foram interpretadas, ou seja, o seu objeto formal. Nesse sentido, é preciso deixar claro que a TLLA não é uma sociologia, mas é especificamente teologia, pois a identidade de ciência não se formula pelo seu objeto material, mas sim pelo seu objeto formal.

Uma teologia, ao discutir uma questão socioeconômica como a pobreza ou a crise ecológica, precisa deixar claro qual é a sua perspectiva própria e não cair no erro de se reduzir a uma discussão das ciências sociais destinada a um público da Igreja. É claro que muitas vezes é preciso divulgar conhecimentos científicos, como os temas da pandemia, da crise social e ambiental para membros de Igrejas, até mesmo com uso de linguagem ou exemplos religiosos; mas isso não é ainda fazer teologia.

A distinção entre o objeto material e o formal da teologia – e de qualquer ciência com o seu objeto de análise e a sua perspectiva – e a crítica da separação e distinção lógica entre a teologia dogmática, a moral e a espiritualidade/estética – influenciada pela razão moderna – são dois elementos importantes para entendermos melhor o papel da teologia no mundo contemporâneo. O frei Gorgulho, de modo profundo e sintético, diz:

> A teologia tem a tarefa de discernir entre o "fetiche" e o "Espírito". Desta maneira, o ato teológico é um ato de discernimento ou de apropriação espiritual tanto do texto como da práxis para penetrar mais a fundo tanto nos mecanismos de morte e de do-

minação como na força da ressurreição e da vida plena do povo de Deus no mundo. A hermenêutica é um discernimento das armas ideológicas da morte e uma busca da força do Espírito da vida (cf. 1 Jo,4).[12]

Eu penso que essas reflexões – de certa forma, digressões – sobre a diferença entre objeto material e formal nos ajudam a entender melhor o que o Papa Francisco quer dizer com "*discernimento evangélico*" sobre o contexto da exclusão social e a globalização econômica em que devemos viver e agir.

3. A idolatria do dinheiro: a verdade, o bem e o belo

O Papa, ao listar alguns dos desafios do mundo de hoje, apresenta claramente o eixo das suas preocupações: a luta entre a vida e a morte. O problema central para ele não é a oposição fé/religião *versus* secularização e o ateísmo do mundo moderno, mas, sim, a luta entre a vida *versus* a morte. Por isso, ele diz: "Assim como o mandamento 'não matar' põe um limite claro para assegurar o valor da vida humana, hoje devemos dizer 'não a uma economia da exclusão e da desigualdade social'. Essa economia mata".[13] Francisco compara o mandamento, que normalmente as pessoas interpretam

---

[12] GORGULHO, Gilberto. Hermenêutica bíblica. In: ELLACURIA, Ignacio; SOBRINO, Jon. *Mysterium Liberationis*: conceptos fundamentales de la teología de la liberación. Vol I, Madri: Trotta, 1990, p. 181. Não cabe neste capítulo discutir a questão da concepção de "teologia como hermenêutica", especialmente a redução da hermenêutica ao texto, seja sagrado, seja profano. Para Gorgulho, nessa citação, fica claro que a teologia como hermenêutica deve discernir textos e práticas para penetrar as forças da morte e da vida.
[13] EG 53.

como uma lei voltada para um indivíduo – o que em termos de teologia moral seria do campo da moral pessoal –, com um mandamento de Deus que condena não apenas uma ação individual ou de um grupo, mas um sistema econômico, por ele produzir, por sua própria lógica econômica, a exclusão social e a desigualdade social.

É importante deixar claro que o Papa Francisco não está tratando do pecado social – no sentido do pecado que grupos sociais ou a sociedade produzem por suas ações conscientes, como o pecado de uma sociedade que, conscientemente, age para manter o racismo ou o *apartheid* racial ou social –, mas sim do "pecado estrutural", isto é, do pecado que é produzido pela própria estrutura econômica, sem ação consciente e intencional das pessoas que pertencem à sociedade, o que não quer dizer que não haja ações conscientes de setores da sociedade que contribuem para essa lógica da exclusão e a legitimam.[14]

Para aprofundar essa questão, o Papa aponta especificamente as teorias econômicas no capitalismo atual que pressupõem a "recaída favorável" (a tradução em português dessa expressão nesse documento não é muito feliz; a expressão em inglês é *"trickle down"*, a usada nas discussões econômicas, e a versão em espanhol, "gotejamento") de todo crescimento econômico. Esses pensadores "pressupõem que todo o crescimento econômico, favorecido pelo livre mercado, consegue por si mesmo produzir maior equidade e inclusão social no mundo".[15] Ele critica essa teoria porque ela "nunca foi confirmada pelos fatos" e, o mais importante, "exprime uma *confiança* vaga e ingênua

---

[14] SUNG, Jung Mo. *Sujeito e sociedades complexas*: Para repensar os horizontes utópicos. Petrópolis: Vozes, 2002.
[15] EG 54.

na bondade daqueles que detêm o poder econômico e nos *mecanismos sacralizados* do sistema econômico reinante".[16] Estamos tratando não mais de uma teoria econômica, mas sim de um pensamento teológico equivocado disfarçado de ciência. "Para se poder apoiar um estilo de vida que exclui os outros ou mesmo *entusiasmar-se* com este ideal egoísta, desenvolveu-se uma globalização da indiferença."[17]

Temos, nesse parágrafo crítico do capitalismo, três perspectivas ou dimensões da economia que mata: 1) a questão da ética ou da teologia moral; 2) a questão da verdade da ciência econômica e a teologia dogmática sobre a fé nos mecanismos sacralizados, ou a "mão invisível" do Mercado e a Providência Divina; e 3) a dimensão da espiritualidade ou a estética, o entusiasmo pelo consumo e a insensibilidade ou indiferença frente ao sofrimento dos excluídos. Não devemos nos esquecer de que, em seu sentido original, a palavra "entusiasmo" (*in* + *theos*) significa a inspiração ou possessão por uma entidade divina ou pela presença de Deus, um dos temas da espiritualidade.

Não se pode entender a expansão tão marcante do capitalismo globalizado, com aumento do número de bilionários e do mercado de consumo de bens de luxo, ao mesmo tempo que a desigualdade social se aprofunda, sem levar em consideração essa teoria econômica, a fé no mercado, o entusiasmo e a indiferença social. A ciência econômica dominante só se entende a partir e em função do aumento da eficiência econômica e da acumulação do capital. Por outro lado, só se justifica socialmente a partir da indiferença e da insensibilidade social frente ao sofrimento e à morte dos excluídos do mercado.

---

[16] EG 54, itálico do autor.
[17] EG 54, itálico do autor.

Para se contrapor a esse sistema capitalista neoliberal – que articula uma ciência desumana, uma moral que transforma o pecado da ganância em virtude da acumulação de riqueza, e a sua espiritualidade, o entusiasmo pelo consumo e a insensibilidade social frente aos sofrimentos dos pobres –, a Igreja precisa de um novo conjunto de conceitos e uma nova forma de fazer teologia. Nesse sentido, eu penso, o Papa Francisco assume um pensamento teológico, antes visto como estranho e marginal, como um eixo do seu magistério: a crítica teológica à idolatria do dinheiro, na forma de idolatria do mercado[18] ou idolatria do capital.

Não quero, aqui, analisar as fontes desse pensamento teológico do Papa, mas apresentar algumas ideias para justificar a hipótese apresentada anteriormente, de que a crítica à "idolatria do dinheiro" rompe com a forma tradicional de articular o edifício teológico e apresenta uma forma de crítica teológica do capitalismo.

Em primeiro lugar, o Papa Francisco não coloca o ateísmo ou o secularismo como o principal desafio para a Igreja e o cristianismo, mas sim a idolatria. No mundo moderno, a grande luta da Igreja tem sido contra o ateísmo, contra a negação da existência de Deus e pela afirmação da sua existência e da importância da fé religiosa na vida pessoal e social. Por mais que esse tema da existência de Deus seja importante, essa resposta geral não resolve o problema de como seres humanos com fé em Deus podem saber se a imagem, o conceito e a representação usados para referir-se a Deus estão corretos.

---

[18] Sem entrar em discussão sobre a origem desse pensamento teológico, vale a pena destacar que, nos últimos 40 anos, a obra mais significativa na América Latina é: ASSMANN, Hugo; HINKELAMMERT, Franz. *A idolatria do mercado*: Ensaio sobre economia e teologia. Petrópolis: Vozes, 1989.

O Papa Bento XVI, na Encíclica *Lumen Fidei* – que foi assinada pelo Papa Francisco devido à sua renúncia ao papado –, enfrentou também o tema da idolatria e o relacionou à incredulidade ou erro na forma de como se concebe e se relaciona com Deus: "Em vez da fé em Deus, prefere-se adorar o ídolo, cujo rosto se pode fixar e cuja origem é conhecida, porque foi feito por nós".[19] A idolatria é concebida como o contrário da fé, que "pede para se renunciar à posse imediata que a visão parece oferecer; [que] é um convite para se abrir à fonte da luz".[20] Esse erro é o que os filósofos contemporâneos que têm estudado o tema da idolatria chamam de "erro de representação": o erro de tomar a imagem, a representação, como se fosse a realidade que pretende representar e que leva ao erro de perder o sentido último da realidade e da vida. E a perda desse sentido último levaria o ser humano a se dispersar na multiplicidade dos seus desejos, que se "configuram como um labirinto".[21]

Moshe Halbertal e Avishai Margalit, em uma obra importante sobre esse tema, *Idolatry*, analisaram quatro diferentes concepções de idolatria: a) a concepção bíblica, a partir do pecado da traição e rebelião, por meio de metáfora básica do casamento aplicada ao relacionamento entre Deus e Israel; b) a idolatria como um grande erro metafísico: analisando as obras de Maimônides, eles estudaram a concepção antropomórfica de Deus, a idolatria da religião "das massas que são controladas por sua faculdade imaginativa e são incapazes de formar a opinião correta sobre Deus";[22] c) a idolatria como adoração de um aspecto

---

[19] FRANCISCO, Papa. *Lumen Fidei*. Carta Encíclica sobre a fé. Roma: Libreria Editrice Vaticana, 2013, n. 13. Daqui em diante = LF.
[20] LF 13.
[21] LF 13.
[22] HALBERTAL, Moshe; MARGALIT, Avishai. *Idolatry*. Cambridge-London: Harvard University Press, 1992, p. 238.

do divino ou adoração de um intermediário, uma forma de magia altamente eficaz, que muda o problema da idolatria do campo da metafísica para o ritual; d) a idolatria como adoração de deuses de outros povos, problema mais presente no mundo rabínico: "o problema é adorar a Deus da maneira correta e revelada. O muro que separa o idólatra do não idólatra marca a fronteira entre aqueles que têm a revelação correta e os que têm a falsa, e não entre aqueles que têm crenças corretas sobre Deus e aqueles que têm crenças falsas sobre ele".[23]

Sem entrar em discussão sobre as ideias desses dois autores e do Papa Bento XVI, chamo a atenção para o fato de que nenhuma dessas abordagens sobre a idolatria coloca no centro a crítica da imagem de Deus que mata ou exige a morte, ou que sacraliza os mecanismos de morte, isto é, o tema do sacrifício. Em outras palavras, no mundo moderno, o tema da idolatria, tão pouco presente na teologia dogmática ou na subdivisão da teologia fundamental, está quase que exclusivamente ligado ao erro de representação, do antropomorfismo ou do erro metafísico. Quase nunca aparece ligado à lógica econômica que produz a morte dos pobres, exclusão social e aumento da desigualdade social, muito menos ao tema do sacrifício. Mas é exatamente isso que o Papa Francisco propõe: a crítica de uma "economia que mata", que sacrifica a vida dos pobres em nome de um mercado sacralizado, uma idolatria. Por isso, ele afirma que "criamos novos ídolos".[24]

A idolatria é um conceito complementar à noção correta de Deus. Os dois são conceitualmente codependentes. Nesse sentido, pertencem ao que o campo da teologia moderna chamou de teologia dogmática. Porém, a forma pela qual a Bíblia critica a

---

[23] HALBERTAL; MARGALIT. *Idolatry*, p. 240.
[24] EG 55.

idolatria, usando imagens dos erros humanos, como exigências de sacrifício de vidas humanas e ganância por ouro e prata (Sl 115 e 135), é do ponto de vista da teologia moral. A idolatria não é um erro dogmático, só de representação ou metafísico, mas é, ao mesmo tempo, ético. De certa forma, podemos dizer que é, em primeiro lugar, um erro ético ou moral e, em segundo lugar, um erro dogmático. Mas, na verdade, acredito que essa separação e distinção entre a teologia moral e a dogmática, que leva a discutir o que é o primeiro e o segundo, é um erro moderno.

Halbertal e Margalit lembram que o Talmude de Jerusalém também menciona

> a ideia de que idolatria não é um erro cognitivo, mas é realizada para permitir atos proibidos. [...] O problema da idolatria não é a incapacidade de o povo entender o conceito abstrato do Deus transcendental de Israel. O que funciona aqui é o que o Talmude chama de "desejo maligno" ou a tentação pela idolatria. A atração da idolatria está embutida na tentação erótica da própria idolatria ou no estilo de vida que a acompanha. A decisão de adorar ídolos reflete um modo de vida, e não uma visão de mundo metafísica específica.[25]

Nesse sentido, Hugo Assmann e Franz Hinkelammert afirmam: "Ídolos são os deuses da opressão. Biblicamente, o conceito de ídolo e idolatria está diretamente vinculado à manipulação de símbolos religiosos para criar sujeições, legitimar opressões e apoiar poderes dominadores na organização do convívio humano. [...] Se falamos em idolatria e 'perversas teologias' presentes na economia é porque nos preocupa o sacrifício de vidas

---

[25] HALBERTAL; MARGALIT. *Idolatry*. p. 24.

humanas legitimado por concepções idolátricas dos processos econômicos".[26]

Idolatria, vidas sacrificadas e desejos "malignos" se articulam no interior desse sistema de dominação. Sem o tema do desejo, não entendemos corretamente o porquê de o Papa Francisco tanto insistir no tema da indiferença diante da desigualdade social e dos sofrimentos dos pobres. A obsessão pelo desejo de consumo tem como contrapartida essa indiferença. O desejo de consumo sem fim é um dos problemas da cultura capitalista atual, o "desejo maligno" do nosso tempo, que leva à acumulação de renda e riqueza na mão de poucos; com isso, o aumento da desigualdade social, da crise do meio ambiente e da insensibilidade social frente aos excluídos. É isso que o Papa Francisco apresenta também como o grande erro antropológico do nosso tempo: "A crise mundial, que investe as finanças e a economia, põe a descoberto os seus próprios desequilíbrios e, sobretudo, a grave carência de uma orientação antropológica que reduz o ser humano apenas a uma das suas necessidades: o consumo".[27]

Essa crítica da "idolatria do dinheiro" articula ao mesmo tempo o campo da teologia dogmática, a verdade sobre Deus, com a teologia moral, o bem e a economia, mas não é simplesmente uma justaposição de duas subáreas de um campo teórico, a teologia moderna. Ela articula a dogmática com a moral, introduz também o tema da espiritualidade (estética/sensibilidade) e cria um pensamento e um magistério inovador e original.

Essa crítica teológica poderosa só será bem entendida se retomarmos a distinção clássica entre objeto material e objeto

---
[26] ASSMANN; HINKELAMMERT. *A idolatria do mercado*, p. 11-12.
[27] EG 55. Ver também: SUNG, Jung Mo. A soberania do consumidor e a morte dos pobres. In: *Estudos de Religião* (2020) (no prelo).

formal da teologia. O objeto material dessa discussão é o sistema econômico-cultural capitalista, e o seu objeto formal, a perspectiva de Deus, que se revela na luta pela vida dos mais fracos, a tradição bíblica.

Como dizem Halbertal e Margalit, "a idolatria, como muitos outros conceitos religiosos e culturais, pertence à área chamada 'sensibilidade'. Esses termos descrevem um tipo de conexão entre concepções intelectuais, por um lado, e experiências perceptivas e emocionais, por outro. 'Sensibilidade' refere-se à estética de ideias e conceitos, em que 'estética' é entendida em seu significado original de 'sentimento'".[28]

Entretanto, ao discutirmos a idolatria do dinheiro, rearticulando a relação entre a teologia dogmática com a moral – e incluindo o tema da estética, a sensibilidade –, não devemos reduzir esse campo ao "belo" ou à arte, mas associar a sensibilidade à espiritualidade. E aqui precisamos deixar claro que a noção de espiritualidade exige um complemento ou um adjetivo: que tipo ou qual espiritualidade. Nesse sentido, é fundamental retomarmos de Max Weber a noção de "espírito do capitalismo"[29] e a discussão atual sobre o novo espírito do capitalismo,[30] assim como o espírito do império,[31] para criticarmos claramente os diversos aspectos teológicos do sistema idolátrico. Só assim podemos oferecer à sociedade um discernimento crítico que permita descobrir a força do "Espírito Santo", o Espírito que promove a liberdade e a vida entre todas as pessoas, e não somente entre os consumidores.

---

[28] HALBERTAL; MARGALIT. *Idolatry*, p. 4.
[29] WEBER, Max. *A ética protestante e o espírito do capitalismo*. São Paulo: Companhia das Letras, 2004.
[30] BOLTANSKI, Luc; CHIAPELLO, Ève. *O novo espírito do capitalismo*. São Paulo: Martins Fontes, 2009.
[31] MÍGUEZ; RIEGER; SUNG. *Para além do espírito do Império*.

Não se entende corretamente a noção de idolatria sem a relação de devoção e adoração do ídolo. Como dizem Assmann e Hinkelammert, "a idolatria é um ato de reciprocidade entre o idólatra e o ídolo. Poderão objetar que isso não é possível porque o ídolo é uma coisa, um objeto; portanto, carente de subjetividade. Se fosse assim, o ídolo não teria nenhum poder real, não poderia exercer nenhum poder num ato de reciprocidade com o idólatra".[32] Há entre o ídolo e os idólatras uma relação de devoção, com práticas devocionais cotidianas, no interior de um paradigma de "espiritualidade de consumo", com as experiências de fascinação frente à mercadoria-fetiche.

O erro antropológico da redução do ser humano ao consumo, explicitamente criticado pelo Papa Francisco, está articulado à espiritualidade da devoção-fascinação frente a um objeto de desejo (pensemos, por exemplo, na fascinação frente a uma Ferrari de um milhão de dólares, ou de uma mulher cobiçando uma bolsa Hermès de quinze mil dólares) e à sacralização do "mercado livre" que exige sacrifício de vidas humanas de pobres e do meio ambiente. A crítica da idolatria do dinheiro sintetiza essa lógica sacrificial.

4. O Evangelho: a beleza do bem que nos sustenta

O Papa Francisco, na sua crítica aos "interesses do mercado divinizado, transformados em regra absoluta",[33] afirma que, "por detrás desta atitude, escondem-se a rejeição da ética e a recusa de Deus".[34] O fundamento último da sua crítica à

---

[32] ASSMANN; HINKELAMMERT. *A idolatria do mercado*, p. 410.
[33] EG 56.
[34] EG 57.

economia que mata, à idolatria do dinheiro, é teológico. Mas não no sentido moderno de teologia dogmática que não se articula com a teologia moral; e sim com uma concepção de teologia que articula Deus com uma economia que possibilita e gera vida a todos e todas. Um Deus que "espera uma resposta comprometida que está fora das categorias do mercado" e "que chama o ser humano à sua plena realização e à independência de qualquer tipo de escravidão".[35] Um Deus que chama o ser humano a se comprometer com a caminhada, sempre provisória, da luta pela libertação, porque é um Deus "que ama infinitamente cada ser humano" e confere a cada um "uma dignidade infinita".[36]

Comprometer-se com essa missão de anunciar a boa-nova nos leva a experienciar "a maravilha, a fascinação, o entusiasmo de viver o Evangelho da fraternidade e da justiça".[37] E, para melhor compreendermos e explicarmos essa novidade no mundo de hoje, precisamos de uma teologia da solidariedade com os excluídos, capaz de dar ênfase à dimensão da beleza de uma espiritualidade solidária, marcada pela sua dimensão político-econômica da fé, "com conexões imediatas com a experiência do que nos faz bem (o bom) e do que nos sustém (o verdadeiro). [...] Se o bem e a verdade não vierem acompanhados e impregnados pela beleza, não poderemos senti-los como experiência vital profunda, mas apenas roçá-los mentalmente como esvoaçante abstração".[38]

---
[35] EG 57.
[36] EG 178.
[37] EG 179.
[38] ASSMANN, Hugo. *Metáforas novas para reencantar a educação*: Epistemologia e didática. Piracicaba: UNIMEP, 1996, p. 244.

Referências bibliográficas

ASSMANN, Hugo. *Metáforas novas para reencantar a educação*: Epistemologia e didática. Piracicaba: UNIMEP, 1996.

ASSMANN, Hugo; HINKELAMMERT, Franz. *A idolatria do mercado*: Ensaio sobre economia e teologia. Petrópolis: Vozes, 1989.

BOLTANSKI, Luc; CHIAPELLO, Ève. *O novo espírito do capitalismo*. São Paulo: Martins Fontes, 2009.

FRANCISCO, Papa. *Evangelii Gaudium*. Exortação Apostólica sobre o anúncio do Evangelho no mundo atual. São Paulo: Paulus/Loyola, 2013.

FRANCISCO, Papa. *Lumen Fidei*. Carta Encíclica sobre a fé. Roma: Libreria Editrice Vaticana, 2013.

GORGULHO, Gilberto. Hermenêutica bíblica. In: ELLACURIA, Ignacio; SOBRINO, Jon. *Mysterium Liberationis*: Conceptos fundamentales de la teología de la liberación. Vol I, Madri: Trotta, 1990, p. 169-200.

HALBERTAL, Moshe; MARGALIT, Avishai. *Idolatry*. Cambridge-London: Harvard University Press, 1992.

HINKELAMMERT, Franz J. *Crítica de la razón utópica*. Ed. ampliada y revisada. Bilbao: Desclée, 2002.

MÍGUEZ, Néstor; RIEGER, Joerg; SUNG, Jung Mo. *Para além do espírito do Império*: Novas perspectivas em política e religião. São Paulo: Paulinas, 2012.

OLIVEIRA, Manfredo Araújo de. Filosofia: Lógica e metafísica. In: IMAGUIRE, Guido; ALMEIDA, Custódio L. S.; OLIVEIRA, Manfredo A. de (Orgs.). *Metafísica contemporânea*. Petrópolis: Vozes, 2007, p. 161-190.

REESE, Thomas. Five great achievements of Pope Francis' first four years. In: *National Catholic Reporter* (09.03.2017). Disponível em: https://www.ncronline.org/blogs/faith-and-justice/five-great-achievements-pope-francis-first-four-years. Versão em português: Cinco grandes realizações dos primeiros 4 anos de Papa Francisco. In: *Revista IHU On-Line* (13.03.2017). Disponível em: http://www.ihu.unisinos.br/186-noticias/noticias-2017/565682-cinco-grandes-realizacoes-dos-primeiros-4-anos-de-papa-francisco. Acesso em: 28 jun. 2020.

SUNG, Jung Mo. *Teologia e economia:* Repensando a Teologia da Libertação e utopias. Petrópolis: Vozes, 1994.

SUNG, Jung Mo. *A idolatria do capital e a morte dos pobres*: Uma reflexão teológica sobre a dívida externa. São Paulo: Paulinas, 1989.

SUNG, Jung Mo. *Sujeito e sociedades complexas*: Para repensar os horizontes utópicos. Petrópolis: Vozes, 2002.

SUNG, Jung Mo. A soberania do consumidor e a morte dos pobres. In: *Estudos de Religião* (2020) (no prelo).

WEBER, Max. *A ética protestante e o espírito do capitalismo.* São Paulo: Companhia das Letras, 2004.

/ # O cuidado da casa comum

Os desafios éticos e espirituais de uma Ecologia Integral

Luiz Augusto de Mattos[1]

Introdução

O planeta Terra está se aproximando, cada vez mais e numa velocidade assustadora, de uma catástrofe climático-ambiental. Essa realidade segue sem ser controlada ou freada porque o capitalismo totalitário e explorador trata a Terra como fonte de recursos exploração de um desenvolvimento que visa ao lucro sem limites.

Um problema sério e desconsiderado por um setor da sociedade diz respeito ao não cuidado em relação ao futuro da vida no planeta. Como se valesse mais a vida do capital do que a vida humana e a vida da natureza! Na atualidade, é sabido que, se a humanidade não cuidar da Casa Comum – o que implica responsabilidade com a ecologia integral –, a *vida* dos seres humanos e de todos os seres vivos estará ameaçada, ou melhor, será elimina-

---

[1] Luiz Augusto de Mattos é Doutor em Teologia Moral (Faculdade de Teologia Nossa Senhora da Assunção), Professor do Instituto Teológico São Paulo (ITESP – São Paulo) e Coordenador da Escola de Teologia Pedro Casaldáliga (Prelazia de São Félix do Araguaia).

da do planeta. Por isso, o trabalho ético e espiritual em relação à ecologia integral tem como finalidade maior dar sustentabilidade digna e justa à vida que resta *na* Terra e à vida *da* Terra.

A Carta Encíclica *Laudato Si'*, do Papa Francisco,[2] cuja preocupação é o cuidado com a Casa Comum, servirá de inspiração e perspectiva reflexiva para o presente capítulo, contribuindo para a compreensão da interdependência e da coexistência fundamental entre todos os habitantes do planeta e, ao mesmo tempo, para a consciência ético-ecológica de que a destinalidade da vida ou a sustentação da vida dependerá impreterivelmente de uma solidariedade global entre todos. Enfim, sem uma panrelacionalidade ecológica, justa, humanizadora e libertadora de tudo o que maltrata a vida, dificilmente a atual civilização garantirá o *Bem Viver* planetário para as futuras gerações.

1. O ser humano depende da Terra, que depende do ser humano

A civilização humana vive o dilema da luta pela sobrevivência dentro de um contexto que demanda seriamente um compromisso com a *ecologia integral*. O Papa Francisco, na Carta Encíclica *Laudato Si'*, afirma:

> É fundamental buscar soluções integrais que considerem as interações dos sistemas naturais entre si e com os sistemas sociais. Não há duas crises separadas: uma ambiental e outra social; mas uma única e complexa crise socioambiental. As diretrizes para a solução requerem uma abordagem integral

---
[2] FRANCISCO, Papa. *Laudato Si'*. Carta Encíclica sobre o cuidado da casa comum. São Paulo: Paulus/Loyola, 2015. Daqui em diante = LS.

para combater a pobreza, devolver a dignidade aos excluídos e, simultaneamente, cuidar da natureza.³

A vida de todos os seres vivos – inclusive a vida humana – está ameaçada porque se chegou à fronteira da suportabilidade devido ao imenso processo de destruição, avassalamento e devastação de tudo o que pertence à Casa Comum. Isso se reflete no desequilíbrio do clima ou no aquecimento da Terra, na acidificação dos oceanos, no desmatamento das florestas, na extinção das espécies vivas, na introdução de novos elementos radioativos, nos eventos extremos (tufões, tsunamis etc.). É a era geológica – chamada antropoceno – caracterizada pelo alto poder de destruição ou intervenção no sistema-vida e no sistema-Terra devido à ação humana.

A *Laudato Si'* insiste em dizer que a lógica que rege o universo não é a da competitividade, e sim a da interdependência, da coexistência, porque tudo existe numa correlacionalidade e todos os seres estão interligados. Por isso, o Papa Francisco diz:

> Quando o coração está verdadeiramente aberto a uma comunhão universal, nada e ninguém fica excluído dessa fraternidade. Portanto, é verdade também que a indiferença ou a crueldade com as outras criaturasdeste mundo sempre acabam de alguma forma por repercutir no tratamento que reservamos aos outros seres humanos. O coração é um só, e a própria miséria que leva a maltratar um animal não tarda a manifestar-se na relação com as outras pessoas. Todo o encarniçamento contra qualquer criatura "é contrário à dignidade humana". [...] Tudo está relacionado, e todos nós, seres humanos, caminhamos juntos como irmãos e irmãs numa peregrinação maravilhosa, entrelaçados

³ LS 139.

pelo amor que Deus tem a cada uma das suas criaturas e que nos une também, com terna afeição, ao irmão sol, à irmã lua, ao irmão rio e à mãe terra.[4]

Na mesma perspectiva e com a mesma preocupação por uma responsabilidade pelo cuidado da vida na Terra e da Terra, a *Carta da Terra* lembra enfaticamente:

> A escolha é nossa: formar uma aliança global para cuidar da Terra e uns dos outros, ou arriscar a nossa destruição e a da diversidade da vida. São necessárias mudanças fundamentais dos nossos valores, instituições e modos de vida. Devemos entender que, quando as necessidades básicas forem atingidas, o desenvolvimento humano é primariamente ser mais, não ter mais. [...] Nossos desafios, ambientais, econômicos, políticos, sociais e espirituais estão interligados, e juntos podemos forjar soluções includentes.[5]

Se, na realidade planetária, tudo é correlacionalidade, interdependência, então, tratar do futuro da vida implica cuidar e ser responsável pela saúde da Terra, zelar pelos ecossistemas.[6] Em outras

---

[4] LS 92. Francisco cita, aqui, o *Catecismo da Igreja Católica*, 2418.
[5] BOFF, Leonardo. *Ethos mundial*: Um consenso mínimo entre os humanos. Brasília: Letraviva, 2000, p. 149.
[6] "O que é um ecossistema? A ecologia enquanto ciência natural chegou a esta noção que engloba o ambiente físico (biótopo) e o conjunto das espécies vivas (biocenose) num espaço ou 'nicho' determinado. [...] Digamos esquematicamente que o conjunto dos seres vivos num 'nicho' constitui um sistema que se organiza por si próprio. Há uma combinação das relações entre espécies diferentes: relações de associação (simbioses, parasitismos) e de complementaridade (entre o que come e o que é comido, o predador e a presa), hierarquias que se constituem e regulações que se estabelecem. Cria-se um conjunto combinatório, com os seus determinismos, os seus ciclos, as suas probabilidades, os seus imprevistos. É isso o ecossistema, quer o consideremos à escala de um pequeno nicho quer à escala do planeta. Por outras palavras, há um fenômeno de integração natural entre vegetais, animais, incluindo os humanos, de onde resulta uma for-

palavras, pensar a existência e a manutenção da vida na Casa Comum exige compreensão das interações entre todos os seres vivos; interação que não se reduz a conflito, competição, concorrência, degradação e depredação, mas exige solidariedade, complementaridade e interdependência. O ecossistema se autorregula e se auto--organiza integrando a morte na vida e a vida na morte.[7]

O dilema está posto: se a humanidade não mudar o paradigma civilizatório – que não é nada benevolente, cuidador e solidariamente responsável com a natureza, com os diferentes povos e com todos os seres vivos –, dificilmente será possível manter um compromisso com a sustentabilidade necessária para com o que resta de vida na Casa Comum. Como afirmam José Roque Junges e Leonardo Boff:

> Sem ambientes ecossocialmente sustentáveis, não se pode falar de saúde dos indivíduos. Aqui vale o princípio ético primordial de todo profissional da atenção básica: não se pode cuidar individualmente da saúde de uma pessoa sem se preocupar com a sustentabilidade do seu ambiente de vida e com a sociabilidade do seu coletivo de pertença social. Portanto a saúde está essencialmente imbricada com o contexto socioambiental das pessoas.[8]

A consciência coletiva incorpora mais e mais a concepção de que o Planeta Terra é a nossa Casa Comum, a única que temos

---

ma de ser vivo que é o ecossistema. Esse 'ser vivo' é simultaneamente muito robusto e muito frágil." MORIN, Edgar. *O ano I da era ecológica: A Terra depende do homem que depende da Terra*. Lisboa-Portugal: Edições Piaget, 2016, p. 13-14.
[7] MORIN. *O ano I da era ecológica*, p. 27-30.
[8] CHAVES, Leslie. Ecologia integral e justiça ambiental no cuidado da "casa comum". Entrevista com José Roque Junges. In: *Revista IHU On-Line* (03.08.2015). Disponível em: http://www.ihuonline.unisinos.br/artigo/6050-jose-roque-junges-7. Acesso em: 15 jun. 2020.

para habitar. Importa, por isso, cuidar dela, torná-la habitável para todos, conservá-la em sua generosidade e preservá-la em sua integridade e esplendor. Daí nasce um *ethos* mundial compartido por todos, capaz de unir os seres humanos para além de suas diferenças culturais, sentindo-se de fato como filhos e filhas da Terra que a amam e respeitam como sua própria Mãe.[9]

A Casa Comum não é o paraíso terrestre ou a Terra Prometida, mas a nossa Pátria e Mátria, o lugar da destinalidade comum de vida e morte terrenas. Na solidariedade e na justa corresponsabilidade há que se conseguir, numa aventura desconhecida, civilizar a Terra[10] a partir do compromisso com a ecologia integral. Enfim, a "consciência ecológica nos abre à descoberta de um valor ético: perceber que a qualidade de vida, que dá sentido à vida, é mais importante que a vida";[11] e para isso há que dar testemunho de uma prática consequente com a ecologia profunda.

> A ecologia profunda não separa o homem do ambiente; na verdade, não separa nada do ambiente. Não vê o mundo como uma coleção de objetos isolados, e sim como uma rede de fenômenos indissoluvelmente interligados e interdependentes. A ecologia profunda reconhece o valor intrínseco de todos os seres vivos e encara o homem como apenas um dos filamentos da teia da vida. Reconhece que estamos todos inseridos nos processos cíclicos da natureza e que deles dependemos para viver.[12]

---

[9] BOFF, Leonardo. La Tierra como Gaia: Un desafío ético y espiritual. In: *Concilium* 331/3 (2009): 342.
[10] MORIN, Edgar; KERN, Anne B. *Terra-Pátria*. 4 ed. Porto Alegre: Sulina, 2003.
[11] BASTOS DE ÁVILA, Fernando. O desafio ecológico. In: *Carta Mensal*. Órgão do Conselho Técnico da Confederação Nacional do Comércio. Rio de Janeiro, XXIV/285 (1978): 16
[12] CAPRA, Fritjof. Alfabetização ecológica: Desafio para a educação do século 21. In: TRIGUEIRO, André (Coord.). *Meio ambiente no século 21*. Rio de Janeiro: Sextante, 2003, p. 20-21.

2. O paradigma tecnocrático *versus* o paradigma ecológico e panrelacional

O Papa Francisco afirma que a atual civilização é produzida e dinamizada pelo paradigma tecnocrático. E mais: recorda que o problema fundamental e profundo é

> o modo como realmente a humanidade assumiu a tecnologia e o seu desenvolvimento *juntamente com um paradigma homogêneo e unidimensional*. Neste paradigma, sobressai uma concepção do sujeito que progressivamente, no processo lógico-racional, compreende e assim se apropria do objeto que se encontra fora. Um tal sujeito desenvolve-se ao estabelecer o método científico com a sua experimentação, que já é explicitamente uma técnica de posse, domínio e transformação.[13]

Tal afirmação deixa explícito que a compreensão do mundo e a posição da humanidade diante da realidade dão-se pela categoria central: a técnica moderna. Para o Papa, "a vida passa a ser uma rendição às circunstâncias condicionadas pela técnica, entendida como o recurso principal para interpretar a existência".[14] Tudo leva a crer que a determinação da vida, a intervenção sobre a vida e o destino da vida passam pelo poder da técnica; vale dizer, a totalidade da existência dos seres vivos no planeta é marcada pela técnica.

> A realidade técnica, a produção técnica e seus produtos apresentam-se aqui como o modelo de interpretação da totalidade do ser, o critério para o que deve valer como real e

---
[13] LS 106.
[14] LS 110.

verdadeiro. Por se fazer, assim, a efetividade fundamental da automediação do ser humano no mundo, a técnica transforma profundamente a forma de entender a vida humana, as maneiras de pensar e de agir atingindo até as esferas mais familiares e privadas da vida, os hábitos e costumes, as instituições e os valores, a história, a sociedade, o cosmo, o mundo em que o ser humano vive, compreendendo e agindo.[15]

Com a insensatez do paradigma capitalista e tecnocrático, a humanidade caminha para um ecocídio, um suicídio coletivo e, por que não dizer, um geocídio. Fatores que apontam para essas diversas mortes são conhecidos, cada vez mais, através de alguns nós problemáticos,[16] tais como: a) *o nó da exaustão dos recursos naturais*: a atual civilização tem constatado crescimento da desertificação no mundo; destruição de florestas; aumento da escassez, em algumas regiões da Terra, da água potável; guerras para garantir recursos naturais que caminham para a extinção (petróleo, fosfato, cobre); b) *a destruição ou desequilíbrio do ecossistema*: aquecimento do planeta; destruição da camada de ozônio; pesticidas utilizados nas lavouras; dejetos químicos que contaminam os solos, o oceano e as fontes de água potável; lixo nuclear; c) *o cataclismo social*: um modelo de desenvolvimento injusto e predatório que não se preocupa com as consequências sobre a natureza e a vida dos povos, sobretudo dos países pobres. Todos esses fatores evidenciam as razões da atual insustentabilidade.

---

[15] ARAÚJO DE OLIVEIRA, Manfredo. O paradigma tecnocrático. In: MURAD, Afonso; TAVARES, Sinivaldo S. (Orgs.). *Cuidar da casa comum:* Chaves de leitura teológicas e pastorais da *Laudato Si'*. São Paulo: Paulinas, 2016, p. 131-132.
[16] BOFF, Leonardo. *Cuidar da Terra, proteger a vida*: Como evitar o fim do mundo. Rio de Janeiro: Record, 2010, p. 234-240.

> O que se precisa é uma sociedade sustentável que se dá a si o desenvolvimento de que precisa para satisfazer adequadamente as necessidades de todos, também do entorno biótico. O que demanda é um planeta sustentável que possa manter seu equilíbrio dinâmico, refazer suas perdas e manter-se aberto a ulteriores formas de desenvolvimento. [...] O efeito perverso é inegável: a grande maioria da humanidade não tem sustentabilidade. Vive diariamente uma catástrofe. Tal violência configura uma agressão à Terra, pois os seres humanos são a própria Terra em sua dimensão consciente e inteligente. A injustiça social se mostra, assim, como uma injustiça ecológica.[17]

Um problema que surge com o poder de dominação e com o saber instrumental consiste, sobretudo, em perder a compreensão de totalidade, interdependência e interligação entre tudo o que existe no planeta, de tudo o que tem favorecido a séria e preocupante degradação ambiental. Sem negar os resultados positivos que provêm da tecnociência em vários campos (medicina, comunicação, educação etc.) – o que contribui para ajudar a vida humana e de todos os seres, além de proporcionar efeitos materiais importantes para a sociedade –, não se pode esquecer dos efeitos destrutivos advindos da técnica, pondo em risco o futuro da vida na Terra. Ocorre uma *ambiguidade* indiscutível!

> A ambiguidade de nossa situação se entende precisamente a partir do fato de que parece que as ciências modernas e sua tecnologia se tornaram indispensáveis para a existência física, política, cultural e econômica dos seres humanos de nossa época justamente porque "a tecnologia deu remédio a inúmeros males, que afligiam e limitavam o ser humano" (LS n. 102). Ela, sem

---

[17] BOFF. *Cuidar da Terra, proteger a vida*, p. 240-241.

fins próprios, se põe a serviço da consecução eficiente dos fins de todos os subsistemas da vida humana.[18]

Essa ambiguidade conduziu a uma tecnolatria com consequências sérias para a Casa Comum. O desenvolvimento ilimitado justifica qualquer intervenção técnica sobre os ecossistemas. A tecnosfera é um poder muito grande sobre a vida, a ponto de usurpar o lugar e o poder da biosfera em relação à vida. Disso deriva a seguinte preocupação:

> Se torna hoje cada vez mais manifesto [...] que a civilização técnico-científica é perpassada por uma problemática básica: a incapacidade notória do ser humano de finalizar o processo previsivelmente destruidor de si mesmo e da natureza. A humanidade de hoje tem consciência de estar de posse de todos os meios técnico-científicos capazes de efetivar a extinção de si mesma e de todas as outras formas de vida sobre o planeta.[19]

O paradigma tecnocrático coloca em crise a ecologia integral e, por isso, constitui uma ameaça à vida de todos que vivem na Casa Comum. Em outras palavras, a crise civilizacional abrange consequências em vários setores – econômico, social, étnico e político – em âmbito global, destinadas a atingir, inclusive, a vida das futuras gerações. Não se pode descartar a questão dos efeitos tecnológicos sobre o ecossistema e a vida da coletividade. Ou seja, apesar de o poder tecnológico ser imprescindível para enfrentar problemas que ameaçam a vida a todo momento – e inclusive a importância da técnica científica para encontrar meios de salvar a vida, por exemplo, vacinas contra vírus letais –, ele

---
[18] ARAÚJO DE OLIVEIRA. O paradigma tecnocrático, p. 134.
[19] ARAÚJO DE OLIVEIRA. O paradigma tecnocrático, p. 136.

pode danificar a vida de forma irreversível. O destino do que resta de vida na Terra exigirá, cada vez mais, para que a humanidade siga sobrevivendo, a superação ou a redefinição do paradigma vigente. O filósofo Manfredo Araújo de Oliveira afirma:

> A crise ecológica pode significar um espaço aberto para nos conduzir à substituição do paradigma técnico-econômico vigente. Portanto, põe-se como tarefa uma mudança de perspectiva, libertando-nos do paradigma tecnocrático. E que nos faça capazes de "olhar a realidade de outra forma, recolher os avanços positivos e sustentáveis e ao mesmo tempo recuperar os valores e os grandes objetivos arrasados por um desenfreamento megalômano" (LS n. 114). Isso significa "limitar a técnica, orientá-la e colocá-la ao serviço de outro tipo de progresso, mais saudável, mais humano, mais social, mais integral" (LS n. 112).[20]

Sem uma política integral que defenda e promova as dimensões fundamentais e interdependentes – o ambiente e o social –, dificilmente se enfrentará com seriedade essa crise complexa e profunda que atravessa a atual civilização. Para superar esse paradigma tecnocrático que parte do manejo da racionalidade instrumental, a qual vive uma aliança com a ideologia do progresso ilimitado e com uma economia de mercado centrada no lucro e na especulação, e desconsidera a justiça ecológica, o Papa Francisco fala da "cultura ecológica";[21] cultura que sugere racionalidade ecológica. A cultura ecológica tem a ver com uma ecologia integral ou profunda, preocupada com a atual destruição do sistema-vida da Terra e com a possibilidade de sua restauração. E mais:

---

[20] ARAÚJO DE OLIVEIRA. O paradigma tecnocrático, p. 144.
[21] LS 111.

A ecologia profunda questiona o conceito de meio ambiente como algo separado da humanidade. Esta é vista como parte da natureza, parte da grande "teia da vida". Isto é verdade nos níveis físico e espiritual ou psíquico. Quando poluímos o ar, a água, o solo, envenenamos a nós mesmos. Quando diminuímos a beleza e a diversidade da comunidade da Terra, também nos diminuímos como humanidade.[22]

A ecologia profunda provoca uma mudança de consciência. Consciência sintonizada com a compreensão de que os seres humanos são conectados de maneira integral com a ecosfera. Entre todos os seres, ocorre uma rede biosférica ou uma interdependência e correlação profunda. Nesse sentido, alguns autores – Arne Naess, Bill Devall e George Sessions – falam de *autorrealização*. Devall e Sessions notam que:

> A autorrealização que vivenciamos quando nos identificamos com o universo é intensificada pelo aumento dos vários modos em que indivíduos, sociedades, e até mesmo espécies e formas de vida se realizam. Quanto maior a diversidade, maior a autorrealização [...]. Muitos ecologistas profundos sentem uma conexão com algo maior que seus próprios egos, seus nomes, suas famílias e seus atributos como indivíduos [...]. Sem essa identificação fica difícil para o indivíduo se envolver com a ecologia profunda.[23]

Outro elemento-chave na vivência da consciência ecológica, na perspectiva da ecologia integral ou profunda, diz respeito à *igualdade biocêntrica*. Parte-se da visão de que

---

[22] HATHAWAY, Mark; BOFF, Leonardo. *O tao da libertação*: Explorando a ecologia da transformação. Petrópolis: Vozes, 2009, p. 111-112.
[23] *Apud* HATHAWAY; BOFF. *O tao da libertação*, p. 113.

> cada ser vivente e cada ecossistema têm um direito intrínseco de existir, e isto é independente da utilidade que eles têm para a humanidade. Certamente, um organismo (incluindo os seres humanos) tem o direito de destruir outro sem motivo, e nenhum organismo tem o direito de erradicar espécies inteiras. Portanto, os seres humanos podem matar para satisfazer suas necessidades básicas – eles podem tirar da terra tudo aquilo que é necessário para sustentar sua saúde e dignidade –, mas eles não têm o direito de destruir a biodiversidade visando a acumulação de capital e riquezas, ou para produzir luxos desnecessários.[24]

Nessa visão, não existe espaço nem para o antropocentrismo, nem para uma separação do ser humano em relação à natureza. Além da necessidade de superação de um antropocentrismo, segundo o qual o ser humano é compreendido como valor intrínseco, e o restante da criação, como valor relativo, é de fundamental importância também revisar a subjetividade moderna a partir de categorias como coexistência, interdependência e diversidade, entendendo que a biodiversidade deveria inspirar a cultivar a antropodiversidade.[25] Em outras palavras, está surgindo um novo paradigma que

> é holístico, sistêmico, inclusivo, panrelacional e espiritual. Entende o universo não como uma coisa ou justaposição de coisas e objetos, mas como um sujeito no qual tudo tem a ver com tudo, em todos os pontos, em todas as circunstâncias e em todas as direções, gerando uma imensa solidariedade cósmica. Cada ser depende do outro, sustenta o outro, participa do desenvolvimento do outro, comungando de uma mesma origem, de uma mesma aventura e de um mesmo destino comum. O

---

[24] HATHAWAY; BOFF. *O tao da libertação*, p. 113.
[25] MURAD, Afonso. Ecologia, consciência planetária e Bem Viver. In: MURAD, Afonso (Org.). *Ecoteologia*: Um mosaico. São Paulo: Paulus, 2016, p. 27.

universo [...] constitui uma comunidade de sujeitos, pois todos os seus componentes (o próprio universo como um todo orgânico) vêm caracterizados por aquilo que constitui um sujeito: a interatividade, a historicidade, a interioridade e a intencionalidade. Ele está inserido num imenso processo evolutivo, autocriativo e auto-organizativo que se manifesta de muitas formas, seja como matéria e energia, seja como informação e complexidade, seja como consciência e interioridade.[26]

Vivenciar esse novo paradigma ecológico exige construir uma civilização na qual todos os seres humanos se sintam parte do Todo e responsáveis por cuidar desta pequena porção do Todo, que é nossa Gaia – a Mãe Terra.

3. O Bem Viver: a espiritualidade e a ética na trilha da ecologia integral

Dos povos originários da América do Sul vem a proposta de uma civilização que tem como preocupação o equilíbrio e a centralidade da vida. Proposta que tem como ideal o Bem Viver.[27] O Bem Viver andino

---

[26] BOFF. *Cuidar da Terra, proteger a vida*, p. 242.
[27] O Bem Viver é um conceito originado dos termos sumak Kawsay, que é do povo quéchua do Equador, e suma qamaña, dos aimarás da Bolívia. O conceito BemViver aponta para um modo de ser, uma maneira de viver e conduzir a vida em que o relacional, a liberdade, a reciprocidade, o cuidado, a qualidade de vida etc. são princípios inegociáveis.
Alberto Acosta sintetiza muito bem a proposta global do Bem Viver: "Com sua proposta de harmonia com a Natureza, reciprocidade, relacionalidade, complementaridade e solidariedade entre indivíduos e comunidades, com sua oposição ao conceito de acumulação perpétua, com seu regresso a valores de uso, o Bem Viver, uma ideia em construção, livre de preconceitos, abre as portas para a formulação de visões alternativas de vida. [...] O Bem Viver, sem esquecer e menos ainda manipular suas origens ancestrais, pode servir de plataforma para discutir, consensualizar e aplicar respostas aos devastadores efeitos das mudanças climáti-

não é o nosso "viver melhor" ou "qualidade de vida" que, para se realizar, muitos têm que viver pior e ter uma má qualidade de vida. O Bem Viver andino visa uma ética da suficiência para toda a comunidade, e não apenas para o indivíduo. Pressupõe uma visão holística e integradora do ser humano inserido na grande comunidade terrenal que inclui, além do ser humano, o ar, a água, os solos, as montanhas, as árvores e os animais, o Sol, a Lua e as estrelas; é buscar um caminho de equilíbrio e estar em profunda comunhão com a *Pacha* (a energia universal), que se concentra na *Pachamama* (Terra), com as energias do universo e com Deus.[28]

---

cas e às crescentes marginalizações e violências sociais. Pode, inclusive, contribuir com uma mudança de paradigmas em meio à crise que golpeia os países outrora centrais. Nesse sentido, a construção do Bem Viver, como parte de processos profundamente democráticos, pode ser útil para encontrar saídas aos impasses da Humanidade. [...] Não se pode mais sustentar o discurso do desenvolvimento, que, com suas raízes coloniais, justifica visões excludentes. Requeremos um discurso contra-hegemônico que subverta o discurso dominante e suas correspondentes práticas de dominação. E, igualmente, novas regras e lógicas de ação, cujo êxito dependerá da capacidade de pensar, propor, elaborar e, inclusive, indignar-se – globalmente, se for o caso". ACOSTA, Alberto. *O Bem Viver*: Uma oportunidade para imaginar outros mundos. São Paulo: Elefante, 2016, p. 33-34.
[28] BOFF, Leonardo. *Sustentabilidade*. O que é – O que não é. Petrópolis: Vozes, 2012, p. 62. Boff, citando o autor Fernando Huanacuni Mamani, resume valores que dão sentido ao Bem Viver: "saber comer (alimentos sãos); saber beber (dando sempre um pouco à Pachamama); saber dançar (entrar numa relação cósmica-telúrica); saber dormir (com a cabeça ao norte e os pés ao sul); saber trabalhar (não como peso, mas como uma autorrealização); saber meditar (guardar tempos de silêncio para a introspecção); saber pensar (mais com o coração do que com a cabeça); saber amar e ser amado (manter a reciprocidade); saber escutar (não só com o ouvido, mas com o corpo todo, pois todos os seres enviam mensagens); saber falar bem (falar para construir, por isso atingindo o coração do interlocutor); saber sonhar (tudo começa com o sonho criando um projeto de vida); saber caminhar (nunca caminhamos sós, mas com o vento, o Sol e acompanhados pelos nossos ancestrais); saber dar e receber (a vida surge da interação de muitas forças, por isso dar e receber devem ser recíprocos, agradecer e bendizer)" (p. 63). Ver também: MAMANI, Fernando H. *Buen Vivir/Vivir Bien*. Filosofia, políticas, estrategias y experiencias regionales andinas. Lima: Coodinadora Andina de Organizaciones Indígenas (CAOI), 2010.

O grande sonho de uma civilização do Bem Viver é viver em harmonia com o Todo. Isso implica não descuidar do planeta ou explorá-lo em nome de uma acumulação sem limites ou favorecer um consumo descuidando do que o ecossistema pode suportar.

Para assumir um compromisso com a sociedade do Bem Viver, urge resgatar uma espiritualidade ecológica e uma ética também de perspectiva ecológica. Quanto à *espiritualidade ecológica*, o importante é que seja capaz de reorientar o ser humano e a atual sociedade para um compromisso novo e responsável, como lembra o Papa Francisco:

> A situação atual do mundo "gera um sentido de precariedade e insegurança, que, por sua vez, favorece formas de egoísmo coletivo". Quando as pessoas se tornam autorreferenciais e se isolam na própria consciência, aumentam sua voracidade: quanto mais vazio está o coração da pessoa, tanto mais necessita de objetos para comprar, possuir e consumir. Nesse contexto, parece não ser possível, para uma pessoa, aceitar que a realidade lhe assinale limites; nesse horizonte, não existe sequer um verdadeiro bem comum. Se esse é o tipo de sujeito que tende a predominar numa sociedade, as normas serão respeitadas apenas na medida em que não contradigam as necessidades próprias.[29]

A encíclica *Laudato Si'*, além de explicitar a necessidade de uma espiritualidade ecológica capaz de levar o ser humano a sair de si rumo ao outro e romper com uma consciência isolada e autorreferencial, também apresenta a preocupação pelo cuidado

---

[29] LS 204. Francisco cita, aqui, João Paulo II. *Mensagem para o Dia Mundial da Paz de 1990*, 1.

dos outros e do meio ambiente.³⁰ Nesse sentido, Francisco comenta sobre a exigência de uma conversão ecológica.

> Se "os desertos exteriores se multiplicam no mundo, porque os desertos interiores se tornaram tão amplos", a crise ecológica é um apelo a uma profunda conversão interior. Entretanto, temos de reconhecer também que alguns cristãos, até comprometidos e piedosos, com o pretexto do realismo pragmático, frequentemente se burlam das preocupações pelo meio ambiente. Outros são passivos, não se decidem a mudar os seus hábitos e tornam-se incoerentes. Falta-lhes, pois, uma *conversão ecológica*, que comporta deixar emergir, nas relações com o mundo que os rodeia, todas as consequências do encontro com Jesus. Viver a vocação de guardiões da obra de Deus não é algo de opcional nem um aspecto secundário da experiência cristã, mas parte essencial de uma existência virtuosa.³¹

Para uma existência cristã virtuosa, é imprescindível cultivar as bases de uma espiritualidade ecológica.³² Uma primeira base importante é a *reconciliação com a criação*. Reconciliação que é possível se mudarmos o estilo de vida pessoal e societário, respeitando e promovendo o cuidado com a natureza.³³ Um modelo novo deveria passar por gestos responsáveis, tais como separar seletivamente o lixo, cultivar hortas orgânicas, captar água da

---
³⁰ LS 208.
³¹ LS 217. Francisco cita, aqui, Bento XVI, *Homilia no início solene do Ministério Petrino* (24.04.2005).
³² Basearei o comentário sobre as bases de uma espiritualidade ecológica no artigo de: FREI BETTO. A espiritualidade proposta pela encíclica *Louvado Sejas*. In: MURAD, Afonso; TAVARES, Sinivaldo S. (Orgs.). *Cuidar da casa comum*: Chaves de leitura teológicas e pastorais da *Laudato Si'*. São Paulo: Paulinas, 2016, p. 162-168. Não citarei, aqui, todas as bases apresentadas, mas as que considerei oportunas para o texto.
³³ LS 218.

chuva etc., maneiras de demonstrar amor solidário ao outro e reverenciar a natureza. Uma segunda base é a *crítica ao consumismo*.[34] Há que trabalhar contra um consumo desenfreado e irresponsável. O planeta não sustenta o modelo e o ritmo de consumo que a atual sociedade vive. Não limitar o consumo é desconsiderar o futuro da vida para todos os seres vivos, e isso tem a ver com uma experiência idolátrica em relação aos bens de consumo. O ídolo consumo não está preocupado com a exaustão dos recursos naturais e com a vida dos seres humanos. Uma terceira base diz respeito ao *cuidado com a natureza e o bem comum*.[35] Uma espiritualidade que não vá ao encontro do cuidado com a natureza e da defesa do bem comum, com certeza, não é uma espiritualidade a favor da vida. Uma última base tem a ver com a *experiência contemplativa*[36] e, ao mesmo tempo, voltada para a ecologia integral.[37] A espiritualidade não poderá deixar de viver um vínculo com o Todo, enfim, com as realidades do mundo, e isso deverá ser acompanhado por uma comunhão contemplativa com tudo o que existe na face da Terra.

Essas bases de uma mística ou espiritualidade ecológica demonstram que a espiritualidade é um *modo de ser*, uma atitude que *reverencia a tudo que existe e coexiste*, uma maneira fundamental a ser vivida em todos os momentos e em quaisquer circunstâncias. Uma espiritualidade que nos erradica de uma vida autocentrada e egoísta e nos lança para a experiência da cordialidade, da solidariedade afetiva e efetiva e para uma comunhão com todas as criaturas, toda a criação e com Deus.

---

[34] LS 222.
[35] LS 225.
[36] LS 225.
[37] LS 216.

Ecoespiritualmente, o amor faz com que nos identifiquemos com a Terra cada vez mais porque o amor é a grande força unificadora e integradora do universo. Por séculos temos teorizado sobre a Terra. Éramos os sujeitos pensantes e a Terra era o objeto e contento. Agora, depois de nos tornarmos conscientes do fato de que a Terra e a humanidade formam uma única realidade, é importante pensarmos, sentarmos e amarmos com a Terra. Nós não estamos na Terra. Nós somos a Terra que nesta fase de sua evolução começou a sentir, pensar, amar, reverenciar e cuidar. [...] Precisamos dessa espiritualidade ecológica e transformadora hoje em dia porque ela nos ajudará a cuidar da Terra e de tudo nela. Ela nos permitirá experimentar Deus na forma que Ele/Ela deseja ser encontrado/a, conhecido/a e servido/a nesta fase histórica que vivemos.[38]

Toda a humanidade é desafiada e convidada a refazer a experiência de comunhão com a Casa Comum, a fim de resgatar e recuperar as raízes terrenais, cultivar a própria identidade e, ao mesmo tempo, vivenciar uma experiência de Deus como Mãe de infinita ternura e cheia de misericórdia. Experiência que lança a humanidade ao cuidado da Casa Comum, para que ela seja habitável para todos.

Além desse desafio espiritual, a atual humanidade deve também promover e defender uma ação ética pela ecologia integral. Inclusive, não é possível falar acertadamente de uma experiência espiritual se ela não encaminha o ser humano para um compromisso ético com o outro e com toda a realidade. A *Laudato Si'* de Francisco é uma clara preocupação com a questão ética: aborda os efeitos do antropocentrismo desordenado que

---

[38] HATHAWAY; BOFF. *O tao da libertação*, p. 451.

incentiva a dominação e a exploração da Terra,[39] realidade que exige uma prática responsável; lembra a necessidade de considerar os aspectos éticos nas pesquisas, na engenharia genética e na inovação biológica;[40] alerta para o fato de que, "quando a técnica ignora os grandes princípios éticos, acaba considerando legítima qualquer prática. [...] A técnica separada da ética dificilmente será capaz de autolimitar o seu poder".[41]

Na esteira da *Laudato Si'*, apresentarei alguns *marcos éticos* que deverão delinear uma prática de compromisso com a ecologia integral.

Um primeiro marco diz respeito à dimensão do *pathos* que tem a ver com compaixão, afeto, empatia, cordialidade etc. Viver um compromisso com a Casa Comum implica sensibilidade para o cuidado com todas as pessoas e coisas existentes. Isso exige compaixão na responsabilidade, empatia no respeito e dedicação, amor-ternura na solidariedade. Caso contrário, resulta impossível que as pessoas e as sociedades assumam o compromisso de verdadeiros guardiões do planeta.

Um segundo marco refere-se à experiência de *profundo respeito* e, consequentemente, banimento de toda violência em relação ao outro (pessoa, povo, etnia e natureza). Todo ser tem valor em si mesmo. Isso implica saber viver e conviver em harmonia com toda a realidade e renunciar à pretensão de mero domínio e exploração. Como afirma o teólogo Leonardo Boff:

> Cada ser tem valor intrínseco, tem seu lugar no conjunto dos seres no interior de seus ecossistemas, revela dimensões singu-

---
[39] LS 117.
[40] LS 135 e 131.
[41] LS 136.

lares do Ser. A maioria dos seres é muito mais ancestral do que o ser humano, por isso merecem veneração e respeito. É esta atitude de respeito, tão viva entre as culturas originárias, que impõe limites à voracidade de nosso sistema depredador que tem como eixo de sua estruturação a vontade de poder sobre tudo e sobre todos.[42]

Um terceiro marco a ser promovido e garantido é o *cuidado*. Vivenciar o cuidado implica opor-se a todo descaso e descuido em relação a tudo o que existe e coexiste na Terra. E, nesse sentido, cuidar "é mais que um ato; é uma atitude. Portanto, abrange mais que um momento de atenção, de zelo e de desvelo. Representa uma atitude de ocupação, de preocupação, de responsabilização e de envolvimento afetivo com o outro".[43] Na perspectiva da ecologia integral, urge a humanidade compreender que ou cuidamos do que resta de vida, de natureza, em vista da regeneração de tudo o que foi destruído, ou a humanidade caminha para a extinção. É fundamental que o cuidado faça parte da essência do ser humano e de uma política societária.

Um quarto marco imprescindível para garantir vida digna e justa na Casa Comum é o da *cooperação universal com responsabilidade compartilhada*. Se a humanidade, solidária e responsavelmente, não cooperar para cuidar e zelar por tudo que pertence ao patrimônio natural e cultural na Terra, será difícil preservar a vida. Esse imperativo de cooperar com responsabilidade garantirá uma prática mais consistente e profunda em vista da ecologia integral. Hoje a civilização mundial sofre com pan-

---
[42] BOFF, Leonardo. *A opção terra:* A solução para a terra não cai do céu. Rio de Janeiro: Record, 2009, p. 174.
[43] BOFF, Leonardo. *Saber cuidar:* Ética do humano – Compaixão pela terra. Petrópolis: Vozes, 1999, p. 33.

demias que atingem a vida humana e doenças que afetam os seres vivos e a natureza devido à irresponsabilidade diante do que pertence à Mãe-Terra.

Esses marcos, entre tantos outros, constituem uma trilha ética que se deveria cultivar, com afinco e responsabilidade, em todos os continentes, se a humanidade deseja, de fato, seguir sonhando com um futuro melhor para a vida humana e para os demais seres vivos na realidade planetária. Enfim, há que agir de tal maneira que, como pessoa e sociedade, as consequências das nossas ações não sejam ainda mais deletérias para o que resta de vida na Casa Comum.

4. A ecologia integral e as organizações que dão sustentabilidade à Casa Comum

Comprometer-se com a ecologia integral implica organizar-se e mobilizar-se em vista de um desenvolvimento sustentável. O modelo de desenvolvimento ecologicamente depredador, socialmente perverso e eticamente repulsivo tem provocado a crise que estamos enfrentando. Por isso, temos de trabalhar por um modelo de desenvolvimento sustentável, que satisfaça as necessidades atuais da humanidade sem comprometer a capacidade das futuras gerações de satisfazerem também suas próprias necessidades. Seria um novo paradigma que tivesse como preocupação o seguinte:

> Afirmar que os seres humanos constituem o centro e a razão de ser do processo de desenvolvimento significa advogar um novo estilo de desenvolvimento que seja *ambientalmente* sustentável no acesso e no uso de recursos naturais e na preser-

vação da biodiversidade; *socialmente* sustentável na redução da pobreza e das desigualdades sociais e promotor da justiça e da equidade; *culturalmente* sustentável na conservação do sistema de valores, práticas e símbolos de identidade que, apesar de sua evolução e sua reatualização permanentes, determinam a integração nacional através dos tempos; *politicamente* sustentável ao aprofundar a democracia e garantir o acesso e a participação de todos nas decisões de ordem pública. Este novo estilo de desenvolvimento tem por norte uma nova ética do desenvolvimento, ética na qual os objetivos econômicos do progresso estão subordinados às leis de funcionamento dos sistemas naturais e aos critérios de respeito à dignidade humana e de melhoria da qualidade de vida das pessoas.[44]

O problema é a falta de responsabilidade dos governos e a dificuldade que organizações da sociedade civil e movimentos sociais têm encontrado para fazer valer a defesa e a promoção do desenvolvimento sustentável. O Papa Francisco reconhece o caminho percorrido pelo movimento ecológico.[45] Contudo, ele vê a necessidade de que os cidadãos se comprometam.

Dado que o direito por vezes se mostra insuficiente devido à corrupção, requer-se uma decisão política sob pressão da população. A sociedade, por meio de organismos não governamentais e associações intermediárias, deve forçar os governos a desenvolver normas, procedimentos e controles mais rigorosos. Se os cidadãos não controlam o poder político – nacional, regional e municipal –, também não é possível combater os

---

[44] GUIMARÃES, Roberto P. A ética da sustentabilidade e a formulação de políticas de desenvolvimento. In: VIANA, Gilney; SILVA, Marina; DINIZ, Nilo (Orgs.). *O desafio da sustentabilidade*: Um debate socioambiental no Brasil. São Paulo: Fundação Perseu Abramo, 1996, p. 55.
[45] LS 14; 166.

danos ambientais. Além disso, as legislações municipais podem ser mais eficazes, se houver acordos entre populações vizinhas para sustentarem as mesmas políticas ambientais.[46]

Por isso, sem a pressão da população e das instituições, haverá sempre relutância em intervir, e mais ainda quando houver urgências a serem resolvidas.[47]

O Papa Francisco, partindo da preocupação por um serviço à vida, humana e da natureza, não sujeito ao fundamentalismo do mercado, que submete a defesa da vida à economia,[48] afirma contundentemente:

> Neste contexto, sempre se deve recordar que "a proteção ambiental não pode ser assegurada somente com base no cálculo financeiro de custos e benefícios. O ambiente é um dos bens que os mecanismos de mercado não estão aptos a defender ou a promover adequadamente". Mais uma vez repito que convém evitar uma concepção mágica do mercado, que tende a pensar que os problemas se resolvem apenas com o crescimento dos lucros das empresas ou dos indivíduos. Será realista esperar que quem está obcecado com a maximização dos lucros se detenha para considerar os efeitos ambientais que deixará às próximas gerações? Dentro do esquema do ganho não há lugar para pensar nos ritmos da natureza, nos seus tempos de degradação e regeneração, e na complexidade dos ecossistemas que podem ser gravemente alterados pela intervenção humana.[49]

---

[46] LS 179.
[47] LS 181.
[48] LS 189.
[49] LS 190. Francisco cita, aqui, o Pontifício Conselho "Justiça e Paz", *Compêndio*, 470.

Sem uma *sociedade civil* que se mobilize pela defesa de um desenvolvimento sustentável – enfrentando um Estado conivente com um Mercado idólatra –, resulta complicado e até mesmo impossível acreditar na responsabilidade societária com a ecologia integral ou profunda. Numa civilização comandada pelo sistema capitalista neoliberal, para o qual tudo é pensado e produzido desde a política da mercantilização que visa à maximização do lucro, até a vida humana é tratada como mercadoria. Podemos imaginar, então, o que sobra para a defesa do equilíbrio do ecossistema quando, por exemplo, estão em jogo os recursos naturais. Nesse atual contexto, é importante perguntar: valem mais a vida das reservas naturais e a proteção contra o envenenamento da população ou o agronegócio e a mineração; a vida humana, sobretudo dos pobres e excluídos, e dos seres vivos ou a "vida" do Capital?

Sem a sustentabilidade proporcionada pelo equilíbrio do Sistema Terra, do Sistema Vida e do Sistema Vida Humana, a humanidade caminha para a tragédia da *própria extinção*. O grande imperativo que resulta da corresponsabilidade para com a ecologia integral é este: ou cuidamos com amor e justiça da Casa Comum ou o genocídio e o ecocídio são fatos inegáveis daqui para a frente! Como lembra James Lovelock: "Se deixarmos de cuidar da Terra, ela sem dúvida cuidará de si, fazendo com que não sejamos mais bem-vindos".[50]

---

[50] LOVELOCK, James. *A vingança de Gaia*. Rio de Janeiro: Intrínseca, 2006, p. 16.

Referências bibliográficas

ACOSTA, Alberto. *O Bem Viver*: Uma oportunidade para imaginar outros mundos. São Paulo: Elefante, 2016.

ARAÚJO DE OLIVEIRA, Manfredo. O paradigma tecnocrático. In: MURAD, Afonso; TAVARES, Sinivaldo S. (Orgs.). *Cuidar da casa comum:* Chaves de leitura teológicas e pastorais da *Laudato Si'*. São Paulo: Paulinas, 2016, p. 129-145.

BASTOS DE ÁVILA, Fernando. O desafio ecológico. In: *Carta Mensal*. Órgão do Conselho Técnico da Confederação Nacional do Comércio. Rio de Janeiro, XXIV/285 (1978): 11-18.

BOFF, Leonardo. *Cuidar da Terra, proteger a vida*: Como evitar o fim do mundo. Rio de Janeiro: Record, 2010.

BOFF, Leonardo. *Ethos mundial*: Um consenso mínimo entre os humanos. Brasília: Letraviva, 2000.

BOFF, Leonardo. *A opção terra*: A solução para a terra não cai do céu. Rio de Janeiro: Record, 2009.

BOFF, Leonardo. *Saber cuidar*: Ética do humano – Compaixão pela terra. Petrópolis: Vozes, 1999.

BOFF, Leonardo. La Tierra como Gaia: Un desafío ético y espiritual. In: *Concilium* 331/3 (2009): 355-363.

BOFF, Leonardo. *Sustentabilidade*: O que é – O que não é. Petrópolis: Vozes, 2012.

CAPRA, Fritjof. Alfabetização ecológica: Desafio para a educação do século 21. In: TRIGUEIRO, André (Coord.). *Meio ambiente no século 21*. Rio de Janeiro: Sextante, 2003, p. 18-33.

CHAVES, Leslie. Ecologia integral e justiça ambiental no cuidado da "casa comum". Entrevista com José Roque Junges. In: *Revista IHU On-Line* (03.08.2015). Disponível em: http://

www.ihuonline.unisinos.br/artigo/6050-jose-roque-junges-7. Acesso em: 15 jun. 2020.

FRANCISCO, Papa. *Laudato Si'*. Carta Encíclica sobre o cuidado da casa comum. São Paulo: Paulus/Loyola, 2015.

FREI BETTO. A espiritualidade proposta pela encíclica *Louvado Sejas*. In: MURAD, Afonso; TAVARES, Sinivaldo S. (Orgs.). *Cuidar da casa comum*: Chaves de leitura teológicas e pastorais da *Laudato Si'*. São Paulo: Paulinas, 2016, p. 162-168.

GUIMARÃES, Roberto P. A ética da sustentabilidade e a formulação de políticas de desenvolvimento. In: VIANA, Gilney; SILVA, Marina; DINIZ, Nilo (Orgs.). *O desafio da sustentabilidade*: Um debate socioambiental no Brasil. São Paulo: Fundação Perseu Abramo, 1996, p. 43-71.

HATHAWAY, Mark; BOFF, Leonardo. *O tao da libertação*: Explorando a ecologia da transformação. Petrópolis: Vozes, 2009.

LOVELOCK, James. *A vingança de Gaia*. Rio de Janeiro: Intrínseca, 2006.

MAMANI, Fernando H. *Buen Vivir/Vivir Bien*: Filosofia, políticas, estrategias y experiencias regionales andinas. Lima: Coodinadora Andina de Organizaciones Indígenas (CAOI), 2010.

MORIN, Edgar. *O ano I da era ecológica*: A Terra depende do homem que depende da Terra. Lisboa-Portugal: Edições Piaget, 2016.

MORIN, Edgar; KERN, Anne B. *Terra-Pátria*. 4 ed. Porto Alegre: Sulina, 2003.

MURAD, Afonso. Ecologia, consciência planetária e Bem Viver. In: MURAD, Afonso (Org.). *Ecoteologia*: Um mosaico. São Paulo: Paulus, 2016, p. 17-61.

Entre o rigorismo moral e a flexibilidade pneumatológica

A formação sacerdotal segundo Francisco

Felipe Sardinha Bueno[1]

Introdução

A preocupação do Papa Francisco com a formação moral sacerdotal, seja dos candidatos às ordens sacras, seja dos clérigos já ordenados (formação permanente), vem se manifestando no decorrer do seu pontificado em explícitas admoestações presentes nos documentos[2] e entrevistas:[3] "Qualquer projeto formativo, qualquer caminho de crescimento para os jovens, deve incluir certamente uma formação doutrinal e moral".[4]

---

[1] Felipe Sardinha Bueno é Doutorando em Teologia Moral (Accademia Alfonsiana – Roma), Mestre em Teologia Moral (Accademia Alfonsiana – Roma) e Especialista em Português, Língua e Literatura (Universidade Metodista de São Paulo - UMESP).
[2] FRANCISCO, Papa. *Laudato Si'*. Carta Encíclica sobre o cuidado da casa comum. São Paulo: Paulus/Loyola, 2015 (daqui em diante = LS); *Gaudete et Exsultate*. Exortação Apostólica sobre o chamado à santidade no mundo atual. São Paulo: Paulus, 2018 (daqui em diante = GE); *Christus Vivit*. Exortação Apostólica Pós-Sinodal aos jovens e a todo o povo de Deus. São Paulo: Paulinas, 2019 (daqui em diante = CV).
[3] FRANCISCO, Papa. *Deus é jovem*: Uma conversação com Thomas Leoncini. Lisboa: Planeta, 2018.
[4] CV 213.

Um dos conteúdos morais, fortemente recordado pelo Papa, em relação aos ministros eclesiais do sacramento da ordem, e centro da discussão deste capítulo, é o constante questionamento ao rigorismo legalista observado, fruto de certas posturas não fundamentadas no Vaticano II, concílio constantemente retomado por Francisco:[5]

> Penso em alguns jovens padres ou estudantes do seminário, vi vários deles reagirem à novidade e à diversidade lícita não com sabedoria, mas com rigidez mental. Em meu entender isso acontece assim porque se assustam e porque querem obrigar-se a levar a cabo uma escolha clara que os ajude na construção da própria identidade, quero dizer uma verdadeira e única identidade, inclusive no seio da Igreja.[6]

O Pontífice interpreta tal rigorismo como uma perigosa atitude presente em membros da Igreja contemporânea, que pode ocultar desordens morais de outros âmbitos: "Por detrás e sob toda a rigidez, existe sempre um problema não resolvido e também, pode acontecer, uma doença".[7]

Esse rigorismo moralista, enquanto conjunto de atitudes de alguns sacerdotes, acaba deixando de lado a flexibilidade pneumatológica garantida pelo discernimento, algo fundamental a ser resgatado para si e na condução espiritual de outrem:

> Os acompanhadores não deveriam levar os jovens a ser segui-

---

[5] "Com o pontificado de Francisco, no caso da eclesiologia, 'retornou-se' ao conceito de povo de Deus." SCHICKENDANTZ, Carlos. De una Iglesia occidental a una Iglesia mundial: Una interpretación de la reforma eclesial. In: *Theologica Xaveriana* 185 (2018): 4.
[6] FRANCISCO. *Deus é jovem*, p. 75.
[7] FRANCISCO. *Deus é jovem*, p. 76.

dores passivos, mas sim a andar ao seu lado, deixando-os ser protagonistas do próprio caminho. Devem respeitar a liberdade que o jovem tem em seu processo de discernimento e oferecer--lhe ferramentas para fazerem o melhor.[8]

Refugiar-se numa moral de atos, sem valorizar a construção da opção fundamental (a edificação de uma tomada de decisão consciente por um *modus vivendi*), poderia gerar uma dinâmica robótica de ações que, apesar de aparentemente coesa, em si mesma não levaria a um amadurecimento capaz de enfrentar situações com sabedoria, sobretudo se não programadas: "Quem empurra para os extremos e para a propensão para a rigidez é um medroso, esconde-se por detrás da rigidez e fá-lo como defesa".[9]

Sem os esquemas pré-fabricados, sacerdotes de identidade rigorista facilmente entrariam em confusão profunda quando interpelados por desafios novos, fora dos receituários manualísticos da casuística.

Foi um rigorismo legalista desse modo, do ponto de vista moral, que proporcionou o surgimento de grandes polêmicas em torno do capítulo oitavo da Exortação Apostólica *Amoris Laetitia* nos últimos anos. Em relação às inquietações da juventude,[10] já na Exortação Apostólica *Christus Vivit*, Francisco apresenta um cenário que interpela tal rigorismo vigente:

A moral sexual é muitas vezes "causa de incompreensão e dis-

---
[8] CV 246.
[9] FRANCISCO. *Deus é jovem*, p. 76.
[10] "Quando a Igreja abandona os esquemas rígidos, abre-se à escuta disponível e atenta dos jovens. Essa empatia enriquece, porque 'permite aos jovens dar sua contribuição à comunidade, ajudando-a a abrir-se a novas sensibilidades e a fazer-se perguntas inéditas" (CV 65). Francisco cita, aqui, o *Documento Final da XV Assembleia Geral Ordinária do Sínodo dos Bispos*, n. 8.

tanciamento da Igreja, já que se percebe como um espaço de julgamento e condenação". Ao mesmo tempo, os jovens expressam "um desejo explícito de confrontar-se sobre as questões relativas à diferença entre identidade masculina e feminina, à reciprocidade entre homens e mulheres e à homossexualidade".[11]

Mentes enquadradas no rigorismo legalista não são capazes de dar o passo para a misericordiosa análise empático-pastoral em vista do bem do outro e da acolhida da sua fragilidade, não como limite desprezível, mas como oportunidade de revisão e crescimento morais.

Este capítulo pretende apresentar a relação da integração, proposta por Francisco, entre a sensibilidade pastoral (sobretudo com os que sofrem, tendo em vista a ética social assumida pela Igreja no seu dia a dia) e uma mentalidade eclesiológica sinodal, que não se permite contaminar por clericalismos de cunho autoritário (rigorista e legalista). Tais clericalismos,[12] por se atrelarem a um poder absolutizado manipulado do sagrado, podem favorecer abusos de controle de consciência, gerando consequências catastróficas no ambiente eclesial para todos os envolvidos.

Existem diferentes tipos de abuso: de poder, econômico, de

---

[11] CV 81. Francisco cita, aqui, o *Documento Final da XV Assembleia Geral Ordinária do Sínodo dos Bispos*, n. 39.

[12] Sobre a dinâmica clericalista, Francisco afirma:"O clericalismo é uma tentação permanente dos sacerdotes, que interpretam 'o ministério recebido como um poder que se pode exercer mais do que um *serviço* gratuito e generoso a oferecer; e isso nos leva a acreditar que pertencemos a um grupo que tem todas as respostas e que não precisa ouvir ou aprender mais nada'. Sem dúvida, um espírito clericalista expõe as pessoas consagradas a perder o respeito pelo valor sagrado e inalienável de cada pessoa e sua liberdade" (CV 98). Francisco cita, aqui, o *Discurso à primeira Congregação Geral da XV Assembleia Geral Ordinária do Sínodo dos Bispos* (03.10.2018).

consciência, sexual. É evidente a necessidade de erradicar as formas de exercício da autoridade nas quais se enxertam e neutralizar a falta de responsabilidade e transparência com as quais são geridos muitos dos casos.[13]

1. Vivência do Concílio: "medicamento" moral eclesial

O Concílio Vaticano II (1962-1965) – por Francisco retomado e incentivado a ser revisitado constantemente –, engendrou-se como verdadeira revolução "copernicana" no seio eclesial: assumiu uma postura versada ao diálogo, fez com que a Igreja deixasse de girar sobre si mesma e se assumisse não tanto como sociedade perfeita, mas como portadora de uma missão confiada a ela pelo próprio Cristo. Assim se manifesta o bispo e teólogo brasileiro Dom Demétrio Valentini:

> A Igreja sempre se opôs aos erros; muitas vezes até os condenou com a maior severidade. Agora, porém, a esposa de Cristo prefere usar mais o remédio da misericórdia do que o da severidade. Julga satisfazer melhor às necessidades de hoje mostrando a validez de sua doutrina, do que renovando condenações.[14]

O Concílio retomou elementos importantes da identidade da Igreja, por exemplo, o retorno às fontes bíblicas e patrísticas, arguido pelo teólogo dominicano Yves Congar como a raiz de uma boa teologia e uma via autêntica de renovação estrutural, ele-

---
[13] CV 98. Francisco cita, aqui, o *Documento Final da XV Assembleia Geral Ordinária do Sínodo dos Bispos*, n. 30.
[14] VALENTINI, Demétrio. A Eclesiologia do Vaticano II. In: *Revista Eclesiástica Brasileira* 71 (2012): 679.

mentos importantes para a formação sacerdotal e sua respectiva dimensão moral: "Uma boa teologia com volta às fontes e uma boa eclesiologia são as garantias mais eficazes para um reformismo fiel".[15]

O Concílio também reforçou a identidade de Igreja-povo de Deus, mais do que sociedade hierárquica (sem perder a dimensão hierárquica ministerial discorrida na Constituição Dogmática *Lumen Gentium*),[16] em vista da promoção do Reino de Deus entre os homens:

> Significava aceitar a dinâmica fundamental da Igreja como um povo de batizados, cristãos e cristãs, fundando uma mesma comunidade de iguais [em dignidade, fundamentada sobretudo no batismo], embora com suas funções e serviços específicos [ministérios]. Na Igreja-comunidade todos são responsáveis por sua vida e seu crescimento.[17]

A mudança de uma eclesiologia de sociedade perfeita[18] – profundamente hierárquica e hierarcocêntrica – para uma eclesiologia de Igreja-povo de Deus – todos têm a mesma dignidade batismal,[19] embora os serviços (ministérios) sejam distintos para

---

[15] CONGAR, Yves. *Verdadera y falsa reforma en la Iglesia*. Salamanca: Sígueme, 2014, p. 214.
[16] CONCÍLIO VATICANO II. *Lumen Gentium*. Constituição Dogmática sobre a Igreja, n. 10, §2. In: DOCUMENTOS DO CONCÍLIO ECUMÊNICO VATICANO II (1962-1965). São Paulo: Paulus, 1997. Ver também: TWIZELIMANA, Théophile. Le sacerdoce commun et la communion entre laïcs et pasteurs d'après *Lumen gentium*. In: *Nouvelle Revue Théologique* 133 (2011): 574.
[17] LOPES, Geraldo. *Lumen Gentium*: Texto e comentário. São Paulo: Paulinas, 2011, p. 12.
[18] O Concílio Vaticano II favoreceu a "ênfase na dimensão mistérica da Igreja, e não tanto na eclesiologia da Igreja como sociedade desigual ou perfeita conforme o Vaticano I". LOPES. *Lumen Gentium*, p. 17.
[19] Sobre a missão de todos os membros da Igreja na santificação do mundo, Lopes afirma: "Povo santo e sacerdotal, em seu seio encontram-se os ministérios

bem servir a comunidade – é um verdadeiro caminho *metanoico* de retorno ao sentido primeiro do que é e para que serve a Igreja, e de manutenção da identidade sacerdotal hoje. Para Richi Alberti, "a sacramentalidade da Igreja, como objeto de ensino do Concílio Vaticano II, constitui o antídoto mais eficaz contra toda tentação de 'eclesiocentrismo' [...] porque a Igreja é radicalmente relativa a Cristo".[20] Geraldo Lopes, na mesma direção eclesiológica, continua: "Os fiéis que formam a Igreja constituem o Povo de Deus. Portanto, o clero, os leigos e os religiosos pertencem à mesma comunidade de fé, esperança e amor. São fundamentalmente iguais".[21]

A aprovação de tal "carta identitária" na segunda sessão do Concílio, dada em 21 de novembro de 1964, configurou-se como um grande convite à vivência do que realmente é a Igreja para os homens, expresso nas primeiras palavras do texto "Luz dos povos" (*Lumen Gentium*). Cristo é esta luz para todos os povos, e os sacerdotes, enquanto parte dos continuadores de Sua obra na Igreja, devem fazer tal luz chegar às pessoas por meio do anúncio, que se "encarna" em uma vivência moral, isto é, testemunhal, na busca constante de viver coerentemente, não refugiando-se num rigor supra-humano, mas acolhendo a capacidade misericordiosa de Deus por meio de passos curativos de crescimento moral.

Tal testemunho – que constitui uma motivação moral não somente aos outros, mas ao próprio sujeito-sacerdote – dá-se sobretudo no serviço aos últimos, aos desprezados pela sociedade,

---

e os carismas que o enriquecem sobremaneira. Povo católico e universal, os membros deste povo relacionam-se e são responsáveis por todos os homens e mulheres que habitam o seu próprio universo". LOPES. *Lumen Gentium*, p. 21.
[20] ALBERTI, Gabriel Richi. Penser l'Église après Vatican II. In: *Nouvelle Revue Théologique* 140 (2018): 550-551.
[21] LOPES. *Lumen Gentium*, p. 13.

àqueles que são esquecidos e marginalizados, os quais, por serem epifania divina, ajudam o próprio ministro ordenado a viver intensamente o que foi assumido publicamente em sua ordenação.

Os sacerdotes do Novo Testamento, embora, em virtude do Sacramento da Ordem, exerçam no povo e para o povo de Deus o múnus de Pai e mestre, contudo, juntamente com os fiéis, são discípulos do Senhor, constituídos participantes ao seu Reino pela graça de Deus que os chama. Regenerados com todos na fonte do batismo, os presbíteros são irmãos entre os irmãos, membros dum só e mesmo Corpo de Cristo cuja edificação a todos pertence.[22]

O contato com a carne existencial de Cristo – as pessoas em seus dilemas e alegrias –, unido à empatia que não permite escandalizar os pequenos – fruto, em muitas ocasiões, de verdadeiros narcisismos clericais aparentemente invencíveis[23] –, pode ser uma autêntica via de educação moral pragmática para os sacerdotes, conforme corrobora Francisco: "Será precisamente este santo povo de Deus que nos libertará da praga do clericalismo, que é o terreno fértil para todas estas abominações".[24]

---

[22] CONCÍLIO VATICANO II. *Presbyterorum Ordinis*. Decreto sobre o ministério e a vida dos presbíteros, n. 9. In: DOCUMENTOS DO CONCÍLIO ECUMÊNICO VATICANO II (1962-1965). São Paulo: Paulus, 1997. Ver também: TWIZELIMANA. Le sacerdoce commun et la communion entre laïcs et pasteurs d'après *Lumen gentium*, p. 582.

[23] "Nelas [propostas enganadoras em relação à santidade] aparece expresso um imanentismo antropocêntrico, disfarçado de verdade católica. Vejamos estas duas formas de segurança doutrinária ou disciplinar, que dão origem 'a um elitismo narcisista e autoritário, onde, em vez de evangelizar, se analisam e classificam os demais e, em vez de facilitar o acesso à graça, consomem-se as energias a controlar. Em ambos os casos, nem Jesus Cristo nem os outros interessam verdadeiramente'" (GE 35). Francisco cita, aqui, a *Evangelii Gaudium*, n. 94.

[24] CV 102. Francisco cita, aqui, seu discurso de encerramento da reunião sobre "A proteção de menores na Igreja" (24.02.2109).

Quanto maior for a sensibilidade pastoral do ministro, isto é, quanto maior for a sua real afeição ao povo que lhe foi confiado, maior será a possibilidade de ele se manter fiel, ser capaz de dar testemunho e amadurecer eticamente. Neste sentido, indica Francisco: "Nos pobres há uma sabedoria oculta, e eles, com palavras simples, podem nos ajudar a descobrir valores que não vemos".[25] Resulta evidente que tal sensibilidade vai muito além dos meros planejamentos teóricos, muitas vezes burocráticos e estéreis.

O jesuíta espanhol Ignacio Ellacuría, radicado em El Salvador e assassinado em 1989 pelo seu comprometimento teórico-prático com o Reino, afirmava:

> Não há conversão a Deus se não houver conversão ao oprimido. [...] Escutar a voz do chamado a lutar pela justiça a partir da fé e dar início ao seguimento já é em si uma conversão. Mas esta voz deve [...] levar a uma ação de anúncio do Reino e de luta contra o pecado.[26]

Os novos ares insuflados pelo Concílio Vaticano II proporcionaram uma valorização efetiva das Igrejas locais, na certeza de que elas, em comunhão com o sucessor de Pedro, realizam plenamente em si mesmas a eclesialidade correspondente. Josef Fuchs, eminente teólogo moralista jesuíta do período conciliar, justificava tal pluralidade a partir da própria encarnação do Verbo e da criação, eventos teológicos por excelência: "A encarnação de Deus e de sua sabedoria através da criação portam consigo a possibilidade de um legítimo plu-

---
[25] CV 171.
[26] ELLACURÍA, Ignacio et al. Fe, justicia y opción por los oprimidos. Bilbao: Desclée de Brouwer, 1980, p. 77.

ralismo; a fé cristã e a sua proclamação através da Igreja não podem impedi-lo".[27]

Deste modo, a Teologia Moral pôde dar o salto dos manuais universalistas objetivistas e dogmatistas de cunho eurocêntrico, estudados em todos os ambientes teológicos como caráter homogêneo do período pré-conciliar, para a abertura às riquezas de cada contexto eclesial, tanto da América, África, Ásia e Oceania, quanto das realidades europeias para além da Cidade Eterna. Para o teólogo argentino Carlos Schickendantz, nesse novo contexto, "se esboça o início de uma Igreja arraigada em diversas regiões da terra que será, cada vez menos, o fruto de uma exportação do modelo cultural europeu de cristianismo".[28]

Neste aterrizar teológico na América Latina, produziu-se em larga escala uma reflexão comprometida com as causas dos pobres, marginalizados e sofredores, muitas vezes identificados com os indígenas, as mulheres, os excluídos, os operários e os estudantes, com anseios de liberdade e justiça. Hoje, tais lineamentos se alargaram com a tese central de que também a criação, a "casa comum",[29] muitas vezes oprimida por interesses econômicos fundados no pecado do egoísmo, clama por intrínseco respeito, algo profundamente defendido por Francisco, sobretudo na Encíclica *Laudato Si'*:

---

[27] FUCHS, Josef. *Il verbo si fa carne*: Teologia Morale. Casale Monferrato: Piemme, 1989, p. 89.
[28] SCHICKENDANTZ. *De una Iglesia occidental a una Iglesia mundial*, p. 21.
[29] "Árvores, água, animais, seres humanos, terra, rios, tudo e todos são ecossistemas vivos aninhados um dentro do outro. Aquilo que é demandado nos centros urbanos tem repercussão no interior da floresta e tem impacto na atmosfera. Rever nossa relação com a natureza é rever nossos processos e modos de pensar. [...] A interdependência é fundamental para avançarmos." TEIXEIRA, Aleluia Heringer Lisboa. *Encíclica Laudato Si' e a Educação*: Qual parte nos cabe? Belo Horizonte: Edição do Autor, 2015, p. 25.

Tendo em conta que o ser humano também é uma criatura deste mundo, que tem direito a viver e ser feliz e, além disso, possui uma dignidade especial, não podemos deixar de considerar os efeitos da degradação ambiental, do modelo atual de desenvolvimento e da cultura do descarte sobre a vida das pessoas.[30]

Em contraposição à valorização das Igrejas particulares e com a construção identitária sacerdotal desvinculada da caminhada da Igreja universal, grupos rigoristas, constantemente interpelados por Francisco, tendem a buscar refúgio numa espécie de universalismo abstrato.

A obsessão pela lei, o fascínio de exibir conquistas sociais e políticas, a ostentação no cuidado da liturgia, da doutrina e do prestígio da Igreja, a vanglória ligada à gestão de assuntos práticos, a atração pelas dinâmicas de autoajuda e realização autorreferencial. É nisto que alguns cristãos gastam as suas energias e o seu tempo, em vez de se deixarem guiar pelo Espírito no caminho do amor, apaixonarem-se por comunicar a beleza e a alegria do Evangelho e procurarem os afastados nessas imensas multidões sedentas de Cristo.[31]

Tal universalismo é virtualizado em uma "romanização ideal" (o sonho de uma Roma eclesiástica triunfalista e superpotente de outrora), caracterizada por uma rígida liturgia, por um discurso moralista rigorista, por uma romantização da casuística nostálgica, reduzida sobretudo a questões relativas ao sexto mandamento e à condenação do aborto e da eutanásia.

---

[30] LS 43.
[31] GE 57.

Embora haja jovens que gostam quando veem uma Igreja que se apresenta humildemente segura de seus dons e é também capaz de exercer uma crítica leal e fraterna, outros jovens pedem uma Igreja que escute mais, que não fique só condenando o mundo. Não querem ver uma Igreja calada e tímida, tampouco que esteja sempre em guerra obcecada por duas ou três temáticas.[32]

Tal rigorismo despreza os avanços da reflexão teológico-moral em diálogo com a Sagrada Escritura e a Pastoral e com outras ciências, tais como a sociologia e a psicologia, na análise e formação de juízos morais, diálogo este pedido desde o Concílio (OT 14). O fato de não se considerar a pluralidade do mundo, de refugiar-se numa espécie de idealização da realidade, de preferir manter-se mentalmente dentro de uma "bolha", faz com que os grupos rigoristas optem por receitas prontas ao lidar com os dilemas e as exceções propulsionados pela vida concreta e, com isso, deem prioridade às normas, e não às pessoas.

Para Frédéric Louzeau, "a tentação 'fundamentalista' de projetar imediatamente seu próprio mundo"[33] é geradora de uma realidade paralela. Cria-se uma falsa segurança e, como esta se dá dentro de uma "bolha" axiológica que pode ser estourada a qualquer momento, o dano para a comunidade cristã e para o próprio sacerdote pode ser muito grande: "O desejo de dominação, a falta de diálogo e de transparência, as formas de vida dupla, o vazio espiritual, bem como as fragilidades psicológicas são os terrenos nos quais prospera a corrupção".[34] Essa

---
[32] CV 41.
[33] LOUZEAU, Frédéric. La Parole de Dieu dans la formation sacerdotale. In: Nouvelle Revue Théologique 131 (2009): 102.
[34] CV 98. Francisco cita, aqui, o Documento Final da XV Assembleia Geral Ordinária do Sínodo dos Bispos, n. 30.

é a realidade paralela que acaba fazendo com que a "bolha" estoure.

A moral cristã não pode ser confundida com moralismo ou reducionismos objetivistas manualísticos que desprezam o sacrário existencial correspondente a cada fiel discípulo de Jesus. Francisco admoesta: "Defende-nos da rigidez uma atitude humilde, aberta aos outros, a atitude de quem sabe escutar. A humildade é um favor que fazemos a nós mesmos. A rigidez é a reação mais fácil a este fluxo da vida que nos empurra para diante".[35]

Por mais que a moral de atos sugerisse no passado uma segurança aparente, ela, na realidade, favorecia um legalismo perigoso: o que estivesse explicitamente expresso na lei não precisava ser seguido, proporcionando uma moralidade infantil,[36] não favorável ao desenvolvimento educativo da consciência: "O erro da casuística [...] foi fazer crer aos cristãos que as considerações teológico-morais podiam substituir as decisões pessoais".[37]

Em nome dessa prática, muitas vezes se exacerbou uma perseguição minuciosa a pecados relativos ao sexto mandamento,[38] ou a preceitos religiosos, tais como a ausência na missa – vista

---

[35] FRANCISCO. *Deus é jovem*, p. 76.
[36] "A imagem de um Deus heterônimo, além de deformada, não propicia uma moral que favoreça a causa do homem; pelo contrário, conduz a formas de moral que mantêm a pessoa no infantilismo heterônimo, no medo do castigo ou na busca do prêmio, na sujeição aos interesses dos poderosos." VIDAL, Marciano. *Nova moral fundamental*: O lar teológico da Ética. Aparecida/SP: Santuário; São Paulo: Paulinas, 2003, p. 28-29.
[37] LAUN, Andreas. *La conciencia*: Norma subjetiva suprema de la actividad moral. Barcelona: Ediciones Internacionales Universitarias, 1993, p. 105.
[38] "A aceitação do próprio corpo como dom de Deus é necessária para acolher e aceitar o mundo inteiro como dom do Pai e casa comum; pelo contrário, uma lógica de domínio sobre o próprio corpo transforma-se numa lógica, por vezes sutil, de domínio sobre a criação. Aprender a aceitar o próprio corpo, a cuidar dele e a respeitar os seus significados é essencial para uma verdadeira ecologia humana" (LS 155).

quase como um sacrilégio –, enquanto outros pecados, de caráter mais em vista do bem comum (de caráter social), foram facilmente olvidados, sem dramas aparentes para as mesmas consciências.

Muitas vezes ouve-se dizer que, face ao relativismo e aos limites do mundo atual, seria um tema marginal, por exemplo, a situação dos migrantes. Alguns católicos afirmam que é um tema secundário, relativamente aos temas "sérios" da bioética. Que fale assim um político preocupado com os seus sucessos, talvez se possa chegar a compreender; mas não um cristão, cuja única atitude condigna é colocar-se na pele do irmão que arrisca a vida para dar um futuro aos seus filhos.[39]

Não por acaso, grupos extremistas do integrismo católico[40] tendem a se refugiar nesses "braços" das leis "puritanas" de outrora. Baseiam-se, geralmente, em uma concepção de santidade desconectada com as realidades sociais do mundo.[41] João Batista Libânio, diante de tal cenário e da prática ritualista do sacramento da reconciliação, sem compromisso metanoico, afirmou:

> Estas absolvições fáceis, que não nos colocam diante da condição fundamental de uma conversão radical da injustiça, de uma vida de egoísmo e comodismo, só pode fazer mal e deixar

---

[39] GE 102.
[40] No que se refere à realidade europeia, Hans Küng assim se posicionou: "Uma 'Europa cristã renovada', que em sentido pré-moderno excluísse os que creem de forma diferente ou que não são crentes, seria uma autoilusão clerical". KÜNG, Hans. Projeto de ética mundial: Uma moral ecumênica em vista da sobrevivência humana. São Paulo: Paulinas, 1993, p. 42.
[41] "Quem quer tudo claro e seguro, pretende dominar a transcendência de Deus" (GE 41).

existir um catolicismo conivente com tantas injustiças. Maneira de apaziguar consciências, de quem não quer levar a sério a conversão. Portanto, um risco enorme de farisaísmo, de ritualismo.[42]

O cardeal italiano Gianfranco Ravasi, biblista, endossa a importância do vínculo entre fé celebrada e vida afirmando que "o rito sem a vida é farsa, a liturgia dominical sem justiça nos outros seis dias é magia".[43] Vida e religião unidas, que não dão espaço a rigorismos clericais abstratos.

2. Eclesiologia sinodal *versus* rigorismo clerical

Não poucos católicos enfrentaram o dilema da secularização[44] de seus países durante o século XX. Um dos sinais desse fenômeno, na Igreja, foi o abandono do traje clerical obrigatório do hábito ou da batina por parte de muitos dos sacerdotes e religiosos. Hoje, em contraposição a tal fenômeno, alguns símbolos têm sido retomados como modo de autoafirmação social e clerical. Trata-se de algo perigoso, sobretudo se expressa um rigorismo externo de casca moralizante, nem sempre coerente com a opção fundamental do sujeito.

> Este clero [o novo] acentuará os sinais distintivos de sua condição – festas, vestes, poderes –, ausência de inquietação com

---

[42] LIBÂNIO, João Batista. *Pecado e opção fundamental.* 2 ed. Petrópolis: Vozes, 1975, p. 99.
[43] RAVASI, Gianfranco. *I comandamenti.* 2 ed. Milano: San Paolo, 2014, p. 60.
[44] "As situações de secularização [...] parecem solidamente ancoradas em uma modernidade conquistada que, radiando a partir do Ocidente, terminará por se impor ao plano mundial." SCHEUER, Jacques. Des sécularités plurielles? Religion et modernité dans la globalisation. In: *Nouvelle Revue Théologique* 138 (2016): 450.

relação ao destino da sociedade (e da Igreja), pouco amor (nenhum?) aos estudos, nenhuma paixão pelo ecumenismo, pela justiça social. Presbíteros mais preocupados com seu caráter e poder sagrados, que com uma presença significativa no mundo, com o diálogo com a sociedade, com serviço competente ao homem de hoje.[45]

Mas se o sagrado retorna de modo fundamentalista e não fundamental, não seria melhor que fosse apartado? O sagrado, de fato, em essência, não seria profanizado com posturas de negação da essência do sacral em vista de elementos secundários que acabam por ocupar o espaço do próprio Deus verdadeiro?[46]

A posição integrista cerra fileira em torno à conservação da tradição. E essa tradição é identificada com as certezas dogmáticas, ritos litúrgicos, ensinamentos codificados, de modo que qualquer processo de evolução, de interpretação, de modificação é visto como infidelidade a essa tradição. É uma concepção tradicionalista da tradição.[47]

Todo neofundamentalismo cristão é um ataque essencial à verdade evangélica, que por si só é pneumatológica,[48] ou seja, um movimento do Espírito, não fechada em si mesma, mas em

---

[45] BENEDETTI, Luiz Roberto. O "novo clero": Arcaico ou moderno? In: *Revista Eclesiástica Brasileira* 59 (1999): 89.
[46] "Fica a pergunta se o neofundamentalismo não ultrapassa facilmente aquele mínimo de segurança normal, necessário, desviando-se pelas vias da patologia social, oferecendo a pessoas inseguras, ansiosas, neuróticas um apoio emocional, em vez de ajudá-las a uma decisão livre, pessoal e consciente." LIBÂNIO, João Batista. *A volta à grande disciplina*: Reflexão teológico-pastoral sobre a atual conjuntura da Igreja. 2 ed. São Paulo: Loyola, 1984, p. 157.
[47] LIBÂNIO. *A volta à grande disciplina*, p. 128.
[48] "Em momentos de polarização, os filhos do Direito esquecem o Espírito que o justifica, alimenta, vivifica." LIBÂNIO. *A volta à grande disciplina*, p. 10.

prol da liberdade integral do homem, conforme afirmava José Comblin:

> A força do Espírito é força de liberdade. "O Senhor é o Espírito, e, onde se acha o Espírito do Senhor, aí está a liberdade" (2Cor 3,17). A liberdade é poder criativo (em consonância à dinâmica da criação de Deus), poder de inventar uma vida, de descobrir os passos da libertação da humanidade (geradora de outras possibilidades, de providenciar vivacidade).[49]

Os valores do Reino não podem se coadunar com puritanismos egocêntricos, ou seja, o enclausuramento da Teologia Moral em uma única via de compreensão, mas envolvem o discípulo de Jesus – no caso, o ministro ordenado – numa perspectiva mais ampla, manifestada sobretudo no respeito e socorro aos pobres, no comprometimento político com a justiça e na preservação do meio ambiente, perseguindo-se uma ecologia integral.

> De fato, o que alimenta hoje a credibilidade da Igreja [diante das outras esferas culturais no mundo], em grande parte, é sua preocupação e atividade em favor dos pobres, dos últimos da sociedade, à semelhança de seu fundador. Componentes religiosos ou morais, que não incidem no bem do próximo, não têm significado para o mundo de hoje.[50]

O desprezo proposital pela caminhada realizada pelo Vaticano II e seus continuadores e pelos avanços realizados pela Teologia Moral nos últimos cinquenta anos dá-se, sobretudo, por meio de uma escrupulosa mentalidade que, no rigor da

---

[49] COMBLIN, José. *A vida em busca da liberdade*. São Paulo: Paulus, 2007, p. 165.
[50] MIRANDA, Mário de França. *A Igreja que somos nós*. São Paulo: Paulinas, 2013, p. 126.

consciência restrita, busca solidez a todo custo, mesmo num mundo cada vez mais complexo. Retornar a um ideal de passado glorioso e controlado permite a tantas "cabeças clericalistas" sentirem-se pseudosseguras. A rigidez acaba gerando não discípulos maduros de Cristo, que buscam lidar com os desafios emergentes, deixando-se guiar pelo Espírito, mas pessoas cegamente submissas à autoridade e às normas, incapazes de discernimento filial da vontade de Deus. Eis aberto o caminho para possíveis abusos nas mais variadas dimensões, situação constantemente denunciada por Francisco. Para Noëlle Hausman, "estes abusos de todos os gêneros (sexual, psíquicos, espirituais) [...] nos convidam, sem dúvida, a revisitar nossos processos de formação e de discernimento".[51]

Nem sempre o nosso modo de agir como Igreja é coerente com a proposta feita pela *Lumen Gentium*. O distanciamento de uma eclesiologia da Igreja-povo de Deus alimenta o rigorismo clerical, já de algum modo denunciado por Libânio:

> Toda análise reducionista padece [...] de interferências ideológicas. Assim, na medida em que a análise considerar a Igreja como povo de Deus, será mais exata, menos ideológica e menos conservadora. Pelo contrário, uma supervalorização do elemento institucional, sobretudo hierárquico, empobrece a realidade da Igreja e permite reforçar forças hostis às ousadas tomadas de posição do Concílio Vaticano II.[52]

O mesmo poderia ser dito a respeito de certas nomenclaturas já "consagradas", mas que podem favorecer o apego ao poder e

---

[51] HAUSMAN, Noëlle. Former en prévenant les abus: Démaîtrise et responsabilité ecclésiale. In: *Nouvelle Revue Théologique* 140 (2018): 55.
[52] LIBÂNIO. *A volta à grande disciplina*, p. 17.

a perpetuação do caráter clericalista, tais como "superior". A nomenclatura em si já é problemática; apropriada por mentes mais frágeis pode ser tornar desastrosa. Mais do que ser dirigida, a comunidade é coordenada e animada por alguém. Hoje as pessoas estão nesta função e amanhã em outra. Acabar com a pragmática servil nas relações institucionais seria um grande passo. Todos temos a mesma dignidade batismal e, apesar de exercermos ministérios distintos, um só está acima de tudo e todos, que é o próprio Deus, o único e real "superior". Aliás, Ele preferiu fazer-se "Emanuel", Deus-conosco.

> Uma Igreja na defensiva, que perde a humildade, que deixa de escutar, que não permite que a questionem, perde a juventude e se transforma em um museu. Como poderá acolher os sonhos dos jovens dessa maneira? Mesmo que tenha a verdade do Evangelho, isso não significa que a compreendeu plenamente, pois tem que crescer sempre na compreensão desse tesouro inesgotável.[53]

As cerimônias litúrgicas também têm sido um grande laboratório ou espaço teatral para a manifestação pública do legalismo em questão. A rígida observância de rubricas, a tensão militaresca na execução dos atos rituais, o uso de vestes retiradas do baú pré-conciliar, as homilias pessimistas e rigoristas, mas fracas de conteúdo teológico, espiritual e pastoral, não têm favorecido uma autêntica experiência do mistério celebrado. Moralmente, o conflito é preocupante: atos ou ações escrupulosamente observados, muitas vezes, são completamente desvinculados de uma opção fundamental que dá sentido ao que é celebrado.

---

[53] CV 41.

Faz-se mister que o exercício da missão seja coerente por parte de todos os discípulos de Jesus. A renúncia ao exercício do poder e a abertura ao apelo da sinodalidade favorecerão a busca sincera da Verdade que liberta, que constrói pontes, que gera vivacidade e comunhão. Para Comblin, "enquanto os cristãos não descobrirem o efetivo conteúdo do evangelho, é pouco provável que possam evangelizar. Podem fazer propaganda e aumentar o número daqueles que se dizem cristãos – mas continuarão sem saber o que é ser cristão".[54]

Para não cairmos na tentação do saudosismo estéril dos neoconservadores, acolhemos o apelo feito pelo Papa Francisco: no húmus do Concílio Vaticano II e por meio do diálogo em vista de uma "Igreja em saída" é que buscamos a plena fidelidade ao mandato de Cristo. A Igreja-povo de Deus não pode comungar ideologias triunfalistas, que, do ponto de vista ético, relegam a doutrina social a problemas de politização denominados "de esquerda" e se esquecem dos prediletos de Deus, que são os pobres e sofredores, como muitas vezes fazem e inculcam líderes ditos "cristãos", "abençoados" por clérigos rigoristas. Basta ver, por exemplo, os teoremas descontextualizados usados para justificar a pena de morte, o porte inescrupuloso de armas, a perseguição aos imigrantes, a edificação de muros entre as culturas, tudo em nome de um "deus" fundador das bases culturais do Ocidente, que em nada se assemelha ao Deus feito homem, Jesus de Nazaré, o qual propagou o amor, o perdão, a paz e rompeu paradigmas indo ao encontro de pecadores, samaritanos, leprosos, mulheres etc., para demonstrar a possibilidade de uma sociedade alternativa. "Com a sua palavra e, mais ainda, com a sua conduta concreta, Jesus deixa claro que ele não reconhece certas 'castas'

---

[54] COMBLIN. *A vida em busca da liberdade*, p. 150.

religiosas e sociais com suas consequentes desqualificações. O Reino de Deus não tolera classes."[55]

Substituindo o rigorismo absolutista no trato pastoral pela sinodalidade, isto é, pela capacidade de diálogo e de valorização do outro, de suas opiniões e anseios no dia a dia eclesial, podemos edificar um ambiente eclesial mais salutar, uma síntese mais madura entre autoridade e serviço, sem prejuízo a nenhuma das partes, pois todos estão interligados pela mesma missão de anunciar e vivenciar o Reino de Deus. Só assim será possível o "reconhecimento de todo batizado em termos de complementariedade e de comunhão na diversidade".[56]

3. Reforçar a opção fundamental contra o rigorismo

A opção fundamental, em contraposição ao rigorismo simplista, pressupõe um salto de qualidade em relação à proposta moral: o fiel, após perscrutar os ensinamentos de Jesus e da sua Igreja, assume sua vida com a liberdade própria de quem se reconhece como filho.[57] Por meio do discernimento, cada um é chamado a fazer suas escolhas tendo presente a essência do projeto libertador de Jesus: "Toda escolha moral pressupõe que o comportamento não seja inteiramente condicionado pelos determinismos do mundo ou pela violência dos homens".[58]

---

[55] LOHFINK, Gerhard. *Gesù come voleva la sua communità? La Chiesa quale dovrebbe essere.* Cinisello Balsamo (Milano): San Paolo, 2015, p. 125.
[56] TWIZELIMANA. Le sacerdoce commun et la communion entre laïcs et pasteurs d'après *Lumen gentium*, p. 583.
[57] "A opção fundamental é um ato da liberdade fundamental diante do Absoluto em que o homem engaja a totalidade de seu ser." LIBÂNIO, João Batista. *Pecado e opção fundamental.* 2 ed. Petrópolis: Vozes, 1975, p. 66.
[58] LÉNA, Marguerite. Agir dans l'Esprit: Une éthique théologale pour la formation au sacerdoce. In: *Nouvelle Revue Théologique* 140 (2018): 429.

O papel dos pastores e dos irmãos de fé será o de proporcionar meios para a edificação das consciências, evidenciando propostas morais, indicando os perigos, mas também deixando espaço para que o Espírito Santo de Deus possa agir, respeitando a história de cada um e a capacidade de fazer uma determinada opção num certo momento: "Importante é que cada fiel entenda o seu próprio caminho e traga à luz o melhor de si mesmo, quanto Deus colocou nele de muito pessoal (1Cor 12,7), e não se esgote procurando imitar algo que não foi pensado para ele".[59]

Essa atitude, do ponto de vista eclesiológico, vem ao encontro das exortações do Papa Francisco: ao mesmo tempo que vai na contramão do clericalismo e da dependência servil e repressiva, implica um passo de maturidade na fé, que leva as consciências a ter a coragem necessária para enfrentar os possíveis desafios morais que emergem, nem sempre transcritos e prescritos detalhadamente nas cartilhas catequéticas doutrinalmente elaboradas.

Para Francisco, "uma coisa é o uso saudável e humilde da razão para refletir sobre o ensinamento teológico e moral do Evangelho, outra é pretender reduzir o ensinamento de Jesus a uma lógica fria e dura, que procura dominar tudo".[60] Nas palavras de Marciano Vidal, "sob um regime de heteronomia, o fiel e a comunidade cristã não alcançam aqueles graus mínimos de maioridade que possibilitam a cada um ser sujeito de sua própria vocação".[61]

Outra dimensão importante da opção fundamental – substancial para uma formação moral sacerdotal eficiente –, é o seu

---
[59] GE 11.
[60] GE 39.
[61] VIDAL. *Nova moral fundamental*, p. 29.

caráter conectivo com uma realidade maior, social, explicitado por Libânio da seguinte forma: "Se a opção fundamental na sua radicalidade é uma opção por Deus, pelo Outro, a orientação de vida dela decorrente só pode ser para o outro [o próximo]".[62] Se, no período de formação inicial, os candidatos forem formados para além do infantilismo obediente, isto é, para uma maturidade feita de escolhas geradas pelo diálogo e discernimento, estaremos dando um passo importante para evitar a reprodução sistêmica de futuros sacerdotes que se retroalimentam de uma obediência servil que anula sua consciência.

> As pessoas encarregadas da formação devem compreender [...] que o jardim secreto do jovem não é de forma alguma do seu domínio; que se pode compreender suficientemente sem que seja tudo dito (os excessos de transparência são totalmente fatais). Formadores intrusos preparam sacerdotes e religiosos imaturos.[63]

Educar para uma opção fundamental coerente com os valores teológico-morais propostos pelo Vaticano II não é certamente uma atitude simplista, mas um caminho autêntico para se vivenciar aquilo que tanto se sonha nos documentos dos últimos cinquenta anos. Sem transformação metodológica, do ponto de vista formal, continuaremos reproduzindo atitudes rigoristas, que até poderão manter as estruturas seguras, mas que terminariam por sacrificar a consciência dos indivíduos envolvidos. Segundo Francisco, "sem nos darmos conta, pelo fato de pensar que tudo depende do esforço humano canalizado através de normas e estruturas eclesiais, com-

---

[62] LIBÂNIO. *Pecado e opção fundamental*, p. 82.
[63] HAUSMAN. *Former en prévenant les abus*, p. 62.

plicamos o Evangelho e tornamo-nos escravos de um esquema que deixa poucas aberturas para que a graça atue".[64]

Por meio de metodologias eclesiais sinodais, podemos chegar a uma "sinodalidade moral", ou seja, à expressão madura, não individualista e não legalista, do agir cristão, criando espaços de liberdade de espírito e diálogo, que certamente muito contribuirão para a felicidade e completude dos discípulos de Jesus, além de responder melhor aos sinais dos tempos.

Referências bibliográficas

ALBERTI, Gabriel Richi. Penser l'Église après Vatican II. In: *Nouvelle Revue Théologique* 140 (2018): 540-553.

BENEDETTI, Luiz Roberto. O "novo clero": Arcaico ou moderno? In: *Revista Eclesiástica Brasileira* 59 (1999): 88-126.

COMBLIN, José. *A vida em busca da liberdade*. São Paulo: Paulus, 2007.

CONGAR, Yves. *Verdadera y falsa reforma en la Iglesia*. Salamanca: Sígueme, 2014.

DOCUMENTOS DO CONCÍLIO ECUMÊNICO VATICANO II (1962-1965). São Paulo: Paulus, 1997.

ELLACURÍA, Ignacio *et al. Fe, justicia y opción por los oprimidos*. Bilbao: Desclée de Brouwer, 1980.

FIOLET, H.; VAN DER LINDE, H. *Fin del Cristianismo convencional*: Nuevas perspectivas. Salamanca: Sígueme, 1969.

FRANCISCO, Papa. *Deus é jovem*: Uma conversação com Thomas Leoncini. Lisboa: Planeta, 2018.

---

[64] GE 59.

FRANCISCO, Papa. *Laudato Si'*. Carta encíclica sobre o cuidado da casa comum. São Paulo: Paulus/Loyola, 2015.

FRANCISCO, Papa. *Gaudete et Exsultate*. Exortação Apostólica sobre o chamado à santidade no mundo atual. São Paulo: Paulus, 2018.

FRANCISCO, Papa. *Christus Vivit*. Exortação Apostólica Pós-Sinodal aos jovens e a todo o povo de Deus. São Paulo: Paulinas, 2019.

FUCHS, Josef. *Il verbo si fa carne*: Teologia Morale. Casale Monferrato: Piemme, 1989.

HAUSMAN, Noëlle. Former en prévenant les abus: Démaîtrise et responsabilité ecclésiale. In: *Nouvelle Revue Théologique* 140 (2018): 55-73.

KÜNG, Hans. *Projeto de ética mundial*: Uma moral ecumênica em vista da sobrevivência humana. São Paulo: Paulinas, 1993.

LAUN, Andreas. *La conciencia*: Norma subjetiva suprema de la actividad moral. Barcelona: Ediciones Internacionales Universitarias, 1993.

LÉNA, Marguerite. Agir dans l'Esprit: Une éthique théologale pour la formation au sacerdoce. In: *Nouvelle Revue Théologique* 140 (2018): 422-435.

LIBÂNIO, João Batista. *A volta à grande disciplina*: Reflexão teológico-pastoral sobre a atual conjuntura da Igreja. 2 ed. São Paulo: Loyola, 1984.

LIBÂNIO, João Batista. *Pecado e opção fundamental*. 2 ed. Petrópolis: Vozes, 1975.

LOHFINK, Gerhard. *Gesù come voleva la sua communità?* La Chiesa quale dovrebbe essere. Cinisello Balsamo (Milano): San Paolo, 2015.

LOPES, Geraldo. *Lumen Gentium*: Texto e comentário. São Paulo: Paulinas, 2011.

LOUZEAU, Frédéric. La Parole de Dieu dans la formation sacerdotale. In: *Nouvelle Revue Théologique* 131 (2009): 100-111.

MIRANDA, Mário de França. *A Igreja que somos nós*. São Paulo: Paulinas, 2013.

RAVASI, Gianfranco. *I comandamenti*. 2 ed. Milano: San Paolo, 2014.

SCHEUER, Jacques. Des sécularités plurielles? Religion et modernité dans la globalisation. In: *Nouvelle Revue Théologique* 138 (2016): 450-455.

SCHICKENDANTZ, Carlos. De una Iglesia occidental a una Iglesia mundial: Una interpretación de la reforma eclesial. In: *Theologica Xaveriana* 185 (2018): 1-28.

TEIXEIRA, Aleluia Heringer Lisboa. *Encíclica Laudato Si' e a Educação*: Qual parte nos cabe? Belo Horizonte: Edição do Autor, 2015.

TWIZELIMANA, Théophile. Le sacerdoce commun et la communion entre laïcs et pasteurs d'après *Lumen gentium*. In: *Nouvelle Revue Théologique* 133 (2011): 568-583.

VALENTINI, Demétrio. A Eclesiologia do Vaticano II. In: *Revista Eclesiástica Brasileira* 71 (2012): 678-688.

VIDAL, Marciano. *Nova moral fundamental*: O lar teológico da Ética. Aparecida/SP: Santuário; São Paulo: Paulinas, 2003.

10

Repensando a moral sexual

Uma leitura da sexualidade à luz dos fundamentos da moralidade propostos por Francisco

Ronaldo Zacharias[1]

Introdução

Para o Concílio Vaticano II, a Igreja só pode levar a cabo a sua missão se "investigar a todo o momento os sinais do tempo, e interpretá-los à luz do Evangelho; para que assim possa responder, de modo adaptado a cada geração, às eternas perguntas dos homens acerca do sentido da vida presente e da futura, e da relação entre ambas. É, por isso, necessário conhecer e compreender o mundo em que vivemos, as suas esperanças e aspirações, e o seu caráter tantas vezes dramático".[2]

Passaram-se décadas desde que os padres conciliares fizeram tal afirmação. No campo da sexualidade, tivemos contribui-

---

[1] Ronaldo Zacharias tem Pós-Doutorado em Democracia e Direitos Humanos (*Ius Gentium Conimbrigae* - Universidade de Coimbra - Portugal), é Doutor em Teologia Moral (Weston Jesuit School of Theology - Cambridge/USA), Coordenador do Curso de Pós-Graduação em Educação em Sexualidade (Centro Universitário Salesiano de São Paulo - UNISAL) e Secretário da Sociedade Brasileira de Teologia Moral (SBTM).
[2] COMPÊNDIO DO CONCÍLIO VATICANO II. *Gaudium et Spes*. Constituição Pastoral sobre a Igreja no mundo de hoje. 9 ed. Petrópolis: Vozes, 1968, n. 4.

ções importantes sobre o tema da parte de Paulo VI, João Paulo II e Bento XVI[3] e de várias Congregações Pontifícias.[4] No entanto, há muito por fazer para que, de fato, a Igreja possa levar a cabo a sua missão nessa esfera da vida e atividade humana. Aqui entra a contribuição de Francisco.[5]

Francisco, ao assumir o Pontificado, se depara com uma realidade também percebida pelos seus predecessores, mas en-

---

[3] PAULO VI, Papa. *Humanae Vitae*. Carta Encíclica sobre a regulação da natalidade. 9 ed. São Paulo: Paulinas, 2001; JOÃO PAULO II, Papa. *Homem e mulher o criou*. Catequeses sobre o amor humano. Bauru: EDUSC, 2005; JOÃO PAULO II, Papa. *Familiaris Consortio*. Exortação Apostólica sobre a função da família cristã no mundo de hoje. São Paulo: Paulinas, 1982; BENTO XVI, Papa. *Deus Caritas Est*. Carta Encíclica sobre o amor cristão. São Paulo: Paulinas, 2006. Embora os documentos de Paulo VI e Bento XVI não sejam específicos sobre sexualidade, eles não podem ser ignorados quando se trata de uma compreensão global sobre o assunto. Destaque deve ser feito aqui a João Paulo II, pois foi ele quem se dedicou exaustivamente a uma teologia antropológica da sexualidade humana.
[4] CONGREGAÇÃO PARA A DOUTRINA DA FÉ. *Persona Humana*. Declaração sobre alguns pontos de ética sexual (1975); CONGREGAÇÃO PARA A EDUCAÇÃO CATÓLICA. *Orientações educativas sobre o amor humano*. Linhas gerais para uma educação sexual (1983); CONGREGAÇÃO PARA A DOUTRINA DA FÉ. *Carta aos Bispos da Igreja Católica sobre o atendimento pastoral das pessoas homossexuais* (1986); CONGREGAÇÃO PARA A DOUTRINA DA FÉ. *Algumas reflexões acerca da resposta a propostas legislativas sobre a não discriminação das pessoas homossexuais* (1992); CONSELHO PONTIFÍCIO PARA A FAMÍLIA. *Sexualidade humana: Verdade e significado*. Orientações educativas em família (1995); CONGREGAÇÃO PARA A DOUTRINA DA FÉ. *Considerações sobre os projetos de reconhecimento legal das uniões entre pessoas homossexuais* (2003); CONGREGAÇÃO PARA A EDUCAÇÃO CATÓLICA. *Instrução sobre os critérios de discernimento vocacional acerca das pessoas com tendências homossexuais e da sua admissão ao seminário e às ordens sacras* (2005). Todos esses documentos encontram-se disponíveis em: http//www.vatican.va.
[5] FRANCISCO, Papa. *Amoris Laetitia*. Exortação Apostólica Pós-Sinodal sobre o amor na família. São Paulo: Loyola, 2016 (daqui em diante = AL); FRANCISCO, Papa. *Evangelii Gaudium*. Exortação Apostólica sobre o anúncio do Evangelho no mundo atual. São Paulo: Paulus/Loyola, 2013 (daqui em diante = EG). Reconheço que dois outros temas deveriam ser abordados em conjunto com a sexualidade: o tema do matrimônio e o tema da família. Como o foco desta reflexão não é propor uma análise complexa do ensinamento católico sobre sexualidade, mas indicar elementos para uma nova moral sexual, acredito que o fato de não me referir explicitamente ao ensinamento pontifício sobre matrimônio e família não prejudicará a compreensão do tema em questão e das propostas que serão feitas.

frentada de forma diferenciada: a relação entre rigor doutrinal e benignidade pastoral.⁶ Francisco tem consciência de que optar por uma rigorosa doutrina moral (ortodoxia) ou por uma inconsistente aplicação pastoral (heterodoxia) não seria uma postura acertada para levar a sério o já mencionado desafio proposto pelo Concílio Vaticano II.⁷

Segundo Francisco, o retorno ao Concílio Vaticano é decisivo também para a teologia moral. Ao assumir a pastoral como magistério moral,⁸ Francisco faz uma opção muito clara para repensar tanto a identidade da Igreja quanto a identidade da ética cristã: dar voz à realidade, à prática, à experiência. Para ele, a teoria, o ideal abstrato e a dimensão objetiva da moralidade têm sua devida importância, mas não podem, de modo algum, ter prioridade na reflexão teológico-moral.⁹ A prioridade, para Fran-

---

⁶ Acredito que Paolo Carlotti tem razão quando afirma que a novidade do serviço petrino de Francisco consiste em fazer um "discernimento seletivo" do patrimônio ético-cristão, isto é, ele acentua alguns conteúdos do patrimônio moral, magisterial e teológico que, embora não tenham sido negados nos pontificados precedentes, não foram sublinhados ou valorizados como ele o faz. CARLOTTI, Paolo. *La morale di papa Francesco*. Bologna: EDB, 2017, p. 10 e 42.

⁷ AL 3. A dissonância entre a doutrina oficial e a ação pastoral, entre a pregação da Igreja e o mundo concreto da vida, prejudica a credibilidade da Igreja. Mas Francisco, evidentemente, não pretende intervir – na qualidade de Papa e com a autoridade que lhe é conferida –, no plano dos conteúdos do magistério, produzindo, talvez, novas tensões. Pelo contrário, põe em andamento um processo sinodal de discussão comum. Um testemunho eclesial comum requer uma franca troca de ideias entre as diversas experiências das igrejas locais. Desse modo, no início desse processo, na agenda do Papa encontra-se o começo de uma nova cultura sinodal do diálogo. GOERTZ, Stephan; WITTING, Caroline. Un punto di svolta per la teologia morale? Contesto, ricezione ed ermeneutica di *Amoris Laetitia*. In: GOERTZ, Stephan; WITTING, Caroline (A cura di). *Amoris Laetitia*: Un punto di svolta per la teologia morale? Cinisello Balsamo (Milano): San Paolo, 2017, p. 36.

⁸ Síntese feita por Paolo Carlotti sobre a característica do ensinamento de Francisco. CARLOTTI. *La morale di papa Francesco*, p. 13.

⁹ AL 36 e 305; EG 231 e 233.

cisco, é dada ao sujeito concreto na sua realidade concreta;[10] ele "redireciona a atenção da ética ao *sujeito moral*".[11] Refletir teologicamente significa experienciar a realidade à luz da Palavra de Deus. Para Francisco, a Igreja não cumprirá sua missão se a doutrina continuar separada da vida. A autocrítica proposta por ele à Igreja e à sua teologia moral passa, sim, pela investigação, interpretação e resposta aos sinais dos tempos, mas deve considerar também a proposição de outros sinais, a fim de que a própria Igreja, pondo-se "em saída", encontre Deus onde nem sempre imagina encontrá-lo, por exemplo, nas periferias existenciais e geográficas. Como afirma Aristide Fumagalli, a teologia de Francisco "é anúncio de misericórdia e discernimento das concretas condições de vida que a implementam ou a contrastam".[12]

Considerando que Francisco ainda não escreveu um texto específico sobre sexualidade, mas a abordou indiretamente no âmbito do matrimônio e da família, resulta difícil propor uma nova moral sexual à luz dos seus ensinamentos sobre sexualidade. Por isso, optei, aqui, por um caminho metodológico que possibilite fazer uma leitura da sexualidade à luz dos fundamentos da moralidade propostos por Francisco. Num primeiro momento, apresentarei uma síntese de alguns aspectos importantes do ensinamento da Igreja que são questionados quando confrontados com a realidade concreta em que as pessoas vivem. Em seguida, abordarei a moral do Papa Francisco em linhas gerais, propondo algumas reflexões sobre a sexualidade feitas a partir das portas

---

[10] AL 31. "O critério da realidade, de uma Palavra já encarnada e sempre procurando encarnar-se, é essencial à evangelização" (EG 233). Ver: CARLOTTI. *La morale di papa Francesco*, p. 19; 71-72.
[11] GOERTZ; WITTING. Un punto di svolta per la teologia morale?, p. 78.
[12] FUMAGALLI, Aristide. *Caminhar no amor*: A teologia moral do Papa Francisco. Brasília: Edições CNBB, 2018, p. 17.

abertas por ele. Por fim, destacarei alguns elementos para que a moral sexual seja repensada e ressurja como uma proposta capaz de eliminar – ou ao menos diminuir – o distanciamento entre o magistério da Igreja e a vivência concreta dos fiéis no campo da sexualidade.

1. Uma doutrina constante numa realidade em contínua mudança

No contexto sociocultural atual, a sexualidade, além de não ser mais vivida apenas no âmbito do matrimônio heterossexual, tem se desvinculado cada vez mais do amor, da procriação, da fidelidade e do compromisso. Nenhum contexto parece ser mais considerado ilícito quando o sexo torna-se prática de liberdade em vista da autorrealização por meio da experiência do prazer, da saúde sexual e de relações que sejam significativas, independentemente de quando, como e com quem seja feito.

No contexto eclesial, em matéria de compreensão do significado da sexualidade e do comportamento sexual, foram dados passos significativos de abertura aos dados da ciência – basta considerar, por exemplo, a própria compreensão da sexualidade, da masturbação, da homossexualidade e da pedofilia. Mas o juízo moral a respeito da vivência da sexualidade em situações específicas continua o mesmo há mais de meio século. Isso porque impera, nesse campo, o princípio da continuidade histórica, que prioriza a constância da doutrina.[13]

Há uma doutrina constante numa realidade em contínua mudança. E a distância entre ambas parece ser cada vez maior e cada

---

[13] CONGREGAÇÃO PARA A DOUTRINA DA FÉ. *Persona Humana*. Declaração sobre alguns pontos de ética sexual (1975), n. 8 e 9. Daqui em diante = PH.

vez mais irreconciliável, a ponto de ser caracterizada como um "cisma submerso",[14] isto é, um fenômeno que tem, de um lado, os fiéis que não aceitam mais conceitos doutrinais ou práticas pastorais que não levam a sério o que eles estão vivendo e o que não faz sentido em suas vidas; e, de outro, a Igreja que se preocupa mais com recordar a doutrina do que auscultar com discernimento o que as mudanças socioculturais têm a dizer.

Apresentarei, aqui, uma síntese dos principais aspectos dessa doutrina constante aplicados a três contextos específicos de vivência da sexualidade, para, em seguida, propor alguns questionamentos que continuamente são feitos sobre eles.

1.1 Para os solteiros: sexo é uma "desordem grave"

De acordo com a doutrina do Magistério, toda relação sexual entre solteiros constitui uma "desordem grave".[15] Motivo: as relações sexuais "devem-se realizar somente no quadro do matrimônio", considerado o único contexto no qual "se verifica o nexo inseparável, querido por Deus, entre o significado unitivo e procriativo de tais relações".[16] Mais ainda: as finalidades de uma relação sexual supõem e implicam a existência de uma "comunidade definitiva" que seja reconhecida e garantida pela comunidade civil e, conforme o caso, também religiosa.[17] Caso contrário, as pessoas que têm relações fora de tal contexto estariam antecipando uma realidade que tem por finalidade "conser-

---

[14] PRINI, Pietro. *Lo scisma sommerso*: Il messaggio cristiano, la società moderna e la Chiesa cattolica. Roma: Garzanti, 1999, p. 78.
[15] CONGREGAÇÃO PARA A EDUCAÇÃO CATÓLICA. *Orientações educativas sobre o amor humano*. Linhas gerais para uma educação sexual (1983), n. 95. Daqui em diante = OEAH.
[16] OEAH 95.
[17] OEAH 95.

var, confirmar e expressar uma definitiva comunhão de vida", comunhão que, entre solteiros, não existe.[18] Isso significa que a relação sexual entre solteiros não expressa a realidade objetiva da própria vida e, portanto, não pode ser mediadora da realização de um amor que seja humano, total, fiel e fecundo, como é o amor conjugal.[19] Em outras palavras: relações sexuais entre pessoas solteiras "contradizem o significado da doação conjugal" e, portanto, são imorais.[20]

1.2. Para os casais de segunda união: "vivam juntos em plena continência"

A recomendação oficial é que a Igreja se esforce "infatigavelmente por oferecer aos casais que foram previamente ligados pelo sacramento do matrimônio e que tentaram um segundo casamento os meios de salvação".[21] No entanto, os divorciados que se casaram de novo podem e devem participar da vida da Igreja, desde que se mantenham afastados dos sacramentos, especialmente da Eucaristia, porque "o seu estado e condições de vida contradizem objetivamente aquela união de amor entre Cristo e a Igreja, significada e atuada na Eucaristia. Há, além disso, outro peculiar motivo pastoral: se se admitissem estas pessoas à Eucaristia, os fiéis seriam induzidos em erro e confusão acerca da doutrina da Igreja

---

[18] OEAH 95.
[19] OEAH 95.
[20] CONSELHO PONTIFÍCIO PARA A FAMÍLIA. *Sexualidade humana: verdade e significado. Orientações educativas em família* (1995), n. 102. Daqui em diante = SHVS.
[21] JOÃO PAULO II, Papa. *Familiaris Consortio*. Exortação Apostólica sobre a função da família cristã no mundo de hoje. São Paulo: Paulinas, 1982, n. 84. Daqui em diante = FC.

sobre a indissolubilidade do matrimônio".[22] Na tentativa de distinguir as situações das pessoas divorciadas e casadas de novo, até se admite que há "uma diferença entre aqueles que sinceramente se esforçaram por salvar o primeiro matrimônio e foram injustamente abandonados e aqueles que por sua grave culpa destruíram um matrimônio canonicamente válido". Mais, pode-se admitir, também, que "há ainda aqueles que contraíram uma segunda união em vista da educação dos filhos e, às vezes, estão subjetivamente certos na consciência de que o precedente matrimônio irreparavelmente destruído nunca tinha sido válido".[23] Mas o fato é que tais distinções não fazem nenhuma diferença prática quando se trata de soluções concretas: se os divorciados que se casaram de novo "não se podem separar, 'assumem a obrigação de viver em *plena continência*, isto é, de *abster-se dos atos próprios dos cônjuges*'".[24] A situação e o estado de vida dos casais de segunda união "objetivamente contradizem" o ensino da Igreja: sua união contradiz o ensino sobre a indissolubilidade do casamento; sua tentativa de casar de novo, quando aquele a quem uma das partes "permanece ligada" em matrimônio ainda está vivo, é um erro; as ações realizadas por eles são, consequentemente, consideradas como adultério e, por isso, não lhes é permitido receber a Eucaristia; alguém até pode acolher uma outra pessoa na própria vida, desde que não tenha intimidade sexual com ela. Em síntese, excetuando-se a intimidade sexual, todos os outros aspectos da vida matrimonial – parental, profissional, espiritual, emocional – podem ser compartilhados no nível de intimidade, sem violar a indissolubilidade do casamento anterior. Não importa se uma comunidade de vida e amor seja destruída; há

---

[22] FC 84.
[23] FC 84.
[24] FC 84.

vínculos que ligam os divorciados para sempre. Se quiserem viver juntos, devem viver, como se dizia há um tempo, "como irmãos".

1.3 Para as pessoas homossexuais: "sejam, mas não façam"

Na perspectiva do ensino da Igreja, seja do ponto de vista individual, seja do interpessoal, a homossexualidade "impede a pessoa de alcançar a sua maturidade sexual".[25] Embora o atendimento pastoral das pessoas homossexuais deva ser "acolhedor e compreensivo", embora "sua culpabilidade deva ser julgada com prudência", ninguém, para a Igreja, pode lhes "conceder uma justificação moral". "Segundo a ordem moral objetiva, as relações homossexuais são atos destituídos da sua regra essencial e indispensável." Até mesmo a Sagrada Escritura os condena como "intrinsecamente desordenados" e, com isso, atesta que os atos homossexuais "não podem, em hipótese nenhuma, receber qualquer aprovação".[26] Para aqueles que acham que uma "interpretação mais benigna" possa ser dada à condição homossexual em si mesma, a ponto de considerá-la "indiferente ou até mesmo boa", a posição da Igreja é muito clara: "Embora a particular inclinação da pessoa homossexual não seja em si mesma um pecado, constitui, no entanto, uma tendência mais ou menos acentuada para um comportamento intrinsecamente mau do ponto de vista moral. Por este motivo, *a própria inclinação* deve ser considerada como *objetivamente desordenada*".[27] Visto que

---

[25] OEAH 49.
[26] PH 8.
[27] CONGREGAÇÃO PARA A DOUTRINA DA FÉ. *Carta aos Bispos da Igreja Católica sobre o atendimento pastoral das pessoas homossexuais* (1986), n. 3. Daqui em diante = APPH.

"a atividade homossexual impede a autorrealização e a felicidade porque contrária à sabedoria criadora de Deus",[28] as pessoas homossexuais que procuram seguir o Senhor "são chamadas a realizar a vontade de Deus na sua vida, unindo ao sacrifício da cruz do Senhor todo sofrimento e dificuldade que possam experimentar por causa de sua condição".[29] Não há dúvida de que a cruz é "renegação de si mesmo, mas no abandono à vontade daquele Deus que da morte faz brotar a vida", e "recusar o sacrifício da própria vontade na obediência à vontade do Senhor é, de fato, opor obstáculo à salvação".[30] O único caminho pelo qual as pessoas homossexuais podem seguir fazendo a vontade de Deus é o da "vida casta", que significa abandonar e/ou não praticar qualquer atividade sexual. E esse é o conteúdo concreto da cruz que os homossexuais são chamados a abraçar, uma cruz que, se unida ao sacrifício do Senhor, "constituirá para eles uma fonte de autodoação que os salvará de uma vida que continuamente ameaça destruí-los".[31]

Se "os atos de homossexualidade são intrinsecamente desordenados" e "contrários à lei natural" – pois "fecham o ato sexual ao dom da vida", "não procedem de uma verdadeira complementaridade afetiva e sexual" e, por isso, "em caso algum podem ser aprovados"[32] –, as pessoas homossexuais, entretanto, "devem ser acolhidas com respeito, compaixão e delicadeza", e não devem estar sujeitas a qualquer tipo de "discriminação injusta".[33]

---
[28] APPH 7.
[29] APPH 12.
[30] APPH 12.
[31] APPH 12.
[32] CATECISMO DA IGREJA CATÓLICA. Novíssima edição de acordo com o texto final em latim. 4 ed. Brasília: Edições CNBB; Embu: Ave-Maria; Petrópolis: Vozes; São Paulo: Paulinas/Paulus/Loyola, 2017, n. 2357. Daqui em diante = CIgC.
[33] CIgC 2358.

1.4 Alguns questionamentos que precisam ser considerados

O fato de o ensinamento católico sobre sexualidade se caracterizar por ser constante, não silencia os questionamentos muitas vezes levantados pela própria comunidade dos fiéis, como: será que, mesmo distante do ideal proposto pela Igreja, nenhum tipo de relação sexual entre solteiros pode incorporar ao menos alguns dos significados positivos da sexualidade? Como considerar as ambiguidades implícitas na "solução" da plena continência sexual? Não seria ela uma "solução" mais "cosmética" do que autenticamente pastoral no sentido de visar ao bem das pessoas envolvidas? Não seria uma violação de humanidade privar automaticamente as pessoas homossexuais dos valores que os cristãos encontram na sexualidade, tais como prazer, companheirismo, apoio mútuo, intimidade e comunicação interpessoal? Qual é o valor de uma continência sexual imposta?

Karl-Wilhelm Merks nos ajuda a compreender que a perspectiva adotada por Francisco na *Amoris Laetitia* – desde a consulta feita a todas as conferências episcopais do mundo até as conclusões assumidas por ele na redação final da Exortação Apostólica Pós-Sinodal – deixa claro que ele não é adepto do recurso a uma doutrina constante como modo de "subtrair de ulteriores discussões, quase como por decreto, certos problemas morais ou afins à moral",[34] o que parece acontecer no campo da moral sexual.[35]

---

[34] MERKS, Karl-Wilhelm. Steccati pieni di buchi? Sulla validità generale delle norme morali. In: GOERTZ, Stephan; WITTING, Caroline (A cura di). *Amoris Laetitia*: Un punto di svolta per la teologia morale? Cinisello Balsamo (Milano): San Paolo, 2017, p. 132.

[35] É importante ter presente que Francisco não se dedicou a uma revisão da doutrina. O seu interesse era outro, como procurarei deixar claro mais adiante.

Tendo presente a síntese acima e os questionamentos que dela derivam, podemos afirmar que, mais do que ir ao encontro das exigências de uma época de mudanças, muitas vezes caracterizada pela perda de valores morais, a Igreja tem se limitado a recordar a constância da sua doutrina. Impera o critério da continuidade histórica do ensinamento, mesmo que a história, apesar dos seus limites, sugira que outros caminhos poderiam ser percorridos.

No contexto em que vivemos, a Igreja não pode se omitir de abrir-se ao diálogo se quiser que as suas propostas sejam ouvidas, acolhidas e assumidas como ponto de referência no processo de desenvolvimento e amadurecimento afetivo-sexual das pessoas. Os fiéis de hoje não sabem mais lidar com uma moral casuística, que marginaliza a consciência do sujeito.[36] A nova consciência moral implica uma educação da consciência que os transforme em protagonistas de ações sociais e responsáveis pelos seus próprios atos.[37] A moral casuística, próxima do rigorismo que norteou por muito tempo a práxis cristã, não interessa aos fiéis atuais, porque ela não educa; apenas se impõe de forma autoritária, exigindo das pessoas uma obediência cega. Estaríamos fechados a todos os "sinais dos tempos" se acreditássemos que ela ainda é uma opção viável. A moral "laxista", própria dos meios de comunicação de massa e da sociedade de consumo,

---

[36] AUTIERO, Antonio. *Amoris Laetitia* e la coscienza etica. Uma questione di prospettiva. In: GOERTZ, Stephan; WITTING, Caroline (A cura di). *Amoris Laetitia*: Un punto di svolta per la teologia morale? Cinisello Balsamo (Milano): San Paolo, 2017, p. 81. Para Autiero, um dos méritos de Francisco é o de recolocar a consciência no centro da moral.
[37] AL 37 e 267. Para Francisco, a formação da consciência é muito mais do que mera instrução; ela implica "acompanhamento para tornar a pessoa capaz, enquanto sujeito, de autonomia e de autorresponsabilização ética". AUTIERO. *Amoris Laetitia* e la coscienza etica, p. 89.

por sua vez, também não interessa aos nossos fiéis, porque prega valores que os tornam servidores do mercado, subservientes ao consumo, cada vez mais descartáveis num contexto em que tudo é líquido e, portanto, facilmente se evapora. A nova consciência moral exige educação para os valores, tendo em vista a responsabilidade da ação. Tanto a moral casuística quanto a moral laxista não respondem mais às necessidades do nosso tempo e não se propõem a uma educação crítica de qualidade. Os fiéis desejam ardentemente ser protagonistas de novas ações morais pautadas na liberdade e no amor. Eles não querem mais simplesmente obedecer a regras e normas que não fazem sentido no seu mundo real, ou pautar suas vidas por axiologias que se perderam com o tempo.[38] Como afirma Carlotti, "um dos objetivos da moral é a ampliação e não a redução das possibilidades da liberdade".[39] Se a Igreja como um todo não se abrir à realidade concreta dos fiéis e das comunidades de fé, convicta de que se trata de um lugar teológico, e não dialogar com eles de forma madura, correrá o risco de fracassar em sua missão de atrair para Cristo.[40]

É fato que a doutrina católica sobre sexualidade não presta muita atenção aos dados históricos e culturais; pelo contrário, reduz o intelecto a uma função passiva: "descobrir os valores inscritos na natureza humana".[41] Trata-se de uma metodologia dedutiva: há princípios eternos, universais, imutáveis que de-

---

[38] EG 43. Ver: TRASFERETTI, José A.; ZACHARIAS, Ronaldo. Sexualidade e juventude: Por uma teologia moral da sedução. In: *Revista de Catequese* 36/142 (2013): 23-28.
[39] CARLOTTI. *La morale di papa Francesco*, p. 74.
[40] Vale a pena considerar, aqui, o estudo da COMISSÃO TEOLÓGICA INTERNACIONAL. *O sensus fidei na vida da Igreja*. São Paulo: Paulinas, 2015, estudo que certamente abriria novas perspectivas de reflexão sobre o tema abordado.
[41] PH 3.

vem ser encontrados na natureza humana.⁴² Tal ensinamento entende a sexualidade, primariamente (se não exclusivamente), à luz da finalidade do ato sexual em si mesmo. A prioridade é dada à liceidade dos atos (valem princípios e normas que têm valor absoluto e imutável) em prejuízo do valor e do sentido da sexualidade humana, e, consequentemente, a obediência se torna o critério por excelência para avaliar moralmente o comportamento da pessoa. O que está em jogo, aqui, não é o sentido e a necessidade das normas morais, pois, como afirma Merks, "não existe uma ética sem normatividade, sem princípios vinculantes, sem regras geralmente válidas e sem normas imperativas. A questão é apenas esta: como, de que modo e o que é normatizado e apresentado como vinculante".⁴³ Subjaz a essa questão o modelo moral utilizado para abordar questões sexuais, questões que, tradicionalmente, são consideradas sempre matéria grave: modelo que se fundamenta na lei ou na responsabilidade.

Não seria mais honesto assumir que somente se consideradas a partir do ponto de vista da pessoa toda é que suas ações revelam seu pleno significado? Quando acentuamos o ato físico e a faculdade sexual, corremos o risco de prestar pouca atenção aos aspectos psicológicos, socioculturais, pessoais, relacionais e transcendentes da sexualidade. Não deveria o significado das ações humanas resultar da consideração de todas essas dimensões da vida pessoal? Mais ainda, quando a prioridade é dada à pessoa na sua totalidade, não tem senti-

---

[42] O risco é de desconsiderar o fato de que a natureza humana "subsiste e existe somente em cada pessoa concreta e somente no modo singular próprio de cada pessoa. [...] O sujeito moral é sujeito histórico e, portanto, dinâmico". CARLOTTI. *La morale di papa Francesco*, p. 23.
[43] MERKS. Steccati pieni di buchi? Sulla validità generale delle norme morali, p. 134.

do buscar critérios e normas morais que estejam fixados em algum lugar – na natureza humana, por exemplo –; a moral passa a ser entendida como tarefa nas mãos de quem dá um sentido à vida e procura conformar as próprias opções e ações a esse sentido.[44]

Não seria mais justo assumir o modelo do relacionamento responsável como o modelo ético por excelência? Quanto mais lidamos com questões específicas, tanto mais difícil (se não impossível) se torna admitir leis imutáveis, eternas e universais.[45] Faz-se urgente assumir uma antropologia relacional se quisermos evitar o risco de sermos hipócritas. Se admitirmos o valor e a importância da opção fundamental no juízo moral sobre as ações humanas, não podemos ignorar que atos isolados não podem expressar tudo o que as pessoas são e, muito menos, o sentido mais profundo da sua existência, isto é, o modo como elas escolheram para se realizar como gente e como filhas de Deus.

Se as pessoas vivem relações que expressam os valores próprios do matrimônio, mesmo que não sejam casadas, por que negar a tais relações a devida bondade moral? É preciso que o compromisso seja permanente para justificar tais relações de intimidade? O que humaniza a sexualidade não é o amor? É preciso que este amor seja, necessariamente, conjugal e heterossexual? A maturidade afetivo-sexual não se manifesta na doação (abertura) de si ao outro, no esforço para que a sexualidade "seja cada vez menos um instrumento para usar os outros e cada vez mais uma capacidade de se doar plenamente a uma pessoa, de maneira exclusiva e generosa"?[46] No contexto do

---

[44] MERKS. Steccati pieni di buchi? Sulla validità generale delle norme morali, p. 144.
[45] AL 304.
[46] CV 265.

diálogo interpessoal, as relações de intimidade não contribuem para o amadurecimento integral da pessoa, amadurecimento que a conduzirá ao dom de si ao outro? Não seria mais justo falar de significado fecundo da sexualidade do que de significado procriativo?

Todos são chamados pela Igreja à castidade. Embora a definição de castidade seja muito positiva – "a integração correta da sexualidade na pessoa"[47] –, a impressão que se tem é que, muitas vezes, na prática, ela é apenas sinônimo de continência (abstinência) sexual. Sexualmente ativos ou não, todos somos chamados à castidade, entendida como integração da sexualidade no próprio projeto de vida. Portanto, o modo como cada um vive a própria sexualidade deveria estar intimamente ligado ao sentido mais profundo dado à própria existência. Não é possível educar para a castidade se não educarmos para os valores e para a definição do próprio projeto de vida. A castidade precisa ser entendida como um modo de viver que implica também relações de intimidade de forma responsável e respeitosa. Castidade seria mais bem compreendida se entendida como um modo concreto de acolher a própria sexualidade e empenhar-se para viver os significados positivos que podem ser dados a ela. Isso significa que temos de respeitar as leis próprias do crescimento, que a castidade implica um processo de integração e autodomínio que dura a vida toda (processo sujeito aos riscos próprios de tudo o que é humano).[48]

A sexualidade está intimamente relacionada à vulnerabilidade. Ou melhor, a vulnerabilidade é dimensão intrínseca da sexualidade. Desejar o outro, apaixonar-se, amar significa tor-

---
[47] CIgC 2337.
[48] CigC 2342-2343.

nar-se vulnerável, isto é, aberto a ser ferido/machucado. Se, por um lado, é necessário aceitar o sofrimento de não poder possuir nada nem ninguém, por outro lado, não podemos, em hipótese alguma, provocar sofrimento ou machucar o outro ou a nós mesmos. A virtude da justiça implica a necessidade de responder às exigências da relação estabelecida. Relacionamo-nos com o outro para crescermos como gente. Neste sentido, não machucar o outro nem a si mesmo é o mínimo que se espera de uma relação justa; é o que cada um pode fazer. Sem dúvida que a justiça clama pelo cuidado do outro e isto vai muito além do fato de não causar ao outro alguma dor. Embora o cuidado do outro seja o ideal a ser alcançado (o desejável), evitar machucar o outro é o mínimo que todos podem e, portanto, devem fazer (o possível). Em outras palavras, precisamos ir além da forma das relações para a substância das relações, ou seja, devemos priorizar a qualidade das relações e os valores que elas manifestam. Ao invés de reduzirmos os problemas morais à conformidade ou não com o fato de as relações acontecerem num contexto matrimonial, com o sexo diferente ou com o mesmo sexo, deveríamos prestar atenção à qualidade da nossa presença e da nossa relação.[49] Se não machucar o outro ou a si mesmo é uma das mínimas expressões de justiça, dar ao outro o melhor de si mesmo é a máxima expressão de humanidade. Assim como se proteger pode ser a mínima expressão de justiça na relação, evitar envolver-se em relações de intimidade pode também ser um

---

[49] Vale a pena considerar a reflexão proposta por Konrad Hilpert sobre a característica dos estudos referentes à sexualidade feitos nas últimas décadas, sintetizada na fórmula: "da moral sexual e ética da relação". HILPERT, Konrad. Etica della relazione quale necessità del momento: Riflessione teologico-morale, dottrina ecclesiale e pratica pastorale in *Amoris Laetitia*. In: GOERTZ, Stephan; WITTING, Caroline (A cura di). *Amoris Laetitia*: Un punto di svolta per la teologia morale? Cinisello Balsamo (Milano): San Paolo, 2017, p. 200-203.

modo concreto de evitar tirar proveito do outro ou da relação, e isso pode ser a mínima expressão de humanidade.[50]

Se formos honestos, reconheceremos que o presente "cisma" existente entre o que o Magistério ensina sobre questões sexuais e o que os fiéis vivem compromete tanto o sentido de eclesialidade como o de comunhão. A distância entre o Magistério e os fiéis em matéria de sexualidade aumenta, e isso faz o ensinamento da Igreja correr o risco de ser transmitido por ondas não mais captadas pela sensibilidade contemporânea. O resultado não seria outro senão dois mundos completamente diferentes, com sensibilidades irreconciliáveis e valores radicalmente distintos (em princípio, isso não seria um problema se esses dois mundos dialogassem).[51]

Acredito estarmos todos de acordo que "os fatos não constituem um critério que permita julgar o valor moral dos atos humanos".[52] Por outro lado, devemos também admitir que os fatos *indicam* alguma coisa para nós, sobretudo se cremos que o Espírito de Deus sopra onde quer e dá vida ao que quer (Jo 3,8) e nos impele continuamente a investigar, interpretar e responder aos sinais dos tempos. Urge, portanto, encarar com coragem alguns precedentes que podem estar na origem das muitas crises que estamos enfrentando.

---

[50] Segundo Carlotti, "os condicionamentos podem ser tão pesados e permanentes que o sujeito moral pode, de fato, mover-se em direção ao bem apenas diminuindo o mal – mesmo que só quantitativamente –, pois naquele momento pode não estar em condição de fazer mais e agir plenamente para o bem". CARLOTTI. *La morale di papa Francesco*, p. 88.
[51] Na *Christus Vivit*, Francisco reconhece que "a moral sexual é muitas vezes 'causa de incompreensão e distanciamento da Igreja, já que se percebe como um espaço de julgamento e condenação". FRANCISCO, Papa. *Christus Vivit*. Exortação Apostólica Pós-Sinodal aos jovens e a todo o povo de Deus. São Paulo: Paulinas, 2019, n. 81. Daqui em diante = CV.
[52] PH 9.

2. Um olhar sobre a sexualidade à luz das portas abertas por Francisco

As portas abertas por Francisco se caracterizam, sobretudo, pelo fato de ele partir da experiência pastoral para repensar a identidade da ética cristã, conjugando práxis e teoria, realidade concreta e identidade abstrata. É o que Carlotti sintetiza como "círculo hermenêutico" de Francisco.[53] Além disso, com a *Amoris Laetitia,* o Papa consegue oferecer uma perspectiva muito importante para a moral sexual. Depois de afirmar que, entre a possibilidade de marginalizar e integrar, "o caminho da Igreja [...] é sempre o de Jesus: o caminho da misericórdia e da integração",[54] de chamar a atenção para o fato de que "é preciso evitar juízos que não levam em consideração a complexidade das diversas situações e é necessário prestar atenção ao modo como as pessoas vivem e sofrem por causa da sua condição",[55] Francisco conclama a Igreja a "integrar a todos, [...] ajudar cada um a encontrar a sua própria maneira de participar na comunidade eclesial, para que se sinta objeto de uma misericórdia 'imerecida, incondicional e gratuita'. Ninguém pode ser condenado para sempre porque esta não é a lógica do Evangelho".[56] E o mais importante,

---

[53] CARLOTTI. *La morale di papa Francesco,* p. 15.
[54] AL 296. FUMAGALLI. *Caminhar no amor,* p. 71-73.
[55] AL 296.
[56] AL 297. Para Francisco, a misericórdia não é apenas um "princípio de acompanhamento", mas um "princípio constitutivo do juízo moral". BOGNER, Daniel. Un cenno di cambiamento: L'ambivalenza della 'gradualità' in *Amoris Laetitia.* In: GOERTZ, Stephan; WITTING, Caroline (A cura di). *Amoris Laetitia*: Un punto di svolta per la teologia morale? Cinisello Balsamo (Milano): San Paolo, 2017, p. 177; PERRONI, Marinella. *Querigma e Profecia*: A hermenêutica bíblica do Papa Francisco. Brasília: Edições CNBB, 2019, p. 78-81.

Francisco não se refere "só aos divorciados que vivem em uma nova união, mas a todos seja qual for a situação em que se encontram".[57] Tendo presentes tais aspectos, acredito poder estender à situação dos jovens solteiros e das pessoas homossexuais os mesmos critérios usados para abordar a situação dos casais de segunda união.

A meu ver, a identificação da moral sexual com o ensinamento do Magistério sobre sexualidade e a abordagem da moral sexual no contexto do matrimônio são duas razões que explicam as dificuldades que temos de lidar praticamente com questões sexuais na orientação e no acompanhamento das pessoas. Essa dificuldade resulta ainda mais evidente quando a orientação pastoral sobre assuntos sexuais se reduz à apresentação das normas da Igreja ou quando o critério para avaliar a moralidade de determinado comportamento é a conformidade com tais normas.[58] Evidência explícita dessa dificuldade é o fato de as normas serem completamente ignoradas ou substituídas, quando necessário, por uma atitude pastoral considerada mais misericordiosa (a tensão entre rigor doutrinal e solicitude pastoral é sadia, desde que a prioridade seja dada à segunda; não se trata de ser condescendente com qualquer atividade sexual, mas de apresentar caminhos por meio dos quais a prática cristã se reencontra com o amor incondicional de Cristo). Resulta evidente que precisamos de um novo modelo ético para poder mediar eficazmente a integração entre o que a Igreja ensina e as necessidades dos fiéis.

Para o Magistério da Igreja, o contexto que torna autenticamente humana uma relação amorosa é a instituição do matrimônio. Mesmo que o matrimônio seja assumido como contexto

---
[57] AL 297.
[58] AL 304, 37, 2.

ideal para relações de intimidade sexual, torna-se muito difícil pressupor que não exista outro contexto lícito para relações de intimidade entre as pessoas não casadas. Quando o matrimônio é assumido como "o" único contexto ideal para as relações de intimidade sexual, não há o que propor para os não casados a não ser a abstinência sexual, entendida como privação do uso do sexo para obtenção do prazer. Mas isso é muito pouco se considerarmos a riqueza do convite à castidade feito a todas as pessoas! A castidade, entendida como um modo de vida que capacita a pessoa a humanizar e integrar a própria sexualidade em todo tipo de relação, seria a proposta ideal para aqueles que, sexualmente ativos ou não, desejam estabelecer relações que sejam expressão de fidelidade, justiça, reciprocidade, doação, amor, compromisso.

Se há algo de que a Igreja não pode ser acusada é de que a sua compreensão de sexualidade seja redutiva. Muito pelo contrário, trata-se de uma concepção extremamente positiva: a sexualidade humana é um "componente fundamental da personalidade, um modo de ser, de se manifestar, de comunicar com os outros, de sentir, de expressar e de viver o amor humano".[59] Longe de reduzi-la a um mero acidente, atributo ou qualidade da pessoa, a sexualidade é assumida como dimensão constitutiva do ser humano. No entanto, quando se trata da vivência da sexualidade fora do contexto matrimonial, a concepção holística da sexualidade exerce pouca influência sobre o juízo de valor a respeito de tal vivência. Subjaz a esta ambiguidade a relação entre conhecimento moral objetivo e experiência moral subjetiva. Quando a objetividade do conhe-

---

[59] OEAH 4.

cimento moral é determinada exclusivamente por valores morais que devem ser perfeitamente realizados, qualquer prática que escape desta realidade é considerada objetivamente como grave desordem moral, independentemente das circunstâncias e das intenções do sujeito. Desta forma, corre-se o risco de reduzir a sensibilidade pastoral a uma questão de justificar por que as pessoas nem sempre são subjetivamente culpadas pelas suas ações erradas, mesmo se o que fizeram seja considerado como objetivamente grave. Conclusão: não se pode esperar mais do que respostas "cosméticas" para certos dilemas morais!

Se a sexualidade é, de fato, um dom a ser integrado em nossas vidas e se nós somos chamados a nos realizar como pessoas sexuadas, integrando o que somos com o que fazemos, o nosso modo de viver deveria favorecer tal integração. Acreditar que a abstinência sexual seja o único caminho por meio do qual os não casados podem alcançar a excelência moral, ou que o autocontrole seja a virtude mais importante para preservar a abstinência sexual, efetivamente não ajuda as pessoas a integrar o que são e o que vivem em relação à sexualidade. A ênfase na ilicitude de todo comportamento sexual fora do matrimônio não pode continuar tendo prioridade sobre a ênfase nas disposições que deveriam ser desenvolvidas para se viver uma vida sexualmente responsável. Não há dúvida de que a abstinência sexual proposta aos não casados tem grande importância no processo educativo, sobretudo dos adolescentes e jovens. Contudo, o que está em jogo é o fato de que ela, sozinha, não pode ser a única proposta para alcançar a excelência moral na vivência da sexualidade, o único meio de realização sexual. A dicotomia entre ser-agir que subjaz ao ensinamento do Magistério em matéria sexual precisa ser superada se quisermos, como instituição, enfrentar a insignificância da nossa proposta para a maioria das pessoas.

A questão moral, no que se refere à prática sexual, não pode ser reduzida a uma questão de quais atos são permitidos para quem e sob quais circunstâncias. Trata-se, sobretudo, do esforço para alcançar a melhor condição para viver, nos limites da própria situação,[60] os significados positivos inerentes à sexualidade. Isso implica que, embora devamos levar em consideração princípios *a priori* e o *status* jurídico da pessoa como elementos importantes na avaliação moral de certos comportamentos, não podemos manipulá-los a ponto de enquadrar o exercício da sexualidade dentro dos limites de uma relação conjugal heterossexual. Uma ética sexual cristã deveria ser, em primeiro lugar, uma ética sobre a qualidade das relações entre as pessoas, e não sobre o que pode ou não pode ser feito. Ela deveria ser pensada como uma ética da sexualidade capaz de expressar as vozes de todas as pessoas, casadas, solteiras, viúvas, separadas, consagradas, hetero ou homossexuais. Como sugere Carlotti, devemos considerar que, numa determinada ação, quem está presente é a pessoa[61] e ela deveria ser o sujeito da reflexão ético-moral, e não um mero objeto sobre o qual se propõe tal reflexão.

Sem abrir mão dos ideais morais a serem propostos, faz-se urgente elaborar uma ética sexual que assuma seriamente a fraqueza humana, acolha a pessoa em sua vulnerabilidade, afirme a capacidade humana para o bem, reconheça que, em determinadas circunstâncias, não há outra opção senão realizar não tanto o que

---
[60] AL 305.
[61] CARLOTTI. *La morale di papa Francesco*, p. 73.

é humano, mas optar pelo menos desumano. Isso significa optar, praticamente, por aquilo que é possível, e não tanto por aquilo que é desejável.[62] Trata-se de uma ética sexual que não dispensa do confronto com o ideal e da abertura aos apelos que provêm dele – sobretudo os apelos evangélicos –, mas que reconhece que, em certos momentos, o ideal não pode ser plenamente realizado e que isso não diminui o valor moral das próprias escolhas. O fato de as pessoas não conseguirem ou poderem viver a plenitude do ideal moral proposto a elas não significa que suas escolhas não expressem nenhuma bondade moral.[63] Em outras palavras, não dá mais para pensar a moralidade apenas em termos de tudo ou nada, de branco ou preto![64] Se tivermos presente que é a disposição para acolher a boa-nova do Evangelho na própria vida e deixar-se transformar por ela a exigência primeira para percorrer um caminho de santidade, não há como não assumir a tolerância e a gradualidade como imperativos morais![65] Isso significa que o juízo sobre um determinado comportamento deve renunciar à pretensão de ser absoluto. Ele será sempre relativo, porque não

---

[62] EG 45 e 168. É importante considerar o que afirma Fumagalli: "O discernimento pessoal e pastoral tem como objetivo o bem possível. O bem possível não é o bem absoluto, definitivo, isto é, que deve prescindir da pessoa que o pratica; ele corresponde, justamente, ao dinamismo moral próprio da pessoa humana, a qual não pratica imediatamente todo o bem, mas progride gradualmente na sua atuação. O bem possível, por quanto mínimo em relação ao bem absoluto é, todavia, o bem máximo em relação à pessoa que o pratica. Portanto, embora menor em relação ao bem absoluto, o bem possível é definível como o melhor bem". FUMAGALLI. Caminhar no amor, p. 65.
[63] AL 301-304.
[64] AL 305.
[65] AL 38 e 295. Tanto a tolerância quanto a gradualidade poderiam ser acusadas de reducionismo subjetivista. Carlotti tem razão quando afirma ser necessário distinguir entre perspectiva subjetiva e subjetivismo. Para ele, "o bem moral objetivo deve ser considerado do ponto de vista da sua praticabilidade por parte de um sujeito moral concreto e situado". CARLOTTI. La morale di papa Francesco, p. 85.

pode ser isolado do contexto em que um determinado comportamento é assumido.[66]

Faz-se urgente repensar a ética da sexualidade cristã. Mas isso não é uma tarefa exclusiva nem dos teólogos moralistas nem do Magistério da Igreja. O repensamento da ética sexual é responsabilidade de toda a comunidade eclesial.[67] Mais ainda, se porventura a comunidade eclesial excluir alguém por causa do modo de formular e apresentar as exigências éticas do Evangelho, torna-se uma obrigação moral repensar toda a sua prática à luz dos feitos de Jesus.[68] No entanto, esse repensamento não pode se dar no vácuo. A comunidade eclesial precisa abrir-se e ouvir as vozes daqueles que são ou se sentem excluídos. Isso significa colocar as pessoas no centro da própria reflexão e deixar que elas expressem – no sentido de dar voz – as suas necessidades, dificuldades, sonhos e esperanças. Acreditando que as "sementes do Verbo" estão em todo lugar, não podemos ignorar o fato de que as pessoas que são ou se sentem excluídas podem encontrar modos de encarnar certos valores evangélicos mesmo em contextos distantes do ideal evangélico. Isso não as dispensa, é claro, de confrontar-se com os valores evangélicos dos quais se distanciaram ou que passaram a ignorar. Se o Deus experienciado pela comunidade eclesial é Aquele que leva a sério a fraqueza humana, não para condená-la, mas para redimi-la; se Ele é experienciado como Aquele que con-

---

[66] BOGNER. Un cenno di cambiamento: L'ambivalenza della 'gradualità' in *Amoris Laetitia*, p. 164-166.
[67] É importante ter presente que, para Francisco, não existe um Magistério isolado, apartado do mundo e mais inspirado do que os demais fiéis. A escuta dos fiéis e, especialmente, daqueles sem voz e descartados da humanidade, é imprescindível. Francisco valoriza os fiéis "como sujeitos da Igreja". GOERTZ; WITTING. Un punto di svolta per la teologia morale?, p. 78. Ver AL 3, 199 e EG 198, 32, 16.
[68] AL 297.

fia na capacidade humana para o bem, não será difícil entender que a prioridade deverá ser dada ao tipo de pessoa que alguém está se tornando ao deixar-se transformar pelo amor de Deus e ao esforço feito para produzir frutos na caridade, seja qual for o seu estado ou condição de vida.[69] Para Francisco, o fato de a misericórdia de Deus ser "radicalmente inclusiva" implica que a pastoral da Igreja se caracterize também por uma "proximidade inclusiva".[70]

Toda proposta moral não pode ignorar o fato de que as normas morais têm função pedagógica. Embora no campo da moral sexual as normas tenham sido apresentadas sempre como inegociáveis, Francisco não se preocupa tanto em mudar o sentido das normas, "mas o sistema normativo", isto é, as normas existem, mas não isoladas das situações concretas dos sujeitos e, por isso, devem sempre ser relativizadas.[71] É a realidade concreta que definirá o modo como devem ser apresentadas: não há problema algum quando a situação requerer que as normas sejam apresentadas como regras concretas que permitem ou proíbem certos comportamentos ou como um apelo à própria autenticidade e autonomia. Para além de todo tipo de formulação normativa, em todas as situações, a prioridade deve ser dada sempre aos valores que as normas ex-

---

[69] AL 308. Ver tambpem: CARLOTTI. *La morale di papa Francesco*, p. 56.
[70] CARLOTTI. *La morale di papa Francesco*, p. 25 e 19. Para Stephan Ernst, o Papa Francisco se move na lógica da integração e esta o conduz não a marginalizar as pessoas, mas a acolhê-las com misericórdia e reintegrá-las. ERNST, Stephan. Situazioni "irregolari" e colpa personale in *Amoris Laetitia*: Una frattura con la tradizione dottrinale? In: GOERTZ, Stephan; WITTING, Caroline (A cura di). *Amoris Laetitia*: Un punto di svolta per la teologia morale? Cinisello Balsamo (Milano): San Paolo, 2017, p. 127.
[71] MERKS. Steccati pieni di buchi? Sulla validità generale delle norme morali, p. 150-151. Preciso deixar claro que Francisco não defende a desobediência à norma. Pelo contrário, para ele as normas morais representam bens que podem ser alcançados por meio da sua observância. No entanto, ele tem clareza de que as normas são sempre gerais e abstratas, incapazes de considerar todas as situações e adequar-se a elas (AL 304).

pressam. O convite a abraçar e encarnar determinados valores é o que conta. Isso significa que as normas têm um papel relativo: elas são importantes na medida em que alguém precise delas. Enquanto cristãos, somos chamados a seguir a Cristo, seguimento este que implica adesão à sua pessoa e ao seu projeto de vida. Praticamente, isso significa que toda experiência moral deveria derivar desta opção. Não podemos desconsiderar, no entanto, que até mesmo o seguimento a Jesus tem um caráter progressivo. Ele não requer, como ponto de partida ou como condição fundamental, adesão a uma doutrina específica ou a um conjunto de normas,[72] mas à vontade de abraçar o Reino na própria vida, Reino no qual "santidade" tem muitas diferentes expressões. E, por incrível que pareça para alguns, os Evangelhos são testemunha primeira de tal realidade.

Há quem afirme que, se o ensino do Magistério sobre sexualidade fosse, de fato, inspirado pela Palavra de Deus, algumas referências bíblicas não serviriam apenas como notas de rodapé para justificar a existência de normas morais tidas como absolutas. O modo como habitualmente os documentos eclesiais sobre sexualidade lidam com a Sagrada Escritura carece de levar em conta os processos exegético e hermenêutico na compreensão do texto e do seu significado.[73] Quando isso acontece, o risco é evidente: o significado do texto e, mais ainda, a verdade do texto ficam em segundo plano diante do fato de ele servir ou não para comprovar o que se pretende que ele comprove. Como afirma Walter Kasper,

---

[72] Como afirma Carlotti, a fidelidade a Deus não pode ser medida pela conformidade ou desconformidade material entre o comportamento e a norma geral. CARLOTTI. *La morale di papa Francesco*, p. 72.
[73] Sobre a relação entre Sagrada Escritura e Moral Sexual, considerar a contribuição feita em: ZACHARIAS, Ronaldo. Scripture and Sexual Ethics: From Absolute Trust and Systematic Suspicion to a Hermeneutics of Appreciation. In: CHAN, Yiu Sing Lúcás; KEENAN, James F.; ZACHARIAS, Ronaldo (Eds.). *The Bible and Catholic Theological Ethics*. Maryknoll, NY: Orbis, 2017, p. 273-285.

"não se pode mais continuar apenas com os *dicta probantia* bíblicos, sem reflexão hermenêutica".[74] Não há como não questionar este tipo de recurso à Sagrada Escritura! Afinal de contas, quais são os critérios usados para escolher este ou aquele texto e dar a ele maior ou menor autoridade? Tais critérios derivam da própria Sagrada Escritura ou dependem de quem a lê? Quando um texto é escolhido porque serve perfeitamente ao interesse de quem o escolhe, a autoridade do próprio texto fica comprometida. O que significa assumir a Sagrada Escritura como alma da reflexão teológica é tarefa que ainda temos de aprender, sobretudo no campo da moralidade![75] Francisco, com a *Amoris Laetitia*, nos dá uma lição nesse sentido: ele consegue dar aos textos uma nova impostação, *"não interpretando diversamente os textos clássicos sobre matrimônio e família, mas colocando-os mais conscientemente sob a plena luz de toda a mensagem evangélica* e preenchendo com conteúdo os interstícios encontrados em tal anúncio e doutrina".[76]

3. Alguns elementos para uma nova moral sexual

Os aspectos até agora elencados servem para ilustrar o quanto certas concepções de sexualidade e até mesmo de moralidade podem estar na base do "cisma submerso" existente no coração da Igreja. A coragem de rever tais concepções poderá fazer emer-

---

[74] KASPER, Walter. Prefazione dal punto di vista della teologia sistematica. In: MANICARDI, Ermenegildo. *La Bibbia nell' Amoris Laetitia*: Um promettente cantiere ermeneutico. Bologna: EDB, 2018, p. 8-9.
[75] O estudo de Ermenegildo Manicardi evidencia que Francisco, na *Amoris Laetitia*, se serviu de uma adequada impostação bíblica e de uma hermenêutica contemporânea, "verdadeiramente inspirada pelo Concílio Ecumênico Vaticano II e pelos princípios hermenêuticos da *Dei Verbum*". MANICARDI. *La Bibbia nell' Amoris Laetitia*, p. 13; 109-111.
[76] MANICARDI. *La Bibbia nell' Amoris Laetitia*, p. 110.

gir outras tantas crises. Não importa! Importa que, por não serem mais submersas, saberemos lidar mais sadia e sabiamente com elas e extrair delas um novo sabor para viver o que acreditamos e professamos.[77]

Porque estamos acostumados a pensar em intimidade sexual fora do casamento como algo ilícito e pecaminoso, ignoramos o fato de que, para muitas pessoas, é, na realidade, a ausência de um parceiro sexual que representa a perda do contexto vital para o crescimento e a integração pessoais. Embora a intimidade sexual em si mesma não garanta crescimento e amadurecimento, não podemos negar que ela desempenha papel importante no processo de realização pessoal. Se é possível intimidade pessoal sem intimidade física, isso não significa que se possa negar que a intimidade física desempenhe papel importante na experiência de reciprocidade. Assim como a abstinência sexual – quando não imposta – pode ter um sentido positivo se for integrada a um projeto de vida, a intimidade sexual – especialmente em relações em que há compromisso – pode ser um "lugar" onde se aprende a ser compassivo e respeitoso, porque revela a mais profunda vulnerabilidade da pessoa. Muitos tipos de relacionamentos oferecem oportunidade para genuína mutualidade; mas são os relacionamentos de intimidade sexual que oferecem maior potencial e desafio para aprender como amar mutuamente.[78]

A questão, aqui, é o reconhecimento de que, por meio de relacionamentos íntimos, a pessoa tem a oportunidade de desen-

---

[77] Vale a pena considerar, aqui, os desafios apresentados em: ZACHARIAS, Ronaldo. Fundamentalismo ético-moral. *Amoris Laetitia*: um "não" radical à pretensão fundamentalista. In: MILLEN, Maria Inês de Castro; ZACHARIAS, Ronaldo (Orgs.). *Fundamentalismo*: Desafios à ética teológica. Aparecida: Santuário / São Paulo: Sociedade Brasileira de Teologia Moral, 2017, p. 246-252.
[78] HARTWIG, Michael J. *The poetics of Intimacy and the Problem of Sexual Abstinence*. New York: Peter Lang, 2000.

volver sua capacidade de conhecer melhor a si mesma e a outra pessoa. Isso significa que o amadurecimento resulta de um processo no qual temos constantemente a oportunidade de aprender como amar profundamente. Considerando que esse processo é grandemente influenciado pelo grau de desenvolvimento físico e psicológico das pessoas envolvidas na relação, torna-se evidente que não se pode exigir o amadurecimento afetivo como ponto de partida de um relacionamento. Comete-se um erro quando se pede às pessoas mais do que elas podem dar naquele determinado momento de sua vida.

Nessa perspectiva, resulta evidente que precisamos recuperar o sentido positivo do prazer sexual. Somos chamados a apreciá-lo como bênção, e não como maldição. Para melhor apreciar o prazer sexual como bênção, precisamos admitir que nosso anseio por amor e mutualidade é uma realidade corpórea. Só assim seremos capazes de compreender – e, felizmente, apreciar – nossos impulsos sexuais como dons que nos levam ao relacionamento com outros. Embora desejo e prazer sexuais tenham um sentido ambivalente, é inegável que os relacionamentos com outros a que nos impelem podem ser uma oportunidade de compreendermos que o outro é uma pessoa que não pode ser reduzida ao seu corpo físico. Como pessoa, o outro tem sentimentos que precisam ser contextualizados, isto é, ser compreendidos, respeitados e partilhados. E não só o outro, mas eu também sou uma pessoa com sentimentos que precisam ser contextualizados. Resulta que os relacionamentos precisam de tempo para amadurecer, e esse tempo necessário depende da maturidade afetiva das pessoas envolvidas.

Se somos chamados a aprender como nos tornar adequadamente vulneráveis, abrindo espaço para o outro em nossas vidas;

a incorporar intimidade como graça; a repartir poder com o outro quando entramos num relacionamento; a nos comprometer com o bem-estar e a realização de quem participa de nossa intimidade; a não fugir do outro depois de obter o que queríamos, então devemos recuperar a intimidade sexual como "o lugar" em que experimentamos tudo isso. Em outras palavras, relações sexualmente íntimas podem nos capacitar a participar de relacionamentos nos quais, ao dar e receber, ao lidar com mudança e imprevisibilidade, ao aprender experimentando e experimentar aprendendo, descobrimos quem somos e quem somos chamados a ser.

Se a essência de nossa sexualidade é o amor, entendido como doação e acolhimento, dar e receber, então a intimidade sexual deveria ser uma expressão dessa essência fundamental. O amor torna-se a condição *sine qua non* para expressar adequadamente a nossa sexualidade.[79] O problema é que, ao assumir a abstinência sexual como "o" modelo de excelência moral, a Igreja considera que a capacidade de amar da pessoa pode ser destruída pelo que ela chama de "uso desordenado" do sexo. A capacidade de amar da pessoa é destruída quando se faz do "prazer, em lugar do dom sincero de si, o fim da sexualidade, reduzindo as outras pessoas a objetos da própria gratificação".[80] Concordo que o prazer não pode ser o fim da sexualidade, e que uma pessoa não pode ser usada como meio, mas classificar as relações sexuais entre pessoas solteiras, homossexuais ou envolvidas numa segunda união, por exemplo, sob o rótulo de "uso desordenado do sexo" é, no mínimo, problemático, porque estaríamos desvalorizando o esforço que essas pessoas frequentemente fazem para viver de maneira responsável os valores

---

[79] Ver: HILPERT. Etica della relazione quale necessità del momento, p. 202.
[80] SHVS 105.

que podem ser encontrados na intimidade sexual. É verdade que alguns usos "desordenados" da sexualidade podem minar a capacidade pessoal de amar. Mas condicionar a capacidade de amar a estado civil, categorias de gênero, ou abertura para a procriação significa não compreender a verdadeira essência do amor, isto é, o esforço de ir ao encontro do outro mediante o dom de si mesmo e acolher o outro, fazendo do próprio amor a base para que o outro seja capaz de responder com amor. A excelência moral é plural nas suas dimensões históricas, culturais e pessoais. Em outras palavras, o modelo de virtude sexual baseado na castidade, entendida como abstinência sexual, não pode ser o único modelo de excelência moral. Vale ter presente, por exemplo, que Francisco não confirma a postura assumida por João Paulo II na *Familiaris Consortio* de que os casais em situação irregular vivam em "plena continência". Para Francisco, esta não pode ser a única opção possível.[81]

Para a Igreja, o amor é a essência da sexualidade e a procriação é sua orientação primária. Nessa perspectiva, a menos que a intimidade sexual seja uma expressão dessa orientação primária, a pessoa não se dá "totalmente" nem pode amar "verdadeiramente" o outro. Deixando de lado o problema da inse-

---

[81] O capítulo de Eva-Maria Faber e Martin M. Lintner consite numa excelente comparação entre *Familiaris Consortio* e *Amoris Laetitia*, que vale a pena ser considerada. FABER, Eva-Maria; LINTNER, Martin M. Sviluppi teologici sulla questione dei divorziati risposati in *Amoris Laetitia*. In: GOERTZ, Stephan; WITTING, Caroline (A cura di). *Amoris Laetitia*: Un punto di svolta per la teologia morale? Cinisello Balsamo (Milano): San Paolo, 2017, p. 220-248. Sobre a plena continência, ver p. 246-248. Ver também: ERNST. Situazioni "irregolari" e colpa personale in *Amoris Laetitia*, p. 127-128. Embora não seja possível aprofundar aqui a questão, vale a pena notar que, no Capítulo VIII, a *Amoris Laetitia* se refere às situações "irregulares" como "situações chamadas 'irregulares'", como se tirasse delas o peso moral e as considerasse como uma simples denominação. HILPERT. Etica della relazione quale necessità del momento, p. 215.

parabilidade entre os significados unitivo e procriativo da sexualidade e o da possibilidade concreta de um dom "total" de si – questões que mereceriam ser aprofundadas, mas que nos distanciariam do objetivo aqui proposto – é importante lembrar que a linguagem do corpo não é exclusiva nem essencialmente heterossexual ou reprodutiva. Ela é, sobretudo, sexual e fecunda. Há diferentes maneiras pelas quais as pessoas são capazes de ser fecundas e criativas em relações sexuais que acontecem num contexto de compromisso. Na medida em que a intimidade sexual for amorosa, ela é moralmente boa. Não é a ausência da intenção de procriar que torna o sexo menos amoroso ou menos verdadeiro e, portanto, moralmente mau. De fato, não é sempre possível que um ato particular de intimidade sexual incorpore todas as possíveis intenções ou emoções que poderiam ser partilhadas entre parceiros sexuais.[82] Mesmo que isso fosse possível, não podemos presumir que todos queiram ou precisem incorporar todas essas emoções e intenções. Se o amor sexual não é impelido exclusivamente – ou, mesmo, primariamente – pelo *telos* da reprodução, então os valores que governam a prática sexual podem bem ser ajustados para servir a objetivos que, de fato, muitas vezes constituem as primeiras motivações pelas quais as pessoas se relacionam sexualmente: prazer, intimidade, comunicação, amor. Esses objetivos não excluem a procriação, mas a governam: as pessoas procriam por inúmeros motivos – inclusive por amor –, mas a procriação não é um fim em si mesma, haja vista que a maioria dos que geram filhos não são, de forma alguma, motivados por preocupação com a

---

[82] Vale considerar, aqui, o brilhante estudo feito por Rocco Buttiglione ao responder aos críticos da *Amoris Laetitia*. BUTTIGLIONE, Rocco. *Risposte amichevoli ai critici di Amoris Laetitia*. Milano: Ares, 2017.

sobrevivência da espécie.

Não há dúvida de que a sexualidade pode incorporar uma gama enorme de significados. O mesmo se pode dizer da intimidade sexual. Isso significa que a intimidade sexual pode expressar diferentes significados dependendo do contexto em que acontece. Pode ser um meio de evocar prazer, expressar atração física, incorporar intimidade emocional, dar vida a um compromisso de longo prazo, tanto quanto um meio de evocar poder, expressar irresponsabilidade, incorporar desigualdade, despertar a violência. O ponto crucial, aqui, é reconhecer que essa variedade de significados pode ser expressa em qualquer tipo de intimidade sexual, inclusive nas relações heterossexuais conjugais orientadas para a procriação. Em outras palavras, não é nem o estado civil da pessoa, nem sua orientação sexual que, automaticamente, fazem da intimidade sexual uma expressão de amor. Por causa da sua maleabilidade, a sexualidade pode expressar uma variedade de potencialidades humanas. O erótico oferece um espaço de possibilidades para explorar e afirmar positivamente os diferentes modos de ser humano. Segue-se, daí, que, assim como é difícil avaliar o sentido da intimidade sexual entre os que são casados – ou, mais apropriadamente, engajados em relacionamentos de compromisso –, também é difícil avaliar o sentido da intimidade presente em relacionamentos episódicos. Acredito que a gramática da sexualidade sadia não é a imposição de rígidos papéis de gênero ou de identidade sexual, mas uma apreciação de como amar de maneira comprometida. Isso implica aprender o que significa ser amado por fazer-parte-de, e não por se conformar às expectativas do outro. Implica aprender como amar os outros porque fazem-parte-de, e não porque trazem alguma vantagem. Implica aprender como amar os que são diferentes, particularmente os que sofrem preconceitos sociais.

A moralidade das relações pessoais não pode ser reduzida a ter ou não relações sexuais fora do casamento. Embora a Igreja reconheça a importância da integração entre valores e normas, proponha os primeiros e motive as segundas,[83] às vezes tenho a impressão de que, na prática pastoral, dá-se prioridade às normas, a despeito do sofrimento e da culpa a que são submetidas muitas pessoas por causa delas.[84] Fundamentando seu ensino em normas morais "divinamente" instituídas, a Igreja as cerca de um ar de imutabilidade que não deixa espaço para a indagação do sentido que elas têm na situação concreta das pessoas.[85]

No entanto, as normas morais precisam ser interrogadas para cumprir sua função. Não visam elas favorecer o bem-estar e a realização humana? Se, idealmente, a moralidade possibilita a excelência humana, resulta implícito que as normas que comprometem a obtenção dessa excelência precisam ser revistas. A abstinência sexual imposta é uma dessas normas. Se admitirmos que as pessoas podem amar genuína e fielmente, cada uma com sua própria história e seu próprio padrão de intimidade, então precisamos reavaliar o significado da abstinência sexual imposta aos não casados, às pessoas homossexuais e aos casais de segunda união. Quando a abstinência sexual é imposta, as expressões de intimidade sexual são imediatamente classificadas como certas ou erradas, em vez de serem vistas como potenciais oportunidades de crescimento e amadurecimento.

A noção de que o sexo fora do matrimônio é imoral leva-nos a insistir sobre o autocontrole e a enfatizar a ilicitude de

---
[83] OEAH 39, 49, 89, 91.
[84] AL 307-312.
[85] AL 3.

qualquer tipo de intimidade sexual fora das relações heterossexuais conjugais. Consequentemente, em vez de ajudar as pessoas a compreender, dar sentido a, e integrar os seus impulsos sexuais num projeto de vida, nos limitamos a reprimi-los. Não quero dizer que qualquer tipo de impulso deva ser seguido. Mas, assim como a falta de limite, a repressão, progressivamente, leva as pessoas a dissociar sentimentos emocionais de impulsos sexuais, sobretudo quando elas tentam, sem muito sucesso, reconciliar desejos sexuais e afeto. Essa dicotomia compromete a integração da sexualidade no próprio projeto de vida. Precisamos nos questionar se, ao insistir que é somente no matrimônio que as pessoas devem se realizar sexualmente, ao levar as pessoas a esperar demais de suas relações de intimidade e a ver seus parceiros como a fonte mediadora exclusiva de prazer, não acabamos privando-as do sentido de sua própria integridade sexual, romantizando demais o matrimônio e estimulando uma espécie de repressão sexual por meio do "desligamento" da atração e do desejo sexual na vida dos não casados. O fato é que, quando a sexualidade – e o que se refere a ela, como atração, desejo, intimidade – é negada e/ou reprimida, os impulsos sexuais "não desaparecem", mas reemergem, às vezes como comportamento sexual compulsivo, ou como uma necessidade compulsiva ou desviada, e o sexo aparece como um "poder estranho", de fora do sujeito, como uma força perigosa que precisa "ser controlada", como um "pecado" que precisa ser evitado a todo custo. Quando a virtude consiste apenas em reprimir desejos sexuais e evitar atos pecaminosos, as pessoas são abandonadas a si mesmas, deixadas sem nenhuma orientação e privadas de acompanhamento no processo de construção de relações sexuais – genitais ou não genitais – que sejam justas, amorosas e promotoras de crescimento individual

e social.[86]
Os desejos sexuais não só têm significados diferentes, mas conflitantes também. Constituem um conjunto de mensagens que precisam ser acolhidas, interpretadas e integradas. Assim como não podemos simplesmente reprimir nossos desejos sexuais, não podemos, também, simplesmente assumi-los como irresistíveis. Se fossem irresistíveis, estaríamos providos de desculpas muito convenientes para um comportamento irresponsável em situações sexuais. Somos capazes não só de resistir aos nossos desejos sexuais, mas também de controlá-los e sublimá-los. O desafio está em contextualizá-los de maneira que possam ser integrados num projeto de vida e servir ao bem-estar pessoal e comunitário e à reciprocidade a que todos aspiram.

A reciprocidade a que todos aspiram está condicionada ao fato de os relacionamentos incluírem diferentes épocas e circunstâncias, com dinâmicas e níveis específicos de intimidade. É difícil supor que cada relação esteja destinada a se tornar uma relação de compromisso. Mesmo que compromisso seja o ideal como contexto para relações de intimidade, as pessoas precisam de tempo para descobrir interesses e valores comuns antes de tomar uma decisão formal de se casar ou entrar em outros tipos de relacionamentos sexuais contratuais. Isso significa que o compromisso não pode ser a primeira exigência para se entrar numa relação. Ele deve, sim, fazer parte de um processo que envolve variadas épocas, dinâmicas e vozes a serem discernidas. Se, por um lado, o envolvimento sexual fora de contextos de compro-

---

[86] Para Carlotti, as pessoas devem ser "encontradas com humana e delicada proximidade na própria fraqueza e precariedade, para que possam ser resgtadas, reanimadas e curadas". CARLOTTI. *La morale di papa Francesco*, p. 26. É o que Francisco sugere em AL 69.

misso não deve ser levianamente estimulado, por outro, é preciso ouvir e discernir a voz dos próprios desejos para aprender a iniciar e manter relações de intimidade que sejam respeitosas das pessoas envolvidas e, até mesmo, evitar entrar em relações de intimidade que não signifiquem nada mais do que uso do outro.

Exatamente como toda experiência humana, a intimidade sexual tem a capacidade de ser profundamente pedagógica se assumida como parte do crescimento para a maturidade, um crescimento que exige, no mínimo, algumas condições para ser levado adiante com sucesso. Não poderíamos falar em "condições mínimas" para iniciar e manter relacionamentos sexuais, tais como igualdade entre os parceiros e qualidade da relação? Em outras palavras, assim como, para se iniciar um relacionamento, requer-se liberdade interna e externa dos parceiros envolvidos, também a decisão de intimidade sexual deveria ser sempre precedida de afeição mútua e de atenta consideração. Uma vez tomada a decisão, deveria preservar-se a liberdade de consentir em continuar ou terminar o relacionamento, e os parceiros deveriam investir na qualidade da presença a fim de fazer da intimidade uma expressão de autenticidade, responsabilidade e compromisso.

Considerações finais

Urge uma mudança no modo de pensar a moralidade: precisamos passar de uma moralidade centrada em atos a uma moralidade de relacionamentos, que preste atenção em como as pessoas interagem umas com as outras e respondem às necessidades umas das outras como seres humanos. Consequentemente, não podemos continuar focalizando exclusivamente na abstinência sexual. Precisamos de uma abordagem que supere a questão de saber se a intimidade sexual e a abstinência sexual são sempre boas ou más; uma abordagem que enfoque o tipo de pessoa em que está se transformando quem opta pela intimidade sexual ou pela prática da abstinência sexual. Intimidade sexual e abstinência sexual, em si mesmas, não tornam ninguém mais ou menos humano. O que humaniza, de fato, é a qualidade das relações vividas pelas pessoas, sejam elas abstinentes ou sexualmente ativas. O que desumaniza, portanto, vai muito além de atos meramente ocasionais ou isolados.

Precisamos elaborar uma nova Moral Sexual que acolha as experiências de homens e mulheres que aspiram pelas "terras prometidas", mas que frequentemente estão nos "exílios" e nos "desertos" da vida.[87] "Terras prometidas" são lugares sociais caracterizados por liberdade, responsabilidade e apoio institucional; "exílios" e "desertos" são lugares sociais que ameaçam a vida, negam a liberdade, oprimem a dignidade e diminuem a esperança. Embora as metáforas sejam bíblicas, os lugares sociais não são meras metáforas: são o resultado das escolhas sócio-político-econômicas que reduzem a vida a uma questão de ilimitadas possibilidades para alguns e de indignidade para outros. Aceitar essa realidade significa "elaborar" a proposta ética *dentro* das experiências dos "exílios" e "desertos" *com* os que lá estão e não *sobre* os que lá estão. Minha preocupação mais profunda é que, quando falamos sobre esses assuntos, corremos o risco de reduzir o humano ao Davi de Michelangelo ou à Vênus de Botticelli e nos esquecer dos inacabados escravos da Capela Médici.[88] A

---

[87] Metáforas usadas por Leonard Martin em: MARTIN, Leonard M. Moral Missionária para o Novo Milênio. In: *Vida Pastoral* 38/194 (1997): 23-29.
[88] Metáforas usadas por Bernardino Leers em: LEERS, Bernardino. Ensinar Teologia Moral. In: FABRI DOS ANJOS, Márcio. *Articulação da Teologia Moral na América Latina*. Santuário: Aparecida, 1987, p. 119-143.

verdade sobre nós mesmos – quem somos e quem devemos vir a ser – não se esgota em termos este ou aquele sexo, esta ou aquela orientação afetivo-sexual. O caminho que percorremos entre o ser e o dever-ser não pode ser identificado com esta ou aquela forma particular de atividade sexual, nem com este ou aquele estilo de vida específico.

Para o Papa Francisco, é a pessoa e a proposta de Jesus que atraem. São elas que seduzem.[89] Se considerarmos, ainda, que, em matéria de sexualidade, não foram registrados grandes e profundos ensinamentos do que Jesus disse, mas que os evangelistas fizeram questão de focalizar o essencial – o mandamento do amor como o maior dos mandamentos –, entenderemos que o que aconteceu com os seguidores de Jesus pode acontecer com todos aqueles que fixam o olhar e o coração n'Ele e na sua proposta: foi por amor que os apóstolos foram atraídos e, aos poucos, deixaram-se seduzir; foi o amor que os resgatou das próprias fraquezas e limitações; foi por amor que eles deram a própria vida; foi pelo Amor que eles redefiniram a própria existência; foi com amor que eles se tornaram expressão mais autêntica da doação de si mesmos. O amor atrai, seduz, resgata, motiva, ressignifica. É esse o dom mais precioso a ser oferecido a quem quer seguir a Jesus, e Francisco tem consciência disso!

Para Francisco, Jesus é a definitiva resposta amorosa de Deus à humanidade. Para ele, é claro que, ao amar como Deus ama, precisamos renunciar à tentação de nos tornarmos juízes daqueles que acreditamos macular o amor pela simples dificuldade e/ou impossibilidade de amar com todo o coração, toda a alma, todo entendimento e todas as forças em contextos nos

---

[89] AL 36; EG 7 e 14.

quais já não são plenamente donos de si mesmos, em contextos que lhes roubaram a capacidade de acreditar no amor como abertura e dom de si ao outro.

Tendo presentes tais considerações, acredito que precisamos encontrar meios de viver e amar que incorporem valores que, ao informar uma variedade de estilos de vida e ao promover a pluralidade e a diversidade, estejam enraizados na qualidade dos relacionamentos e dos compromissos. Essa convicção não deixa de ser uma provocação para que a reflexão aqui proposta continue. O desejo sincero de investigar, interpretar e responder aos "sinais dos tempos" permitirá que as portas permaneçam abertas para, em primeiro lugar, acolher tais sinais como sopro do Espírito, que se manifesta como e quando quer.

Referências bibliográficas

AUTIERO, Antonio. *Amoris Laetitia* e la coscienza etica: Uma questione di prospettiva. In: GOERTZ, Stephan; WITTING, Caroline (A cura di). *Amoris Laetitia*: Un punto di svolta per la teologia morale? Cinisello Balsamo (Milano): San Paolo, 2017, p. 80-94.

BENTO XVI, Papa. *Deus Caritas Est*. Carta Encíclica sobre o amor cristão. São Paulo: Paulinas, 2006.

BOGNER, Daniel. Un cenno di cambiamento: L'ambivalenza della 'gradualità' in *Amoris Laetitia*. In: GOERTZ, Stephan; WITTING, Caroline (A cura di). *Amoris Laetitia*: Un punto di svolta per la teologia morale? Cinisello Balsamo (Milano): San Paolo, 2017, p. 163-180.

BUTTIGLIONE, Rocco. *Risposte amichevoli ai critici di Amo-*

ris Laetitia. Milano: Ares, 2017.

CARLOTTI, Paolo. *La morale di papa Francesco.* Bologna: EDB, 2017.

CATECISMO DA IGREJA CATÓLICA. Novíssima edição de acordo com o texto final em latim. 4 ed. Brasília: Edições CNBB; Embu: Ave-Maria; Petrópolis: Vozes; São Paulo: Paulinas/Paulus/Loyola, 2017.

COMISSÃO TEOLÓGICA INTERNACIONAL. *O sensus fidei na vida da Igreja.* São Paulo: Paulinas, 2015.

COMPÊNDIO DO CONCÍLIO VATICANO II. *Constituições, Decretos, Declarações.* 9 ed. Petrópolis: Vozes, 1968.

CONGREGAÇÃO PARA A DOUTRINA DA FÉ. *Persona Humana.* Declaração sobre alguns pontos de ética sexual (1975). Disponível em: http://www.vatican.va/roman_curia/congregations/cfaith/documents/rc_con_cfaith_doc_19751229_persona-humana_po.html. Acesso em: 25 jun. 2020.

CONGREGAÇÃO PARA A DOUTRINA DA FÉ. *Carta aos Bispos da Igreja Católica sobre o atendimento pastoral das pessoas homossexuais* (1986). Disponível em: http://w2.vatican.va/roman_curia/congregations/cfaith/documents/rc_con_cfaith_doc_19861001_homosexual-persons_po.html. Acesso em: 25 jun. 2020.

CONGREGAÇÃO PARA A DOUTRINA DA FÉ. *Considerações sobre os projetos de reconhecimento legal das uniões entre pessoas homossexuais* (2003). Disponível em: http://www.vatican.va/roman_curia/congregations/cfaith/documents/rc_con_cfaith_doc_20030731_homosexual-unions_po.html. Acesso em: 25 jun. 2020.

CONGREGAÇÃO PARA A DOUTRINA DA FÉ. *Algumas reflexões acerca da resposta a propostas legislativas sobre a não discriminação das pessoas homossexuais* (1992). Disponível em: https://www.vatican.va/roman_curia/congregations/cfaith/documents/rc_con_cfaith_doc_19920724_homosexual-persons_po.html. Acesso em: 25 jun. 2020.

CONGREGAÇÃO PARA A EDUCAÇÃO CATÓLICA. *Orientações educativas sobre o amor humano.* Linhas gerais para uma educação sexual (1983). Disponível em: http://www.vatican.va/roman_curia/congregations/ccatheduc/documents/rc_con_ccatheduc_doc_19831101_sexual-education_po.html. Acesso em: 25 jun. 2020.

CONGREGAÇÃO PARA A EDUCAÇÃO CATÓLICA. *Instrução sobre os critérios de discernimento vocacional acerca das pessoas com tendências homossexuais e da sua admissão ao seminário e às ordens sacras* (2005). Disponível em: https://www.vatican.va/roman_curia/congregations/ccatheduc/documents/rc_con_ccatheduc_doc_20051104_istruzione_po.html. Acesso em: 25 jun. 2020.

CONSELHO PONTIFÍCIO PARA A FAMÍLIA. *Sexualidade humana: verdade e significado. Orientações educativas em família* (1995). Disponível em: http://www.vatican.va/roman_curia/pontifical_councils/family/documents/rc_pc_family_doc_08121995_human-sexuality_po.html. Acesso em: 25 jun. 2020.

ERNST, Stephan. Situazioni "irregolari" e colpa personale in *Amoris Laetitia*: Una frattura con la tradizione dottrinale? In: GOERTZ, Stephan; WITTING, Caroline (A cura di). *Amoris Laetitia*: Un punto di svolta per la teologia morale? Cinisello Balsamo (Milano): San Paolo, 2017, p. 112-129.

FABER, Eva-Maria; LINTNER, Martin M. Sviluppi teologici sulla questione dei divorziati risposati in *Amoris Laetitia.* In: GOERTZ, Stephan; WITTING, Caroline (A cura di). *Amoris*

Laetitia: Un punto di svolta per la teologia morale? Cinisello Balsamo (Milano): San Paolo, 2017, p. 220-248.
FRANCISCO, Papa. *Amoris Laetitia*. Exortação Apostólica Pós-Sinodal sobre o amor na família. São Paulo: Loyola, 2016.
FRANCISCO, Papa. *Christus Vivit*. Exortação Apostólica Pós-Sinodal aos jovens e a todo o povo de Deus. São Paulo: Paulinas, 2019.
FRANCISCO, Papa. *Evangelii Gaudium*. Exortação Apostólica sobre o anúncio do Evangelho no mundo atual. São Paulo: Paulus/Loyola, 2013.
FUMAGALLI, Aristide. *Caminhar no amor*: A teologia moral do Papa Francisco. Brasília: Edições CNBB, 2018.
GENOVESI, Vincent J. *Em busca do amor*: Moralidade católica e sexualidade humana. São Paulo: Loyola, 2008.
GOERTZ, Stephan; WITTING, Caroline (A cura di). *Amoris Laetitia*: Un punto di svolta per la teologia morale? Cinisello Balsamo (Milano): San Paolo, 2017.
GOERTZ, Stephan; WITTING, Caroline. Un punto di svolta per la teologia morale? Contesto, ricezione ed ermeneutica di *Amoris Laetitia*. In: GOERTZ, Stephan; WITTING, Caroline (A cura di). *Amoris Laetitia*: Un punto di svolta per la teologia morale? Cinisello Balsamo (Milano): San Paolo, 2017, p. 13-79.
HARTWIG, Michael J. *The poetics of Intimacy and the Problem of Sexual Abstinence*. New York: Peter Lang, 2000.
HILPERT, Konrad. Etica della relazione quale necessità del momento: Riflessione teologico-morale, dottrina ecclesiale e pratica pastorale in *Amoris Laetitia*. In: GOERTZ, Stephan; WITTING, Caroline (A cura di). *Amoris Laetitia*: Un punto di svolta per la teologia morale? Cinisello Balsamo (Milano): San

Paolo, 2017, p. 199-219.
JOÃO PAULO II, Papa. *Homem e mulher o criou*. Catequeses sobre o amor humano. Bauru: EDUSC, 2005.
JOÃO PAULO II, Papa. *Familiaris Consortio*. Exortação Apostólica sobre a função da família cristã no mundo de hoje. São Paulo: Paulinas, 1982.
JUNG, Patricia B.; CORAY, Joseph Andrew (Orgs). *Diversidade sexual e catolicismo*: Para o desenvolvimento da teologia moral. São Paulo: Loyola, 2005.
KASPER, Walter. Prefazione dal punto di vista della teologia sistematica. In: MANICARDI, Ermenegildo. *La Bibbia nell' Amoris Laetitia*: Um promettente cantiere ermeneutico. Bologna: EDB, 2018, p. 5-9.
LEERS, Bernardino. Ensinar Teologia Moral. In: FABRI DOS ANJOS, Márcio. *Articulação da Teologia Moral na América Latina*. Santuário: Aparecida, 1987, p. 119-143.
MANICARDI, Ermenegildo. *La Bibbia nell' Amoris Laetitia*: Um promettente cantiere ermeneutico. Bologna: EDB, 2018.
MARTIN, Leonard M. Moral Missionária para o Novo Milênio. In: *Vida Pastoral* 38/194 (1997): 23-29.
MERKS, Karl-Wilhelm. Steccati pieni di buchi? Sulla validità generale delle norme morali. In: GOERTZ, Stephan; WITTING, Caroline (A cura di). *Amoris Laetitia*: Un punto di svolta per la teologia morale? Cinisello Balsamo (Milano): San Paolo, 2017, p. 130-162.
PAULO VI, Papa. *Humanae Vitae*. Carta Encíclica sobre a regulação da natalidade. 9 ed. São Paulo: Paulinas, 2001.
PERRONI, Marinella. *Querigma e Profecia*: A hermenêutica bíblica do Papa Francisco. Brasília: Edições CNBB, 2019.
PRINI, Pietro. *Lo scisma sommerso*: Il messaggio cristiano, la

società moderna e la Chiesa cattolica. Roma: Garzanti, 1999.
SALZMAN, Todd A.; LAWLER, Michael G. *A pessoa sexual*: Por uma antropologia católica renovada. São Leopoldo: UNISINOS, 2012.
TRASFERETTI, José A.; ZACHARIAS, Ronaldo. Sexualidade e juventude: Por uma teologia moral da sedução. In: *Revista de Catequese* 36/142 (2013): 23-28.
ZACHARIAS, Ronaldo. De uma crise sem precedentes aos precedentes de muitas crises: A urgência de uma nova compreensão da sexualidade. In: PASSOS, João Décio; SOARES, Afonso M. L. (Orgs.). *Francisco*: Renasce a esperança. São Paulo: Paulinas, 2013, p. 58-70.
ZACHARIAS, Ronaldo. Fundamentalismo ético-moral. *Amoris Laetitia:* um "não" radical à pretensão fundamentalista. In: MILLEN, Maria Inês de Castro; ZACHARIAS, Ronaldo (Orgs.). *Fundamentalismo*: Desafios à ética teológica. Aparecida: Santuário / São Paulo: Sociedade Brasileira de Teologia Moral, 2017, p. 223-269.
ZACHARIAS, Ronaldo. Scripture and Sexual Ethics: From Absolute Trust and Systematic Suspicion to a Hermeneutics of Appreciation. In: CHAN, Yiu Sing Lúcás; KEENAN, James F.; ZACHARIAS, Ronaldo (Eds.). *The Bible and Catholic Theological Ethics*. Maryknoll, NY: Orbis, 2017, p. 273-285.
ZACHARIAS, Ronaldo. Educação Sexual: Entre o direito à intimidade e o dever da abstinência. In: PESSINI, Leo; ZACHARIAS, Ronaldo (Orgs.). Ética Teológica e Juventudes II: Interpelações recíprocas. Aparecida: Santuário, 2014, p. 149-168.
ZACHARIAS, Ronaldo. Exigências para uma moral sexual inclusiva. In: MILLEN, Maria Inês de Castro; ZACHARIAS, Ronaldo (Orgs.). *O imperativo ético da misericórdia*. Apareci-

da: Santuário, 2016, p. 221-243.

# A lógica inclusiva do Evangelho

Renovada esperança para a comunidade LGBT+

José A. Trasferetti[1]

> "Duas lógicas percorrem toda a história da Igreja:
> marginalizar e reintegrar."
> (Papa Francisco)[2]

Introdução[3]

No mundo atual, é difícil encontrar uma paróquia ou mesmo uma pastoral específica que não congregue em seu seio pessoas oriundas do mundo LGBT+. Todos os párocos e coordenadores de alguma pastoral precisam saber lidar com essa situação. Se em tempos atrás era algo "mais tranquilo", pois se marginalizava e pronto, hoje não podemos mais agir assim. Tampouco devemos

---

[1] José Antonio Trasferetti é Doutor em Teologia (Accademia Alfonsiana – Roma) e em Filosofia (Pontifícia Università Gregoriana – Roma), Professor Titular da PUC-Campinas, Avaliador do INEP/MEC e Vice-Presidente da Sociedade Brasileira de Teologia Moral (SBTM).
[2] FRANCISCO, Papa. *Amoris Laetitia*. Exortação Apostólica Pós-Sinodal sobre o amor na família. São Paulo: Loyola, 2016, n. 296. Daqui em diante = AL.
[3] Este capítulo terá como referência principal a *Amoris Laetitia*, sobretudo o capítulo oitavo, intitulado "Acompanhar, Discernir e Integrar a Fragilidade", e objetiva apresentar uma reflexão sobre a ação pastoral realizada nas paróquias, tendo em vista o acolhimento e a integração das pessoas LGBT+.

ignorar e fingir que não é conosco. É preciso abrir os olhos e desenvolver atitudes pastorais que acolham essas pessoas e seus familiares. As atitudes de marginalização sempre foram comuns em práticas pastorais. Pessoas da comunidade LGBT+ sempre foram isoladas, renegadas, não incorporadas. Sempre receberam um julgamento preconceituoso por parte de muitos cristãos que se consideram proprietários de uma moralidade rígida e excludente. Com o Papa Francisco e, sobretudo, com a Exortação Apostólica Pós-Sinodal *Amoris Laetitia,* o comportamento excludente de marginalização dá lugar a um comportamento de acolhimento e integração.

Para Francisco, "duas lógicas percorrem toda a história da Igreja: marginalizar ou reintegrar [...]. O caminho da Igreja, desde o Concílio de Jerusalém em diante, é sempre o de Jesus: o caminho da misericórdia e da integração [...]".[4] A opção dele é a de Jesus e da Igreja: não mais marginalizar e excluir, mas integrar. Trata-se de um caminho diferente, certamente muito difícil para muitos que estavam acostumados com a lógica da marginalização. É preciso rever conceitos, superar a teologia moral casuística e moralista que julga e exclui pessoas. Muitos párocos possuem uma formação moral que não objetiva dar atenção a essas pessoas, pois estão vinculados a práticas sacramentais que não englobam a totalidade do ser.

Entretanto, a realidade social tem mudado de forma substancial. Não podemos mais viver como se estivéssemos num mundo distante. É preciso mudar, realizar ações mais corajosas e incorporar em nossas atividades todas as pessoas que buscam a Deus de boa vontade e querem ardentemente seguir os ensinamentos

---

[4] AL 296.

do Evangelho. As circunstâncias atuais promovem uma abertura de coração, uma moral da misericórdia e do acolhimento, e uma proposta de vida evangélica que deixa de lado o julgamento e o preconceito desmesurado que condena e exclui. A moral da condenação e do julgamento pertence ao passado.

Apresentaremos aqui os passos necessários para o bom discernimento, tendo em vista o acolhimento carinhoso, misericordioso, educativo e construtivo que deve nortear nossas ações pastorais em tempos de combate à homofobia e a tantas outras fobias e racismos que permeiam nosso tecido social. Toda pessoa humana deve ser amada e integrada com o mesmo respeito e carinho com que Deus ama a humanidade. A diversidade deve ser um fator de crescimento, aprendizado, união e construção de relações humanas mais fecundas.

1. Acolher

O apelo de Francisco para que "não esqueçamos que, muitas vezes, o trabalho da Igreja é semelhante ao de um hospital de campanha"[5] é urgente e atual. O termo "hospital de campanha" significa que a Igreja deve acolher a todos aqueles que estão machucados, feridos pela guerra da vida, tanto física quanto psicologicamente. Sem dúvida, acolhemos todo tipo de pessoas, muitas das quais estão feridas e sofrendo muito. São pessoas que, na verdade, precisam de uma palavra amiga, um abraço, um sorriso ou um acolhimento fraterno e integrador que as resgatem como sujeitos e as motivem a ser protagonistas da própria história.

---

[5] AL 291.

Para Francisco, é preciso evitar juízos condenatórios em forma de pré-julgamentos: "É preciso evitar juízos que não levam em consideração a complexidade das diversas situações e é necessário prestar atenção ao modo como as pessoas vivem e sofrem por causa da sua condição".[6] É preciso estar atentos à complexidade das situações morais, que muitas vezes não decorrem apenas do comportamento pessoal/individual. Estas pessoas estão imersas em realidades sociais bastante complexas, que produzem marginalização e exclusão social decorrentes da ignorância social que as rodeia. Devemos ter muito cuidado para não cair no mesmo comportamento. Devemos ir além e escapar dos condicionamentos sociais que excluem e condenam por razões morais.

Para o Papa, é preciso que os cristãos sejam uma luz para essas pessoas que estão caminhando na escuridão ou enfrentando uma tempestade: "A Igreja deve acompanhar, com atenção e solicitude, os seus filhos mais frágeis, marcados pelo amor ferido e extraviado, dando-lhes de novo confiança e esperança, como a luz do farol de um porto ou de uma tocha acesa no meio do povo para iluminar aqueles que perderam a rota ou estão no meio da tempestade".[7] Trata-se de acolher com o coração aberto, sem juízo pré-formado que isola e dificulta o relacionamento. Acolher, pastoralmente falando, significa abraçar as pessoas de coração sincero, reconhecer no outro a dignidade de filho de Deus e a igual irmandade no seio da comunidade. Acolher significa inserir a pessoa no processo de caminhada da comunidade. Acolher significa comprometer-se também com a correção fraterna, pois a pessoa que integra a comunidade deve estar aberta também para acolher todas as observações e cui-

---
[6] AL 296.
[7] AL 291.

dados que objetivam um comportamento para a perfeição e a santidade propostas pelo ideal evangélico. Francisco afirma que a caridade é a primeira norma moral da vida comunitária. A caridade é acolhedora, porque tem um coração grande.

> Em toda e qualquer circunstância, perante quem tenha dificuldade em viver plenamente a lei de Deus, deve ressoar o convite a percorrer a *via caritatis*. A caridade fraterna é a primeira lei dos cristãos (cf. Jo 15,12; Gl 5,14). Não esqueçamos a promessa feita na Sagrada Escritura: "Sobretudo, cultivai o amor mútuo, com todo o ardor, porque o amor cobre uma multidão de pecados" (1Pd 4,8); "Paga teus pecados praticando a compaixão e repara tuas faltas cuidando dos pobres" (Dn 4,24).[8]

A caridade implica uma via de mão dupla: ao mesmo tempo que sou acolhido, comprometo-me a eliminar do meu comportamento ordinário tudo o que é negativo e prejudica a comunidade. A comunidade, em seu gesto caritativo acolhedor, também se transforma e cresce com a minha presença. Ambos os lados devem se transformar para que o ensino e o conhecimento se solidifiquem de forma ampla e profunda. Se as pessoas não estão abertas para esta caminhada de conversão e correção mútua, a ordem do crescimento e da integração não se processa integralmente.

2. A lógica da misericórdia pastoral

A necessidade da compreensão das questões que envolvem a história pessoal das pessoas LGBT+ que se aproximam da co-

---

[8] AL 306.

munidade implica revisão e ajustamento dos planos de ação pastoral. Tudo deve ser feito com calma e prudência. Compreender a situação supõe se libertar das amarras que oprimem e matam. Afirma Francisco: "A compreensão pelas situações excepcionais não implica jamais esconder a luz do ideal mais pleno, nem propor menos de quanto Jesus oferece ao ser humano".[9] Tudo no seu devido tempo.

Segundo o Papa, é preciso levar em conta as circunstâncias que influenciam no julgamento moral. A vida de uma pessoa está marcada por circunstâncias que envolvem experiência familiar, desenvolvimento biológico, situação socioeconômica, condicionamento cultural, oportunidade educativa, experiência religiosa e tantos outros aspectos.

> Todavia, da nossa consciência do peso das circunstâncias atenuantes – psicológicas, históricas e mesmo biológicas – conclui-se que, "sem diminuir o valor do ideal evangélico, é preciso acompanhar, com misericórdia e paciência, as possíveis etapas de crescimento das pessoas, que se vão construindo dia após dia", dando lugar à "misericórdia do Senhor que nos incentiva a praticar o bem possível".[10]

Para Francisco, uma moral mais rígida não consegue compreender todas as circunstâncias que envolvem a vida de uma pessoa, pois ela está mais preocupada em aplicar a lei, e a lei pura e simples não consegue vislumbrar o submundo e as dificuldades sociais nas quais as pessoas estão envolvidas. É preciso ir além da moral rígida e buscar outra compreensão moral.

---
[9] AL 307.
[10] AL 308. Francisco cita, aqui, a *Evangelii Gaudium*, n. 44.

Compreendo aqueles que preferem uma pastoral mais rígida, que não dê lugar a confusão alguma: mas creio sinceramente que Jesus Cristo quer uma Igreja atenta ao bem que o Espírito derrama no meio da fragilidade: uma mãe que, ao mesmo tempo que expressa claramente a sua doutrina objetiva, "não renuncia ao bem possível, ainda que corra o risco de sujar-se com a lama da estrada".[11]

A imposição de uma moral mais rígida talvez fosse até mais fácil do ponto de vista da aplicação prática e objetiva da lei, mas ela não permite a compreensão da totalidade da vida real que se expressa diante da comunidade. É preciso buscar águas mais profundas para que o verdadeiro processo de integração e conversão se realize de forma cabal.

Segundo Francisco, os párocos (pastores) devem acompanhar as pessoas e ajudá-las a discernir a vontade de Deus na própria vida, evitando juízos condenatórios e apreciações que prejudiquem a sua caminhada de abertura às propostas de maior humanização e coerência evangélica. "Os pastores, que propõem aos fiéis o ideal pleno do Evangelho e a doutrina da Igreja, devem ajudá-los também a assumir a lógica da compaixão pelas pessoas frágeis e evitar perseguições ou juízos demasiados duros e impacientes".[12]

3. Acompanhar: educar para a misericórdia

Os pastores e toda a comunidade precisam acompanhar com

---

[11] AL 308. Francisco cita, aqui, a *Evangelii Gaudium*, n. 45.
[12] AL 308.

carinho e solicitude as pessoas que são acolhidas de coração aberto. Mais ainda, é preciso educá-las. A educação supõe o respeito com a história pessoal de cada um, o ensinamento correto da doutrina cristã, a correção fraterna dos comportamentos e a modelação do comportamento tendo em vista o ideal cristão.[13]

O Papa nos orienta para uma pedagogia da misericórdia: "Não podemos esquecer que 'a misericórdia não é apenas o agir do Pai, mas torna-se o critério para entender quem são os seus verdadeiros filhos. Em suma, somos chamados a viver de misericórdia, porque, primeiro, foi usada misericórdia para conosco'".[14] A misericórdia é um imperativo ético[15] e se expressa por meio de um comportamento moral que abraça o irmão, sobretudo aquele mais necessitado, não para julgá-lo ou excluí-lo, mas para cuidar de suas chagas.

A misericórdia supõe a ternura do encontro, que não condena, simplesmente ama porque ama.

> "A arquitrave que suporta a vida da Igreja é a misericórdia. Toda a sua ação pastoral deveria estar envolvida pela ternura com que se dirige aos crentes; no anúncio e testemunho que oferece ao mundo, nada pode ser desprovido de misericórdia." É verdade que, às vezes, "agimos como controladores da graça e não como facilitadores. Mas a Igreja não é uma alfândega; é a casa paterna, onde há lugar para todos com a sua vida fadigosa".[16]

---

[13] Ver: TRASFERETTI, José A. *Pastoral com homossexuais*: Retratos de uma experiência. Petrópolis: Vozes, 1998.
[14] AL 310. Francisco cita, aqui, a *Misericordiae Vultus*, n. 9.
[15] Ver: MILLEN, Maria Inês de Castro; ZACHARIAS, Ronaldo (Orgs.). *O imperativo ético da Misericórdia*. Aparecida: Santuário, 2016.
[16] AL 310. Francisco cita, aqui, respectivamente, a *Misericordiae Vultus*, n. 10, e a *Evangelii Gaudium*, n. 47.

Todas as pessoas, independentemente de suas mazelas pessoais, são chamadas à conversão e ao amor de Deus. Acompanhar e educar significa propor um caminho, indicar uma orientação. Vivemos numa sociedade na qual imperam o caos e a confusão moral. As pessoas estão perdidas, desencontradas, vivendo em situações de incertezas e riscos. A educação moral supõe apresentar um rumo, um norte, uma direção segura e tranquila. Não é fácil, mas é possível, desde que saibamos orientar corretamente as pessoas servindo-nos dos preceitos morais que a Igreja põe à nossa disposição.[17]

4. Discernir

O processo do discernimento pastoral é uma exigência atual. Vivemos em realidades complexas e discordantes. Vivemos num clima de caos e confusão moral. Muitas informações, muitas pessoas falando e fazendo teologias desencontradas. O Papa Francisco afirma que, "no discernimento pastoral, convém 'elementos que possam favorecer a evangelização e o crescimento humano e espiritual'".[18]

Francisco apresenta a teoria da *"lei da gradualidade"* como um elemento importante no processo de discernimento. As pessoas vivem realidades distintas e complexas. Muitos são oriundos de experiências sofridas, marcadas pela pobreza, violência, ausência de educação escolar etc. É preciso compreender cada uma delas em sua realidade concreta. "Nesta linha, São João Paulo II propunha a chamada 'lei da

---
[17] Ver: TRASFERETTI, José A.; GOMES, Ademildo. *Homossexualidade*: Orientações formativas e pastorais. São Paulo: Paulus, 2011.
[18] AL 293.

gradualidade', ciente de que o ser humano 'conhece, ama e cumpre o bem moral segundo diversas etapas de crescimento'. Não é uma 'gradualidade da lei', mas uma gradualidade no exercício prudencial dos atos livres em sujeitos que não estão em condições de compreender, apreciar ou praticar plenamente as exigências objetivas da lei."[19]

Os párocos precisam compreender corretamente essa orientação para que busquem o melhor modo de orientar e acompanhar as pessoas, discernindo no processo de acolhimento, educação e integração as melhores maneiras para o crescimento e evolução gradual das pessoas envolvidas. É preciso envolver, também, a comunidade, os cristãos que normalmente participam da comunidade, para que tenham abertura de coração e evitem julgamentos precipitados.

Para o Papa Francisco, somos todos responsáveis pela tarefa educativa. "É possível apenas um novo encorajamento a um responsável discernimento pessoal e pastoral dos casos particulares, que deveria reconhecer: uma vez que o 'grau de responsabilidade não é igual em todos os casos', as consequências ou efeitos de uma norma não devem necessariamente ser sempre os mesmos."[20] Nesse sentido, exigem-se dos coordenadores de pastoral e dos párocos criatividade e inteligência nas abordagens das pessoas. Cada pessoa possui um histórico de vida diferente. É preciso levar em conta todos esses elementos para proporcionar um caminho prático tendo em vista a gradualidade da lei moral que objetiva o crescimento espiritual. Na verdade, não se trata de tarefa fácil. Afirma Francisco que "os padres sinodais afirmaram que o discernimento dos pastores

---

[19] AL 295. Francisco cita, aqui, a *Familiaris Consortio*, n. 34.
[20] AL 300.

sempre se deve fazer 'distinguindo adequadamente', com um olhar que discirna bem as situações. Sabemos que não existem 'receitas simples'".[21] A compreensão da realidade no processo de discernimento torna-se decisiva nesses momentos. Muitas vezes olhamos apenas uma parte do todo, entretanto, é preciso compreender o inteiro processo das vidas em questão. A compreensão global e profunda liberta dos preconceitos *a priori* e formula as condições próprias para o pleno discernimento.

5. O discernimento na formação da consciência

A ação pastoral desenvolvida numa comunidade paroquial por meio do pároco e seus agentes comprometidos deve levar em conta a formação da consciência. Trata-se de uma tarefa educativa de grande importância. Assim diz o Papa Francisco: "É claro que devemos incentivar o amadurecimento de uma consciência esclarecida, formada e acompanhada pelo discernimento responsável e sério do pastor, e propor uma confiança cada vez maior na graça".[22] A consciência esclarecida supõe um processo de amadurecimento que implica abertura ao relacionamento de forma total. As pessoas envolvidas não podem e não devem esconder, negar ou omitir situações históricas da vida. Tudo deve ser colocado de forma simples, tranquila e acolhedora.

O Papa Francisco lembra que esse processo é dinâmico e envolve o crescimento das pessoas numa constante busca comum do aprimoramento da consciência.

---

[21] AL 298. Francisco cita, aqui, Bento XVI, *Discurso no VII Encontro Mundial das Famílias*, em Milão (02.06.2012), resposta 5.
[22] AL 303.

> Mas esta consciência pode reconhecer não só que uma situação não corresponde objetivamente à proposta geral do Evangelho, mas reconhecer também, com sinceridade e honestidade, aquilo que, por agora, é a resposta generosa que se pode oferecer a Deus e descobrir com certa segurança moral que esta é a doação que o próprio Deus está a pedir no meio da complexidade concreta dos limites, embora não seja ainda plenamente o ideal objetivo. Em todo o caso, lembremo-nos de que este discernimento é dinâmico e deve permanecer sempre aberto para novas etapas de crescimento e novas decisões que permitam realizar o ideal de forma mais completa.[23]

O Papa nos ensina que o processo do discernimento é amplo, atraente e constante. É preciso prudência, cautela e um olhar compassivo que compreenda o ser humano em sua profundidade existencial. Não se trata, evidentemente, de uma tarefa fácil, mas lenta, complexa, duradoura e firme.

O Magistério da Igreja apresenta normas, tendo em vista o bem moral das pessoas e o seu processo de crescimento em busca da santidade e da perfeição moral. Entretanto, cada caso é um caso. É preciso analisar os casos particulares, nas suas condições específicas. Assim diz o Papa Francisco, citando inclusive Tomás de Aquino:

> Peço encarecidamente que nos lembremos sempre de algo que ensina São Tomás de Aquino e aprendamos a assimilá-lo no discernimento pastoral: "Embora nos princípios gerais tenhamos o caráter necessário, todavia, à medida que se abordam os casos particulares, aumenta a indeterminação [...]. No âmbito da ação, a verdade ou a retidão prática não são iguais em todas

---

[23] AL 303.

as aplicações particulares, mas apenas nos princípios gerais: e, naqueles onde a retidão é idêntica nas próprias ações, esta não é igualmente conhecida por todos. [...] Quanto mais se desce ao particular, tanto mais aumenta a indeterminação".[24]

Trata-se, evidentemente, de uma norma clássica da teologia moral em situações práticas, ou seja, "cada caso é um caso". Ninguém é igual a ninguém, assim como as condições nas quais uma pessoa vive diferem das demais, mesmo se debaixo do mesmo teto. Todos somos diferentes em tudo. Então, não podemos aplicar de forma rígida e sistemática as normas morais para todos do mesmo modo. As normas, por mais que sejam importantes, não são capazes de responder plenamente às exigências morais implícitas numa determinada situação.

O Papa Francisco afirma que as normas gerais apresentadas pelo Magistério não conseguem abarcar todas as situações da vida concreta e, por isso, é preciso criatividade e sabedoria no agir pastoral.

> É verdade que as normas gerais apresentam um bem que nunca se deve ignorar nem transcurar, mas, na sua formulação, não podem abarcar absolutamente todas as situações particulares. Ao mesmo tempo é preciso afirmar que, precisamente por esta razão, o que faz parte de um discernimento prático de uma situação particular não pode ser elevado à categoria de norma. Isto não só geraria uma casuística insuportável, mas também colocaria em risco os valores que se devem preservar com particular cuidado.[25]

---

[24] AL 304. Francisco cita, aqui, a *Summa theologiae* I-II, q. 94, art. 4.
[25] AL 304.

Segundo Francisco, os párocos (pastores) devem ter um olhar superior, que vai além das normas rigorosas e frias. É preciso entrar no âmago das pessoas e analisar cada caso oferecendo sempre uma oportunidade de crescimento. "Por isso, um pastor não pode sentir-se satisfeito apenas aplicando leis morais aos que vivem em situações 'irregulares', como se fossem pedras que se atiram contra a vida das pessoas. É o caso dos corações fechados, que muitas vezes se escondem atrás dos ensinamentos da Igreja 'para se sentar na cátedra de Moisés e julgar, às vezes com superioridade e superficialidade, os casos difíceis e as famílias feridas'."[26]

Para Francisco, o caminho do discernimento deve ajudar as pessoas a encontrar as melhores respostas para as situações difíceis nas quais se encontram.

> O discernimento deve ajudar a encontrar os caminhos possíveis de resposta a Deus e de crescimento no meio dos limites. Por pensar que tudo seja branco ou preto, às vezes fechamos o caminho da graça e do crescimento e desencorajamos percursos de santificação que dão glória a Deus. Lembremo-nos de que "um pequeno passo, no meio de grandes limitações humanas, pode ser mais agradável a Deus do que a vida externamente correta de quem transcorre os seus dias sem enfrentar sérias dificuldades".[27]

6. Integrar

---

[26] AL 305. Francisco cita, aqui, o seu discurso proferido no encerramento da XIV Assembleia Geral Ordinária do Sínodo dos Bispos (24.10.2015).
[27] AL 305. Francisco cita, aqui, a *Evangelii Gaudium*, n. 44.

O processo de integração deve ser lento e gradual, respeitando as particularidades de cada comunidade.[28] É preciso educar a comunidade numa discussão sadia sobre as questões que envolvem a moralidade do acolhimento de pessoas LGBT+. Para o Papa Francisco, "trata-se de integrar a todos, deve-se ajudar cada um a encontrar a sua própria maneira de participar na comunidade eclesial, para que se sinta objeto de uma misericórdia 'imerecida, incondicional e gratuita'. Ninguém pode ser condenado para sempre, porque esta não é a lógica do Evangelho!".[29]

O Papa Francisco fala da Igreja como uma mãe. Uma mãe bondosa que acolhe a todos. Acolhe mesmo aqueles filhos que caíram no erro e muitas vezes têm dificuldades para se corrigir e continuam no erro. Assim diz:

> A lógica da integração constitui a chave do seu acompanhamento pastoral, para que não somente saibam que pertencem ao Corpo de Cristo que é a Igreja, mas possam fazer uma experiência feliz e fecunda da mesma. São batizados, são irmãos e irmãs, e o Espírito Santo derrama sobre eles dons e carismas para o bem de todos. A sua participação pode manifestar-se em diferentes serviços eclesiais: por isso, é necessário discernir quais das diversas formas de exclusão atualmente praticadas nos âmbitos litúrgico, pastoral, educativo e institucional podem ser superadas.[30]

O Papa insiste na participação possível de todos os membros da comunidade, independentemente das suas condições sociais ou mesmo morais. Todos podem ajudar e se integrar, cada qual

---

[28] Ver: TRASFERETTI, José A. *Deus, por onde andas?* Campinas: Alínea, 1999.
[29] AL 297.
[30] AL 299.

do seu modo, com o seu jeito e com os seus talentos. O julgamento moral excludente e preconceituoso impede o crescimento da comunidade e a agregação de valores e riquezas pessoais e sociais.

Entretanto, afirma o Papa que este processo deve levar ao amadurecimento mútuo. Somente pessoas maduras, responsáveis e sem ódio no coração conseguem participar nesse processo mútuo e constante de integração coletiva. "Eles [os batizados divorciados recasados] não apenas não devem sentir-se excomungados, mas podem viver e amadurecer como membros vivos da Igreja, sentindo-a como uma mãe que os recebe sempre, que cuida deles com carinho e que os anima no caminho da vida e do Evangelho. Esta integração é necessária também em ordem ao cuidado e à educação cristã dos seus filhos, que devem ser considerados os mais importantes."[31]

A partir das experiências e das reflexões do saudoso Frei Bernardino Leers, publiquei um texto na revista *Horizonte Teológico,* apontando os principais caminhos para a integração. Trata-se, evidentemente, de uma experiência muito complexa porque supõe uma educação e abertura de toda a comunidade, com papel predominante do pároco. O pároco deve ser o líder, o coordenador que administra todo o conteúdo educativo em respeito e sintonia com a cultura local. O tema é complexo e exige do pároco habilidade teórica e prática para sanar as dúvidas e educar na perspectiva de uma moralidade respeitosa de todas pessoas, sem exceção.[32]

---
[31] AL 299.
[32] TRASFERETTI, José A. Pastoral com homossexuais: à luz do Frei Bernardino. In: *Horizonte Teológico* 18/35 (2019): 55-73.

7. Uma palavra aos sacerdotes e aos párocos

A ação pastoral do pároco é de extrema importância na tarefa do acolhimento, acompanhamento, discernimento, formação da consciência e integração das pessoas LGBT+. O pároco tem a grande tarefa de liderar esta ação promovendo a educação de forma prudente e inteligente. Se ele souber conduzir o seu rebanho de forma aplicada, com certeza colherá muitos frutos positivos. "Os sacerdotes têm o dever de acompanhar as pessoas interessadas no caminho do discernimento, em conformidade com o ensinamento da Igreja e com as orientações do bispo. Neste processo, será útil fazer um exame de consciência, através de momentos de reflexão e de arrependimento."[33]

O Papa Francisco insiste que o diálogo é o melhor caminho. Os sacerdotes devem estar abertos a essa prática. O diálogo favorece o conhecimento, a troca de experiências e a fraternidade.

> Uma reflexão sincera pode fortalecer a confiança na misericórdia de Deus, que a ninguém deve ser rejeitada. Trata-se de um itinerário de acompanhamento e discernimento que orienta estes fiéis para a tomada de consciência da sua situação perante Deus. O diálogo com o sacerdote, no foro interno, concorre para a formação de um juízo reto sobre aquilo que impede a possibilidade de uma participação mais plena na vida da Igreja e sobre os passos que podem favorecê-la e levá-la a crescer. Visto que na própria lei não existe graduação (cf. FC, n. 34), este discernimento nunca poderá prescindir da verdade e da caridade do Evangelho, propostas pela Igreja.[34]

---

[33] AL 300.
[34] AL 300.

Somente o diálogo amoroso e aberto acolhe e frutifica. Nada melhor do que o olho no olho, que procura entender a verdade do outro no acolhimento fraterno. Trata-se de um encontro entre desiguais, que buscam a verdade maior no encontro com o Cristo presente. Esta cultura do encontro por meio do diálogo deve ser o caminho a perseguir.

Afirma, ainda, o Papa que,

> para que isto se verifique, devem ser garantidas as necessárias condições de humildade, discrição, amor à Igreja e ao seu ensinamento, na busca sincera da vontade de Deus e no desejo de chegar a uma resposta mais perfeita possível à mesma. Estas atitudes são fundamentais para evitar o grave risco de mensagens equivocadas, como a ideia de que algum sacerdote pode conceder rapidamente "exceções", ou de que há pessoas que podem obter privilégios sacramentais em troca de favores. Quando uma pessoa responsável e discreta, que não pretende colocar os seus desejos acima do bem comum da Igreja, se encontra com um pastor que sabe reconhecer a seriedade da questão que tem entre mãos, evita-se o risco de que um certo discernimento leve a pensar que a Igreja sustente uma moral dupla.[35]

O cardeal Francesco Coccopalmerio, comentando a *Amoris Laetitia* no tocante à vida matrimonial e ao comportamento dos párocos, faz afirmações que se tornam relevantes também para o nosso tema. Ele afirma:

> A primeira [atitude] é a de reconhecer de modo objetivo e sereno, isto é, sem preconceitos, sem juízos apressados, o motivo que determinou certos fiéis a fazer a escolha do não

---

[35] AL 300.

> matrimônio canônico, mas sim de outras convivências: tal motivo nem sempre é, ou não é frequentemente, a negação do valor do matrimônio canônico, mas sim alguma contingência, como a falta de trabalho e, por isso, de rendimentos seguros. A segunda atitude dos pastores de almas deve ser a de abster--se de uma condenação imediata das uniões não regulares e de reconhecer que em muitas delas existem elementos positivos, como a estabilidade, garantida também com um vínculo público, um afeto verdadeiro para com o *partner* e para com os filhos, um empenho a favor da sociedade ou da Igreja. Uma terceira atitude sugerida pelos textos é certamente a do diálogo com estes casais, o que significa que os pastores de almas não devem contentar-se pela situação não regular, mas devem operar para que os fiéis que se encontram naquela situação reflitam sobre a possibilidade, ou melhor, sobre a beleza e sobre a oportunidade de chegar à celebração de um matrimônio em sua plenitude, diante da Igreja.[36]

Essas indicações são importantes porque colocam o pároco em diálogo constante com as pessoas envolvidas numa busca contínua de aprimoramento do comportamento, tendo em vista o discernimento sobre os melhores caminhos para atingir a meta que a doutrina moral propõe, que é o ápice da fé cristã. Coccopalmerio indica uma postura de abertura, diálogo, integração, recusando o julgamento *a priori* que condena e exclui sem o devido conhecimento das situações e das pessoas reais. O caminho é o da pedagogia que integra e educa para os valores do Reino.

O sacerdote, no processo de discernimento e de integração, deve levar em conta os "condicionamentos e as circunstâncias

---

[36] COCCOPALMERIO, Francesco. *O capítulo oitavo da Exortação Apostólica Pós--sinodal Amoris Laetitia*. Brasília: Edições CNBB, 2017, p. 12-13.

atenuantes", pois uma pessoa, mesmo conhecendo a norma, ou a conhecendo provisoriamente, pode ter muita dificuldade para segui-la.

> Por isso, já não é possível dizer que todos os que estão em uma situação chamada "irregular" vivem em estado de pecado mortal, privados da graça santificante. Os limites não dependem simplesmente de um eventual desconhecimento da norma. Uma pessoa, mesmo conhecendo bem a norma, pode ter grande dificuldade em compreender "os valores inerentes à norma" ou pode encontrar-se em condições concretas que não lhe permitem agir de maneira diferente e tomar outras decisões sem uma nova culpa.[37]

O Papa Francisco insiste que existem fatores que mitigam a culpabilidade das pessoas. Estes podem ser muitos e de variadas formas. É preciso muita cautela no julgamento moral.

> A propósito destes condicionamentos, o *Catecismo da Igreja Católica* exprime-se de maneira categórica: "A imputabilidade e responsabilidade de um ato podem ser diminuídas, e até anuladas, pela ignorância, a inadvertência, a violência, o medo, os hábitos, as afeições desordenadas e outros fatores psíquicos ou sociais". E, em outro parágrafo, refere-se novamente às circunstâncias que atenuam a responsabilidade moral, nomeadamente "a imaturidade afetiva, a força de hábitos contraídos, o estado de angústia e outros fatores psíquicos ou sociais".[38]

---

[37] AL 301. Francisco cita, aqui, a *Familiaris Consortio*, n. 33.
[38] AL 302. Francisco cita, aqui, respectivamente, o *Catecismo da Igreja Católica*, n. 1735 e n. 2352.

Para Francisco, o discernimento pastoral deve levar em conta todas as situações que envolvem a história de cada pessoa em seu contexto vital.

No contexto destas convicções, considero muito apropriado o que muitos Padres sinodais quiseram sustentar: "em determinadas circunstâncias, as pessoas encontram grandes dificuldades de agir de maneira diversa [...]. Embora tenha em consideração a consciência retamente formada pelas pessoas, o discernimento pastoral deve assumir a responsabilidade por tais situações. Também as consequências dos gestos realizados não são necessariamente as mesmas em todos os casos".[39]

Considerações finais

Para que esse processo se realize de forma profícua, é preciso que o próprio ensino da Teologia Moral seja redimensionado. Trata-se de um grande desafio para os cursos de Teologia de todos os lugares.[40] Para Francisco, a teologia moral deve assumir a sua parte na construção de um pensamento livre e criativo.

O ensino da teologia moral não deveria deixar de assumir estas considerações, porque, embora seja verdade que é preciso ter cuidado com a integralidade da doutrina moral da Igreja, todavia sempre se deve pôr um cuidado especial em evidenciar e encorajar os valores mais altos e centrais do Evangelho, particularmente o primado da caridade como resposta à inicia-

---
[39] AL 302.
[40] Ver: TRASFERETTI, José A.; MILLEN, Maria Inês de Castro; ZACHARIAS, Ronaldo. *Formação*: Desafios morais. São Paulo: Paulus, 2018. Segundo volume no prelo.

tiva gratuita do amor de Deus. Às vezes custa-nos muito dar lugar, na pastoral, ao amor incondicional de Deus.[41]

Segundo Francisco, a teologia moral não pode ser uma moral fria e desligada da vida. Ela deve assumir todos os compromissos com uma vida nova e com uma reflexão aberta e transparente que incorpore a vida em sua totalidade... e a vida de todas as pessoas.

> Isto fornece-nos um quadro e um clima que nos impedem de desenvolver uma moral fria de escritório quando nos ocupamos dos temas mais delicados, situando-nos, antes, no contexto de um discernimento pastoral cheio de amor misericordioso, que sempre se inclina para compreender, perdoar, acompanhar, esperar e, sobretudo, integrar. Esta é a lógica que deve prevalecer na Igreja, para "fazer a experiência de abrir o coração àqueles que vivem nas mais variadas periferias existenciais".[42]

Francisco convida os fiéis e os pastores a receber com carinho os ensinamentos do Magistério e ter capacidade criativa de compreender as situações complexas da vida: "Convido os fiéis, que vivem situações complexas, a aproximar-se com confiança para falar com os seus pastores ou com leigos que vivem entregues ao Senhor. [...] Convido os pastores a escutar, com carinho e serenidade, com o desejo sincero de entrar no coração do drama das pessoas e compreender o seu ponto de vista, para ajudá-las a viver melhor e reconhecer o seu lugar na Igreja".[43]

---

[41] AL 311.
[42] AL 312. Francisco cita, aqui, a *Misericordiae Vultus*, n. 15.
[43] AL 312.

No entanto, no contexto atual, precisamos ir além das práticas morais aqui sugeridas. O mundo futuro, pós-pandemia – coronavírus e covid-19 –, busca combater as desigualdades sociais, mas também deve incluir a igualdade completa para as pessoas LGBT+. O vírus da indiferença, que se manifesta por meio da discriminação pessoal e coletiva, construiu um mundo marcado por valores egocêntricos, individualistas e excludentes. Que a prática de acompanhar, discernir e integrar a fragilidade, como deseja o Papa Francisco, produza frutos de uma sociedade efetivamente mais justa e fraterna. Mais ainda, é preciso que juntemos esforços para a construção de uma teologia que combata todas as formas de exclusão e desigualdade social e moral. Precisamos elaborar uma teologia que combata o medo de se relacionar, de se dar a conhecer e de aprender; uma teologia que não tolere fobias excludentes e, muitas vezes, hipócritas. A mensagem do Evangelho deve ajudar-nos a superar as limitações e fragilidades morais para que possamos viver relações de reciprocidade – humana e ecológica. Deve também ajudar-nos a respeitar a unidade na diversidade e a promover os direitos humanos na sua integralidade.

Neste tempo oportuno de grandes transformações humanas e sociais provocadas pelo coronavírus e pela covid-19, não podemos ignorar as injustiças que a comunidade LGBT+ enfrenta no mundo todo. Trata-se de um momento oportuno para dizer "não" a tudo o que discrimina, marginaliza e exclui. Quando está em jogo a vida das pessoas por causa da condição na qual se encontram, temos de lutar contra todo tipo de norma ou lei que condena, humilha, afasta, excomunga. Em vários países, a orientação afetivo-sexual – sobretudo homossexual –

é motivo para condenação à morte, expulsão de casa, exclusão do trabalho e da vida social, violência gratuita, tentativas de suicídio, demonização espiritual e alienação religiosa.

Apesar de os desafios serem imensos, podemos dar passos significativos se colhermos a oportunidade de passar pelas portas abertas por Francisco.

Referências bibliográficas

COCCOPALMERIO, Francesco. *O capítulo oitavo da Exortação Apostólica Pós-sinodal Amoris Laetitia*. Brasília: Edições CNBB, 2017.

FRANCISCO, Papa. *Amoris Laetitia*. Exortação Apostólica Pós--Sinodal sobre o amor na família. São Paulo: Loyola, 2016.

FRANCISCO, Papa. *Evangelii Gaudium*. Exortação Apostólica sobre o anúncio do Evangelho no mundo atual. São Paulo: Paulus/Loyola, 2013.

JUNG, Patricia B.; CORAY, Joseph A. (Orgs.). *Diversidade sexual e catolicismo*: Para o desenvolvimento da teologia moral. São Paulo: Loyola, 2005.

LEERS, Bernardino; TRASFERETTI, José A. *Homossexuais e ética cristã*. Campinas: Átomo, 2002.

LIMA, Luís Corrêa (Org.). *Teologia e sexualidade*: Portas abertas pelo Papa Francisco. Rio de Janeiro: Reflexão, 2015.

MILLEN, Maria Inês de Castro; ZACHARIAS, Ronaldo (Orgs.). *O imperativo ético da Misericórdia*. Aparecida: Santuário, 2016.

TRASFERETTI, José A. *Pastoral com homossexuais*: Retratos de uma experiência. Petrópolis: Vozes, 1998.

TRASFERETTI, José A.; GOMES, Ademildo. *Homossexualida-

de: Orientações formativas e pastorais. São Paulo: Paulus, 2011.

TRASFERETTI, José A. *Deus, por onde andas?* Campinas: Alínea, 1999.

TRASFERETTI, José A. Pastoral com homossexuais: à luz do Frei Bernardino. In: *Horizonte Teológico* 18/35 (2019): 55-73.

TRASFERETTI, José A.; MILLEN, Maria Inês de Castro; ZACHARIAS, Ronaldo. *Formação*: Desafios morais. São Paulo: Paulus, 2018.

ZACHARIAS, Ronaldo. Exigências para uma moral inclusiva. In: MILLEN, Maria Inês de Castro; ZACHARIAS, Ronaldo. *O imperativo ético da Misericórdia*. Aparecida: Santuário, 2016, p. 221-243.

Leo Pessini:
Um bioeticista camiliano com o coração nos escritos

Alexandre A. Martins[1]

"Mais coração nas mãos" era a frase que São Camilo de Lellis costumava dizer para motivar os seus companheiros a cuidar dos doentes com amor e ternura. Leocir Pessini, ou simplesmente P. Leo, viveu o que São Camilo exortava, colocando o coração no seu trabalho acadêmico como teólogo moralista, membro e ex-presidente da Sociedade Brasileira de Teologia Moral (SBTM) e um bioeticista que percorreu o mundo defendendo a ética e a humanização na área da saúde. Seguindo os passos de São Camilo, o P. Leo deixou o coração no trabalho que exerceu, vivendo o carisma camiliano por meio da vida intelectual. Chegou a se tornar sucessor do seu santo inspirador, liderando a Ordem Camiliana como Superior-Geral até o dia da sua morte, em 24 de julho de 2019, ainda no cargo, vítima

---

[1] Alexandre Andrade Martins tem Pós-Doutorado em Democracia e Direitos Humanos (*Ius Gentium Conimbrigae* - Universidade de Coimbra - Portugal), é Doutor em Ética Teológica (Marquette University – Milwaukee, WI - USA), Mestre em Ciências da Religião (Pontifícia Universidade Católica - São Paulo), Especialista em Bioética e Pastoral da Saúde (Centro Universitário São Camilo) e Professor na Marquette University.

de um câncer, aos 64 anos, mesma idade de Camilo de Lellis, quando morreu em 1614.

Fui convidado pela SBTM para escrever algumas palavras sobre o P. Leo e o seu legado para a teologia moral e a bioética, seguindo a tradição dessa sociedade de homenagear seus membros quando partem para a vida junto ao Mistério Trinitário. Para mim, é uma honra poder escrever sobre o P. Leo, a quem sou grato por estar onde hoje estou. Dessa forma, perdoem-me pelo caráter pessoal deste texto. Não poderia escrever sobre o P. Leo sem deixar misturar elementos do seu legado intelectual e nossa relação pessoal, o que aprendi com o líder camiliano e amigo nas convivências e conversas que expandem a reflexão presente nos seus livros e artigos. Talvez no futuro escreva um texto mais técnico sobre sua obra, algo que certamente muitos irão fazer, pois o P. Leo deixou uma contribuição que merece ser estudada.

O P. Leo sempre teve muito bom humor e entusiasmo. Recordo-me da primeira vez que me visitou nos Estados Unidos. Ele perguntou como estavam indo meus estudos e a minha adaptação a um novo sistema. Respondi que estava indo bem e me sentia empolgado. Então, ele me pediu que contasse algo interessante desses primeiros meses de estudos. Contei que, na segunda semana, levei para a sala de aula alguns artigos impressos que gostaria de ler. Éramos 10 alunos sentados em forma de círculo, e eu era o único com um caderno de anotações e uma pilha de artigos, enquanto os outros tinham os textos em formato digital no *notebook* ou no *tablet*. A professora me fez uma pergunta sobre um dos textos. Muito nervoso – porque tinha de falar em inglês –, fui procurar o artigo na minha pilha de artigos e todos caíram da mesa, espalhando-se no meio do círculo. Os meus colegas caíram na gargalhada. O P. Leo não se conteve diante do meu relato, riu e me disse: "Tadinho do meu menino; toma aqui meu *IPad* e se atualize para não precisar carregar tanto papel e livros com você e depois sentir dores nas costas".

O P. Leo era um homem que não media esforços para ajudar jovens que gostavam de estudar, especialmente aqueles que queriam seguir na área de teologia e bioética. Com seu bom humor, fazia com que estudar parecesse algo simples. A sua vasta produção acadêmica – ao mesmo tempo que ocupava cargos administrativos de grande responsabilidade – fazia o mundo dos estudos soar com um *hobby* prazeroso, um exercício intelectual que exerceu numa carreira relativamente curta. O seu primeiro livro foi publicado em 1985 (*Eu vi Tancredo morrer*); não foi um texto acadêmico, mas um relato pastoral da sua experiência como Capelão do Hospital das Clínicas da Universidade de São Paulo, que incluía o INCOR, onde o Presidente Tancredo Neves agonizou e morreu, tendo o P. Leo como um dos assistentes espirituais que confortou Tancredo e a família Neves, num momento tão significativo da história brasileira. Contudo, sua entrada no mundo da produção acadêmica ocorreu apenas cinco anos depois, com a publicação do livro *Eutanásia e América Latina: Questões ético-teológicas* (1990), resultado da sua pesquisa de mestrado sob a orientação de uns dos pioneiros da SBTM, Márcio Fabri do Anjos, que também o orientaria no doutorado e se tornaria um grande parceiro do P. Leo no debate bioético na Igreja Católica e no mundo médico secular. Se contarmos esse livro como sua estreia no mundo acadêmico da teologia e da bioética,[2] até sua morte, em 2019, foram 29 anos de carreira acadêmica[3] – sem o privilégio de ser uma carreira com dedicação exclusiva, porque foi sempre exercida em meio a funções administrativas exigidas pela Província Camiliana Brasileira –, com uma produção robusta de 18 livros, 24 volumes organizados, 60 artigos acadêmicos, 70 capítulos de livros, além de inúmeras publicações de caráter popular, como artigos em jornais e revistas, e aparições na TV, como no Programa Terceiro Milênio, exibido pela Rede Vida, um programa de entrevistas que promoveu juntamente com a Loyola Multimídia, de 1997 a 2004.

Sem dúvida, o P. Leo teve uma vida muito profícua, que resulta difícil descrever num capítulo de livro; por isso apresento apenas alguns destaques. Mas, como não quero me limitar a esses destaques, dividi o que virá daqui para a frente em duas partes. Na primeira, dialogarei com um aspecto da obra intelectual

---

[2] Antes da publicação do livro *Eutanásia e América Latina* e depois do livro com o relato pastoral sobre a morte de Tancredo Neves, Pessini ainda publicou outros dois livros para agentes de pastoral da saúde – *Pastoral da saúde: Ministério junto aos enfermos* (1986) e *Solidariedade com os enfermos* (1987) –, livros que ainda hoje são altamente lidos e utilizados na formação de agentes de pastoral da saúde. Todos esses quatro livros foram publicados pela editora Santuário.

[3] Leo Pessini não teve uma carreira acadêmica comum à maioria das pessoas que seguem esse caminho. Geralmente uma carreira acadêmica, oficialmente, inicia-se depois do doutorado, quando a pessoa começa a pesquisar de forma independente, lecionar e publicar artigos em revistas científicas e livros. Raríssimas exceções são pessoas que publicam, especialmente livros, antes do doutorado. Pessini foi uma dessas exceções. Seu livro *Eutanásia e América Latina*, publicado em 1990, ano que concluiu seu mestrado, fez parte de uma importante coleção de volumes de Teologia Moral na América Latina, publicada por nomes já consagrados na época, como Márcio Fabri dos Anjos e Francisco Moreno Rejón, e foi prefaciado pelo Cardeal de São Paulo, Dom Paulo Evaristo Arns. Pessini também não teve uma carreira acadêmica de professor com dedicação exclusiva à pesquisa e ao ensino. Ele sempre esteve ligado ao Centro Universitário São Camilo, onde também foi vice-reitor e superintendente da Mantenedora. Contudo, dividia o trabalho acadêmico – como lecionar e orientar teses – com a vida administrativa.

de Leocir Pessini, o conceito de vulnerabilidade na bioética. Na segunda, voltarei a destacar outros aspectos da sua biografia e apresentarei uma lista com as suas principais publicações.

1. Notas sobre a vulnerabilidade em bioética na obra de Leocir Pessini

A palavra "vulnerabilidade" – ou mesmo uma reflexão direta sobre o conceito de vulnerabilidade na bioética – não aparece nas primeiras publicações de Pessini. Ele se dedicou mais diretamente à questão da vulnerabilidade já nos seus últimos anos de vida. Não escreveu um livro sobre vulnerabilidade e bioética. Deixou alguns artigos que tratam diretamente dessa temática[4] e algumas reflexões sobre ela quando aborda outros temas ligados à bioética. Porém, é importante notar que, para Pessini, vulnerabilidade é um conceito fundamental quando se trata de direitos humanos e bioética global: "A questão dos direitos humanos está profundamente conectada ao conceito de vulnerabilidade, mas também ao desenvolvimento da bioética global".[5]

A bioética global – com um caráter plural, inclusivo e orientado à vida dos pobres – foi a preocupação de Pessini nos últimos anos de vida. Contribuir para o desenvolvimento de uma bioética global certamente foi o seu último projeto como intelectual e líder no mundo da saúde. Mas foi um projeto que não conseguiu ser concluído devido à sua morte precoce.

---
[4] Veja, por exemplo, os textos: PESSINI, L. Elementos para uma bioética global: Solidariedade, vulnerabilidade e precaução. In: *Thaumazein* 10/19 (2017): 75-85 e PESSINI, L. Bioética global, vulnerabilidade e Agenda 2030 da ONU. In: MILLEN, M. I. C.; ZACHARIAS, R. (Orgs.). *Ética teológica e direitos humanos*. Aparecida: Santuário; São Paulo: Sociedade Brasileira de Teologia Moral, 2018, p. 401-446.
[5] PESSINI. Bioética global, vulnerabilidade e Agenda 2030 da ONU, p. 439.

Pessini sempre foi um homem do mundo. Estudou fora do país e teve a oportunidade de viajar por todos os continentes, como um expoente da bioética. Porém, me arrisco a dizer que a maioria dessas viagens esteve ligada a compromissos acadêmicos, tais como congressos, aulas e palestras. De certa forma, isso moldou a bioética que Pessini fazia e promovia, muito ligada às questões de fronteiras, como a relação médico-paciente no fim da vida e o desenvolvimento de tecnologias médicas. Ele também se dedicou muito à promoção da bioética como disciplina acadêmica e à formação bioética e de bioeticistas. Vale lembrar que Pessini criou o primeiro mestrado acadêmico em bioética do Brasil, oferecido pelo Centro Universitário São Camilo. Quando foi eleito Superior-Geral da Ordem dos Ministros dos Enfermos (Camilianos), em 2014, assumindo a liderança dessa família religiosa com presença em 36 países, Pessini viajou pelo mundo com um outro olhar, sendo exposto a realidades plurais e muito desafiadoras. Pessini foi eleito Superior-Geral num contexto muito complexo para os Camilianos, depois de um escândalo financeiro em Roma envolvendo o então Padre-Geral que acabou renunciando ao cargo. Uma das reclamações da Ordem naquele período era que o então Padre-Geral tinha abandonado a "periferia" da Ordem, fechando-se em Roma e dedicando-se a questões ligadas à Casa Geral. Como o próprio Pessini disse uma vez, "assumi a Ordem com religiosos abalados com os escândalos, precisando de atenção, carinho e da presença de um Superior-Geral que os escutasse". Pessini assumiu essa missão de escutar os religiosos – aproximadamente 1.300 –espalhados pelo mundo. Ele visitou todas as comunidades, conversou com todos que encontrou, conheceu o trabalho e as dificuldades que enfrentavam, ouviu suas queixas e transmitiu a eles o seu apoio e carinho.

No exercício da sua missão – que o deixou esgotado fisicamente por visitar 36 países em pouco mais de dois anos –, Pessini teve contato com contextos de saúde que se serviam da mais alta e avançada tecnologia médica e com contextos em que os mais pobres morriam por enfermidades já extintas em países ricos. Ele teve contato com religiosos que viviam no meio da savana africana, cuidando de doentes muito pobres, e com aqueles que enfrentavam o desafio de expressar a religiosidade católica num país islâmico, como a Indonésia. Isso certamente abriu os olhos de Pessini para a necessidade e a importância de uma bioética global, cujo conceito de vulnerabilidade fosse um dos fundamentos para essa perspectiva adquirir um caráter inclusivo, plural e orientado à promoção da vida dos pobres.

Assim, chegamos ao conceito de vulnerabilidade na obra de Pessini. A fase final (e incompleta) da sua obra manifesta de forma explícita o conceito de vulnerabilidade, exigência que certamente encontrou ao se debruçar sobre a questão da bioética global. Contudo, as bases para entender o conceito de vulnerabilidade na sua obra já aparecem desde o início do seu trabalho como teólogo e bioeticista, quando se debruçou sobre as questões éticas relacionadas ao fim da vida – eutanásia, distanásia, obstinação terapêutica e ortotanásia – e ao morrer com dignidade.

Os dilemas bioéticos ligados ao fim da vida suscitaram o interesse de Pessini no início da sua carreira, especialmente a partir de década de 1980, quando se tornou Capelão do Hospital das Clínicas da Faculdade de Medicina da Universidade de São Paulo (1981-1995). Como padre capelão de um hospital público, Pessini experienciou de perto o sofrimento de muitos doentes, desde pobres abandonados até personagens históricos como Tancredo

Neves. Um dos trabalhos mais exigidos de um capelão é o acompanhamento das pessoas no seu sofrimento no momento final da vida. Apenas o cuidado dado pela presença de alguém que transmite fé e esperança pode trazer algum conforto. Pessini costumava me dizer: "Nunca erre no amor, deixando de ficar ao lado daquele que está morrendo". Essa experiência o levou a compreender a fragilidade da vida e o significado do cuidado para que essa fragilidade não se tornasse desespero ou obstinação terapêutica favorecida pelo desenvolvimento da tecnologia médica, mas fosse uma oportunidade para cuidar e viver o amor. Portanto, o cuidado com a pessoa que sofre, com o moribundo, com a vida naturalmente frágil estava no cerne da reflexão de Pessini sobre os dilemas bioéticos no fim da vida e constituiu a base da sua perspectiva do conceito de vulnerabilidade. Portanto, apesar desse conceito ser explicitado apenas tardiamente na sua obra, o seu desenvolvimento foi iniciado de forma latente já nos primeiros estudos.

No seu primeiro artigo publicado em um periódico acadêmico de bioética, em 1996, Pessini – já preocupado com o problema do prolongamento do sofrimento que o avanço da tecnologia médica poderia criar se não fosse usada de forma apropriada dentro do reconhecimento dos limites da vida humana, que o levou a escrever o seu principal livro, *Distanásia: Até quando prolongar a vida,* em 2001 – aponta os riscos de uma medicina totalmente dependente da tecnologia que não encontra um equilíbrio entre o seu uso e o reconhecimento da mortalidade humana. Diz ele:

> É bom lembrar que a presença massiva da tecnologia é um fato necessário na medicina moderna. À medida que a prestação de serviço do sistema de saúde torna-se sempre mais depen-

dente da tecnologia, foram deixadas de lado práticas humanistas, tais como manifestação de apreço, preocupação e presença solidária com os doentes. O "cuidar" surge no mundo tecnológico da medicina moderna simplesmente como prêmio de consolação quando o conhecimento e as habilidades técnicas não vencem.[6]

O avanço da tecnologia médica, que possibilita maior longevidade, veio para ficar e é algo bom para a vida humana e seu bem-estar. Contudo, o uso dessa tecnologia precisa se dar num equilíbrio entre a possibilidade de curar e o reconhecimento da mortalidade, aceitando o "limite da possibilidade terapêutica"[7] e reconhecendo "o limite da ciência e da tecnologia na manutenção da vida".[8] Nesse reconhecimento se busca o equilíbrio entre o curar e a mortalidade, que, para Pessini, está no cuidado: "Cuidados de saúde, sob o paradigma do cuidar, aceitam o declínio e a morte como parte da condição do ser humano, uma vez que todos sofremos de uma condição que não pode ser 'curada', isto é, somos criaturas mortais".[9]

Para Pessini, o cuidado é a chave para o equilíbrio entre os benefícios proporcionados pelos avanços da medicina e o reconhecimento da fragilidade e mortalidade humana. Essa perspectiva o acompanhou por toda a vida, sempre reconhecendo a existência humana como maior do que a vida biológica, dando a ela um aspecto sagrado[10] e peregrino no mundo.[11] Presente

---
[6] PESSINI, L. Distanásia: Até quando investir sem agredir?. In: *Bioética* 04/01 (1996): 33.
[7] PESSINI. Distanásia: Até quando investir sem agredir?, p. 34.
[8] PESSINI. Distanásia: Até quando investir sem agredir?, p. 34.
[9] PESSINI. Distanásia: Até quando investir sem agredir?, p. 33.
[10] PESSINI. Distanásia: Até quando investir sem agredir?, p. 35.
[11] PESSINI. Distanásia: Até quando investir sem agredir?, p. 39.

no início da sua obra, ela foi enfatizada no seu último livro, em 2019, no qual ele uniu a dignidade no adeus ao cuidado que alivia o sofrimento humano como um desafio ético e humanizador da assistência à saúde:

> O desafio ético é considerar a questão da dignidade no adeus à vida, para além da dimensão físico-biológica e para além do contexto médico hospitalar, integrando a dimensão sócio-relacional. [...] O sofrimento humano somente é intolerável se ninguém cuida. Como fomos cuidados para nascer precisamos também ser cuidados para morrer, e não podemos esquecer que a chave para o bem morrer está no bem viver.[12]

Quando Pessini volta sua atenção para a questão da vulnerabilidade, é essa perspectiva ético-existencial da vida que precisa ser cuidada – ao nascer, durante o viver, até o morrer – que ele tem consigo. Assim, Pessini apresenta o conceito de vulnerabilidade para além de uma visão limitada à relação com o princípio de autonomia da bioética principialista, na qual vulnerabilidade é compreendida pela limitação da autonomia, pois a falta desta torna a pessoa vulnerável à decisão e ação de outrem. Pessini expande essa visão unindo vulnerabilidade a solidariedade e precaução como referenciais bioéticos para o cuidado da vida humana em níveis micro e macro, isto é, local e global:

> A solidariedade, a vulnerabilidade e a precaução, entre outros referenciais éticos, [são um novo paradigma] para guiar visões, ações e/ou intervenções para além do contexto "micro"

---

[12] PESSINI, L. *Bioética global em tempos de incertezas, perplexidades e esperanças.* São Paulo: Camilianos, 2019, p. 160 e 161.

da bioética clínica, abraçando o contexto "macro" da sociedade como um todo, mas delimitada prioritariamente para o âmbito das ciências da vida e da saúde.[13]

Uma vida que precisa de cuidado para nascer, viver e morrer dignamente é uma existência que se desenvolve na vulnerabilidade, que faz parte da condição humana e das situações concretas de vida. Limitar a vulnerabilidade à ênfase na autonomia individual é algo inadequado para Pessini, pois "a própria autonomia exige condições adequadas para se desenvolver e ser exercida", e não se pode entender a vulnerabilidade simplesmente como "deficiência de um atributo individual".[14] Pessini reconhece que a autonomia está ligada à vulnerabilidade, mas a expande e faz dela um referencial ético que "abarca a dimensão relacional e social da existência humana".[15] Dessa forma, vulnerabilidade "não é um estágio negativo e temporário a ser superado", nem apenas "uma incapacidade ou uma deficiência, mas, acima de tudo, uma capacidade e uma oportunidade".[16]

Expandindo o conceito de vulnerabilidade de uma mera deficiência da autonomia individual para uma oportunidade da existência humana, Pessini abre o caminho para conectar a vulnerabilidade humana à necessidade de cuidado, como dois elementos constitutivos da nossa natureza. Seu último livro deixa isso claro:

---

[13] PESSINI. Elementos para uma bioética global: Solidariedade, vulnerabilidade e precaução, p. 76.
[14] PESSINI. Bioética global, vulnerabilidade e Agenda 2030 da ONU, p. 439.
[15] PESSINI. Elementos para uma bioética global, p. 82.
[16] PESSINI. Bioética global, vulnerabilidade e Agenda 2030 da ONU, p. 439.

A vulnerabilidade é a própria *essência da vida humana, no início e no fim*. O cuidado é a resposta a estes dois extremos que chamamos "proteção", que é a resposta à vulnerabilidade, não à autonomia! A vida humana, tanto no início quanto no fim, é vulnerável no nível máximo, e devemos ter muito cuidado com algumas abordagens em relação ao fim da vida, criadas em nome da autonomia: concretamente significa apenas abandono e indiferença em relação à pessoa, no fim de sua vida.[17]

O conceito de vulnerabilidade tem sido tratado por muitos outros bioeticistas contemporâneos a Pessini, especialmente no contexto de uma bioética global. A bioética principialista do Instituto Kennedy de Ética (autonomia, beneficência, não maleficência e justiça), desenvolvida nos Estados Unidos e exportada para todo o mundo, tem se mostrado insuficiente para um mundo de imensa pluralidade cultural e desafios à vida humana e natural. A vulnerabilidade parece ser um conceito que contribui para o diálogo entre diferentes partes do planeta, respeitando a autenticidade de cada região e seus desafios únicos. Thiago Cunha e Volnei Garrafa mostram que o conceito de vulnerabilidade está presente em todos os continentes e na bioética que cada um desenvolve, porém, a concepção que cada um oferece não é a mesma. Se nos EUA o foco é posto na vulnerabilidade como falta de autonomia, na América Latina o foco é social, enquanto na África há uma diversidade imensa de visões perpassadas por uma busca de harmonia entre corpo, personalidade e comunidade.[18] Con-

---

[17] PESSINI. *Bioética global em tempos de incertezas, perplexidades e esperanças*, p. 186.
[18] CUNHA, T.; GARRAFA, V. Vulnerability: A Key Principle for Global Bioethics. In: *Cambridge Quarterly of Healthcare Ethics* 25 (2016): 202.

siderando isso, Cunha e Garrafa argumentam que: "Apenas por meio de um diálogo aberto, contínuo, crítico e autocrítico dentro da comunidade internacional de bioética que será possível chegar a uma compreensão adequada da vulnerabilidade capaz de identificar os meios necessários para enfrentar as condições que tornam certos grupos e indivíduos mais suscetíveis a serem feridos do que outros".[19] Por isso, o conceito de vulnerabilidade precisa ser dinâmico e não limitado a uma definição regional.[20]

Willian Saad Hossne contribuiu para esse debate afirmando que: "A vulnerabilidade é, pois, um referencial extremamente importante na bioética e independe de autonomia, de justiça e de outros referenciais, embora com eles [esteja] intrinsecamente imbricada".[21] Ele segue justamente a perspectiva de Pessini, para o qual vulnerabilidade é um referencial bioético que precisa ser reconhecido na sua dinamicidade e expandido do aspecto clínico individual para o global.

Por fim, a Declaração Universal sobre Bioética e Direitos Humanos apresentada pela UNESCO reconhece a importância da vulnerabilidade para a bioética e a promoção da vida: "A vulnerabilidade humana deve ser levada em consideração na aplicação e no avanço do conhecimento científico, das práticas médicas e de tecnologias associadas. Indivíduos e grupos de vulnerabilidade específica devem ser protegidos e a integridade individual de cada um deve ser respeitada".[22]

---

[19] CUNHA; GARRAFA. Vulnerability: A Key Principle for Global Bioethics, p. 197.
[20] CUNHA; GARRAFA. Vulnerability: A Key Principle for Global Bioethics, p. 205.
[21] HOSSNE, W. S. Dos referenciais da bioética: A vulnerabilidade. In: *Bioethikos* 3/1 (2009): 49.
[22] UNESCO. *Declaração Universal sobre Bioética e Direitos Humanos*, art. 08. Disponível em: http://bvsms.saude.gov.br/bvs/publicacoes/declaracao_univ_bioetica_dir_hum.pdf. Acesso em: 05 jul. 2020.

Leo Pessini reconhece o significado dessa declaração e o seu avanço ao incluir na sua reflexão a questão da vulnerabilidade. Para ele, esse artigo da Declaração "reforça o compromisso de respeitar a integridade pessoal e a necessidade de proteger as pessoas e grupos vulneráveis".[23] Contudo, pelo que vimos até aqui da perspectiva de Pessini sobre o conceito de vulnerabilidade, ele expande a visão da UNESCO para não apenas mostrar que pessoas e grupos humanos vulneráveis precisam ser protegidos e respeitados, mas apresentar a vulnerabilidade da vida como uma oportunidade para manifestar o cuidado que dá sentido ao nascer, ao viver e ao morrer. Uma expansão do conceito que mostra a importância de compreender a vulnerabilidade dentro da sua dinamicidade, como defendem Cunha e Garrafa, e, assim, criar uma conexão bioética global de defesa e promoção da vida.

2. Leo Pessini: uma vida em três atos

Depois dessas pinceladas sobre um aspecto da obra do P. Leo, algo que ainda demanda mais estudo, apresento alguns elementos biográficos e uma seleção das suas publicações. O próprio P. Leo, no final do seu último livro publicado pelos Camilianos – certamente sentindo a proximidade da sua morte –, deixou uma nota biográfica, dividindo sua vida "profissional" em três momentos, que prefiro chamar de "atos", em referência a uma peça de teatro, pois é assim que vejo a vida: um belo espetáculo, que, ao ser concluído, é aplaudido de pé e deixa um gostinho de "quero mais". Uma vida profícua como a do P. Leo foi um grandioso espetáculo, que acabou cedo, mas certamente

---

[23] PESSINI. Elementos para uma bioética global, p. 82.

encantou a todos que o conheceram. Reproduzo aqui a sua própria nota biográfica, com alguns acréscimos meus.

Leocir Pessini nasceu em 14 de maio de 1955, na cidade de Joaçaba, SC, e, aos 15 anos (1971), ingressou no Seminário São Camilo, na cidade de Iomerê, no mesmo estado. Em 1975, fez seus primeiros votos religiosos e, em 1978, fez a profissão solene. Foi ordenado sacerdote camiliano em 1980, na Igreja Nossa Senhora do Rosário de Pompeia, em São Paulo, pelo Cardeal Dom Paulo Evaristo Arns. P. Leo faleceu na comunidade camiliana do Recanto São Camilo, em São Paulo, em 24 de julho de 2019, depois de menos de um ano lutando contra um câncer descoberto em setembro de 2018. Abaixo está como ele dividiu a sua vida a partir da sua ordenação sacerdotal:

> **Os primeiros 15 anos foram integralmente dedicados ao serviço com os doentes (de 1981 a 1995).** Por 13 anos exerci o Ministério Camiliano como capelão, no Hospital das Clínicas da Faculdade de Medicina da Universidade de São Paulo (HCF-MUSP). Os dois seguintes dediquei à formação dos estudantes de Teologia (Seminário do Ipiranga) e servi também como superior da comunidade. Nesse período, estudei nos Estados Unidos, na *Clinical Pastoral Education* (Milwaukee, WI, 82/83 - 85-86) e praticamente não escrevi nada, a não ser um relatório pastoral sobre o caso do Presidente Tancredo Neves, publicado como livro intitulado *"Eu vi Tancredo Neves morrer"*. O Cardeal Dom Paulo Evaristo Arns, OFM, fez a apresentação do texto, e Pe. Calisto Vendrame, ex-superior-geral da Ordem, foi quem me incentivou a publicá-lo (*"certas coisas, se não foram escritas, não existem"*, ele repetia), para valorizar o ministério dos capelães no atendimento espiritual no âmbito da saúde.[24]

---

[24] PESSINI. *Bioética global em tempos de incertezas, perplexidades e esperanças*, p. 233.

Nesse período, P. Leo também foi diretor (1982-1985) do ICAPS – Instituto Camiliano de Pastoral da Saúde – e defendeu sua dissertação de mestrado (1990) sobre *Eutanásia na América Latina*, na Pontifícia Universidade Católica de São Paulo (PUC--SP)/Pontifícia Faculdade de Teologia Nossa Senhora da Assunção, sob a orientação de um dos fundadores da SBTM, o redentorista Márcio Fabri do Anjos, que também o orientou no doutorado.

> **Nos 15 anos seguintes (de 1995 a 2010)**, assumi funções administrativas como gestor universitário, professor, diretor científico de duas revistas científicas (*Bioetikos* e *O Mundo da Saúde*). Responsabilizei-me pela área educacional da Província, a Superintendência da União Social Camiliana, mantenedora de nossa Universidade Camiliana no Brasil. Nesse período, cursei o mestrado e o doutorado em Teologia Moral e Bioética, na Pontifícia Universidade Católica de São Paulo/ Faculdade de Teologia Nossa Senhora da Assunção. No âmbito da sociedade civil (Igreja e Governo Brasileiro), servi como coordenador nacional da Pastoral da Saúde da *Conferência Episcopal Brasileira – CNBB* (2004-2007), como membro da *Comissão Nacional de Pesquisa em Seres Humanos*, no Governo Federal/Ministério da Saúde (2005-2008), e assessor de Bioética do Conselho Federal de Medicina (CFM, 2010-2014). Esse foi o período mais fértil da produção acadêmica, com inúmeras publicações de livros e artigos científicos. Participei ativamente de vários Congressos nacionais e internacionais, na área da Teologia Moral e da Bioética.[25]

Esse período extremamente fértil na vida do P. Leo, também foi marcado por polêmica no campo administrativo da

---

[25] PESSINI. *Bioética global em tempos de incertezas, perplexidades e esperanças*, p. 233-234.

União Social Camiliana. Os camilianos do Brasil têm forte tradição na administração hospitalar; foi um camiliano – P. Niversindo Cherubin – o fundador do primeiro programa de administração hospitalar no Brasil. O P. Leo não recebeu uma formação técnica em administração, mas acabou sendo nomeado pelo provincial para liderar a parte educacional da Província brasileira. Ele foi o responsável pela passagem da Faculdade de Enfermagem e Administração a Centro Universitário nacionalmente reconhecido na formação de profissionais da saúde, com programas desde fisioterapia até medicina. Contudo, o final da sua gestão foi complexo e cheio de problemas financeiros. Quando deixou a superintendência da União Social Camiliana, tal instituição se encontrava com grandes dívidas e problemas de cunho financeiro-administrativo, sendo o P. Leo identificado como um dos principais responsáveis por chegar a tal situação. O coração generoso e os sonhos de um grande homem nem sempre caminham com a sobriedade e o rigor administrativo. Quando São Camilo morreu, em 1614, ele deixou a Ordem extremamente endividada, e isso quase provocou o fim da obra que iniciou. O amor que tinha pelos doentes não permitiu que São Camilo tivesse controle econômico administrativo nos gastos para cuidar dos enfermos. Talvez esse tenha sido o mesmo "espírito" que levou o P. Leo a se descuidar dessa área nos últimos anos da sua gestão.

> **Finalmente o 3º período** foi de serviço da autoridade entre os coirmãos **camilianos (2010-2020)**, num primeiro momento como Superior da Província Camiliana Brasileira (2010-2014) e depois Superior-Geral da Ordem Camiliana (2014-2020). Resumindo: **de 1981 a 1995**, exerci o ministério camiliano entre os doentes; **de 1995 a 2010**, atuei como gestor univer-

sitário, professor, reitor, escritor; **de 2010 a 2020** estou no serviço da autoridade junto aos coirmãos, primeiro no âmbito provincial e depois no da Ordem. A Providência Divina primeiramente me moldou para **ser um camiliano samaritano** (mundo da dor, sofrimento humano) e depois como **camiliano educador** e finalmente para caminhar junto com os coirmãos camilianos no serviço da autoridade, como **guia e pastor**. Enfim, minha vida e ministério camiliano, pelas circunstâncias de saúde, se voltarão obrigatoriamente para o início de encantamento e de paixão pela vida como camiliano, servindo samaritanamente no anonimato, com sabedoria, silêncio e humildade! E por isso me faz sentido o que diz o famoso poeta T.S. Eliot (1888-1965): *"Não deixaremos de explorar e, ao término de nossa exploração, deveremos chegar ao ponto de partida e conhecer esse lugar pela primeira vez"*.[26]

Entre os atos dois e três, o P. Leo também foi presidente da SBTM (2010-2016). Mesmo estando em Roma, foi muito ativo na liderança da nossa Sociedade e na organização dos congressos anuais. Uma vez ele me disse: "Alexandre, tenho uma paixão enorme pelo grupo da SBTM porque lá nos sentimos em casa, livres para falar, sem medo e cuidado pelos colegas que são, na verdade, bons amigos. Você que é jovem e está pelo mundo, não deixe esse grupo para trás, pois os membros fiéis da SBTM sempre o acolherão quando voltar para casa".

---

[26] PESSINI. *Bioética global em tempos de incertezas, perplexidades e esperanças*, p. 234.

Publicações mais significativas

Livros

1. *Bioética global em tempos de incertezas, perplexidades e esperanças.* São Paulo: Camilianos, 2019.
2. Com BARCHIFONTAINE, C. P. *Bioética, Frankenstein e a aposta em um futuro sustentável.* São Paulo: Loyola, 2018.
3. Com SGANZERLA, A.; ZANELLA, D. C. *Van Rensselaer Potter: Um bioeticista original – Escritos.* São Paulo: Loyola, 2018.
4. Com HOSSNE, W. S.; BARCHIFONTAINE, C. P. *Bioética no século XXI: Anseios, receios e devaneios.* São Paulo: Loyola, 2017
5. Com ZOUNGRANA, L.; SAEZ, J. I. S.; LUNARDON, G. (Orgs.). *Ser Camilo y Samaritano hoy: Con el corazon y las manos en las periferias existenciales y geográficas del mundo de la salud.* Madrid: Editorial Sal Terrae, 2017.
6. Com SIMÃO-SILVA, D. P. (Orgs.). *Bioética, tecnologia e genética.* Curitiba: CRV Editora Ltda, 2017.
7. Com ZACHARIAS, R. (Orgs.). *O imperativo ético da Misericórdia.* Aparecida: Santuário, 2016.
8. Com SIQUEIRA, J. E.; ZOBOLI, E. L. C. P.; SANCHEZ, M. (Orgs.). *Bioética Clínica (Memórias do XI Congresso Brasileiro de Bioética, III Congresso Brasileiro de Bioética Clínica e III Conferência Internacional sobre o ensino da ética).* Brasília: Conselho Federal de Medicina/Sociedade Brasileira de Bioética, 2016.
9. Com BERTACHINI, L.; BARCHIFONTAINE, C. P.; HOSSNE, W. S. *Bioética em tempos de globalização.* São Paulo: Loyola, 2015

10. Com ZACHARIAS, R. (Orgs.). *Teologia Moral: Fundamentos, desafios e perspectivas*. Aparecida: Santuário, 2015.
11. Com BERTACHINI, L.; BARCHIFONTAINE, C. P. (Orgs.). *Bioética, cuidado e humanização*. Vol. I – *Bioética, das origens à contemporaneidade*. São Paulo: Loyola; Centro Universitário São Camilo; IBCC Centro de Estudos, 2014.
12. Com BERTACHINI, L.; BARCHIFONTAINE, C. P. (Orgs.). *Bioética, cuidado e humanização*. Vol. II – *Sobre o cuidado respeitoso*. São Paulo: Loyola; Centro Universitário São Camilo; IBCC Centro de Estudos, 2014.
13. Com BERTACHINI, L.; BARCHIFONTAINE, C. P. (Orgs.). *Bioética, cuidado e humanização*. Vol. III – *Humanização dos cuidados de saúde e tributos de gratidão*. São Paulo: Loyola; Centro Universitário São Camilo; IBCC Centro de Estudos, 2014.
14. *Bioética: Um grito por dignidade de viver*. São Paulo: Paulinas; Centro Universitário São Camilo, São Paulo, 2012
15. Com BARCHIFONTAINE, C. P.; HOSSNE, W. S.; FABRI DOS ANJOS, M. (Orgs.). *Ética e Bioética Clínica no pluralismo e diversidade: Teorias, experiências e perspectivas*. São Paulo: Centro Universitário São Camilo/Ideias & Letras, 2012.
16. Com BRUSCO, A.; ALVAREZ, F. (Orgs.). *Espiritualidade Camiliana: Itinerários, desafios e perspectivas*. São Paulo: Centro Universitário São Camilo, 2012.
17. Com GIANELLA, F. (Orgs.). *Missões Camilianas na Foz do Rio Amazonas*. São Paulo: Centro Universitário São Camilo, 2012.
18. Com BARCHIFONTAINE, C. P. (Orgs.). *Os Camilianos e a Pastoral da Saúde: Três Décadas de Ação (1980-2012)*. São Paulo: Editora Gráfica Bernardi - EGB, 2012.

19. Com BERTACHINI, L. (Orgs.). *Encanto e responsabilidade no cuidado da vida.* São Paulo: Paulinas; Centro Universitário São Camilo, 2011.
20. Com ZACHARIAS, R. (Orgs.). *Ser e educar: Teologia moral, tempo de incertezas e urgência educativa.* São Paulo: Santuário; Centro Universitário São Camilo, 2011.
21. Com BARCHIFONTAINE, C. P.; LOLAS, F. (Orgs.). *Ibero-American Bioethics History and Perspectives.* London, England: Springer, 2010.
22. Com SIQUEIRA, J. E.; HOSSNE, W. S. (Orgs.). *Bioética em tempo de incertezas.* São Paulo: Loyola; Centro Universitário São Camilo, 2010.
23. *Espiritualidade e arte de cuidar: O sentido da fé para a saúde.* São Paulo: Centro Universitário São Camilo; Paulinas, 2010.
24. Com BARCHIFONTAINE, C. P. (Orgs.). *Buscar sentido e plenitude de vida: Bioética, saúde e espiritualidade.* São Paulo: Paulinas, 2008.
25. Com RUIZ, C. R. *Anatomia humana e ética: Dignidade no corpo sem vida.* São Paulo: Paulus, 2007.
26. Com BERTACHINI, L. (Orgs.). *Humanização e cuidados paliativos.* São Paulo: Loyola; Centro Universitário São Camilo, 2004.
27. *Eutanásia, por que abreviar a vida?* São Paulo: Loyola/Centro Universitário São Camilo, 2004.
28. Com DRANE, J. (Orgs.). *Bioética, medicina e tecnologia: Desafios éticos na fronteira do conhecimento humano.* São Paulo: Centro Universitário São Camilo/Loyola, 2004.
29. Com GARRAFA, V. (Orgs.). *Bioética: Poder e injustiça.* São Paulo: Loyola/Centro Universitário São Camilo, 2003.

30. *Vida, esperança e solidariedade.* Aparecida: Santuário; São Paulo: Centro Universitário São Camilo, 2003.
31. *Como lidar com o paciente em fase terminal.* Aparecida: Santuário; São Paulo: Centro Universitário São Camilo, 2003.
32. Com BARCHIFONTAINE, C. P. (Orgs.). *Bioética, alguns desafios.* São Paulo: Loyola/ Centro Universitário São Camilo, 2001.
33. *Distanásia, até quando prolongar a vida?* São Paulo: Loyola/ Centro Universitário São Camilo, 2001.
34. *Morrer com dignidade: Até quando manter artificialmente a vida?* Aparecida: Santuário, 1998.
35. Com BARCHIFONTAINE, C. P. (Orgs.). *Fundamentos de bioética.* São Paulo: Paulus, 1996.
36. *Solidários na doença.* São Paulo: Paulus, 1994.
37. *A pastoral nos hospitais.* Aparecida: Santuário, 1993.
38. *Vida: Esperança e solidariedade.* Aparecida: Santuário, 1992.
39. Com BARCHIFONTAINE, C. P. *Problemas atuais de Bioética.* São Paulo: Loyola, 1991 (11 edições publicadas).
40. *Ministério da Vida: Orientações para agentes de Pastoral da Saúde e ministros da Eucaristia.* Aparecida: Santuário, 1990 (35 edições publicadas).
41. *Bioética e pastoral da saúde.* Aparecida: Santuário, 1990.
42. *Eutanásia e América Latina: Questões ético-teológicas.* Aparecida: Santuário, 1990.
43. *Solidariedade com os enfermos.* Aparecida: Santuário, 1988.
44. *Pastoral da saúde: Ministério junto aos enfermos.* Aparecida: Santuário, 1987.
45. *Eu vi Tancredo morrer.* Aparecida: Santuário, 1985.

Artigos (selecionados apenas artigos de autoria individual)

1. O que entender por bioética global? In: *Revista de Educação*, ANEC 41 (2018): 5-11.
2. Elementos para uma bioética global: Solidariedade, vulnerabilidade e precaução. In: *Thaumazein* 10/19 (2017): 75-85.
3. Bioética, Humanismo e Pós-Humanismo no Século XXI: Em busca de um novo ser? In: *Mirabilia Journal* 8/1 (2017): 1-52.
4. Vida e morte na UTI: A ética no fio de navalha. In: *Revista Bioética* 26 (2016): 54-63.
5. Reflexiones bioeticas sobre la cuestión ecológica hoy. En busque da del respeto y del cuidado para con la casa común de la humanidad. In: *Ley: Revista Argentina de Jurisprudencia* XVIII (2016): 49-76.
6. A influência da espiritualidade na qualidade de vida do paciente oncológico: Reflexão bioética. In: *Nursing* 17 (2016): 1266-1270.
7. O drama e o testemunho de jovens missionários camilianos. In: *Revista Eclesiástica Brasileira* 75 (2015): 221-231.
8. Notas sobre una bioetica de cuño asiático, a partir de China. In: *Ley: Revista Argentina de Jurisprudencia* XVI (2015): 69-82.
9. Os Camilianos na Foz do Rio Amazonas. In: *Convergência* 448 (2012): 9-30.
10. Biodiversidade. In: *O Mundo da Saúde* 35 (2011): 5-10.
11. Lidando com pedidos de eutanásia: A inserção do filtro paliativo. In: *Revista Bioética* 18 (2010): 549-560.
12. Bioética e valores cristãos: Em busca de alguns discernimentos fundamentais. In: *Convergência* 422 (2009): 398-415.

13. Bioethics in Latin-America: Some challenging questions for the present and future. *Formosan Journal of Medical Humanities*, v. 10, 2009, p. 87-97.
14. Bioethics in Latin-America: Some challenging questions for the present and future. In: *Camillianum* 1 (2008): 15-25.
15. Bioética na América Latina: Algumas questões desafiantes para o presente e futuro. In: *Revista Portuguesa de Bioética* 4 (2008): 21-36.
16. A Espiritualidade interpretada pelas ciências e pela saúde. In: *O Mundo da Saúde* 2 (2007): 187-195.
17. Uma marca histórica: 30 anos de publicação ininterrupta. In: *O Mundo da Saúde* 1 (2007): 5-6.
18. Bioética e o desafio do transumanismo. In: *Cadernos de Bioética* (PUCMG), Coimbra, Portugal 41 (2006): 155-178.
19. Bioética: Das origens a alguns desafios contemporâneos. In: *Revista Eclesiástica Brasileira* 264 (2006): 842-879.
20. Bioética das origens prospectando alguns desafios contemporâneos. In: *Cadernos de Bioética*. Edição do Centro de Estudos de Bioética, Coimbra – Portugal XVI/37 (2005): 20-61.
21. Um novo marco acadêmico na história da Bioética brasileira. In: *O Mundo da Saúde* 28/3 (2004): 237-238.
22. Distanásia: Algumas reflexões bioéticas a partir da realidade brasileira. In: *Revista Bioética* 12/1 (2004): 39-60.
23. Questões éticas envolvendo decisões de final de vida no Brasil. In: *Cadernos de Bioética* (PUCMG), Coimbra, Portugal 1/32 (2003): 19-49.
24. Bioética e o cuidado do bem-estar humano: Ética, humanização e vocação como desafio para os profissionais da saúde. In: *Fragmentos de Cultura* 13/1 (2003): 17-39.

25. A filosofia dos cuidados paliativos: Uma resposta diante da obstinação terapêutica. In: *O Mundo da Saúde* 27/1 (2003): 15-32.
26. Bioethics, Power and Injustice: Some Personal Thoughts from a Latin American Perspective. In: *The Newsletter of International Association of Bioethics* 13 (2002): 83-99.
27. Nutrição: Uma questão de sobrevivência. In: *O Mundo da Saúde* 25/02 (2001): 123-124.
28. Cuidar, sim - Excluir, não. In: *O Mundo da Saúde* 25/3 (2001): 235-238.
29. Reabilitação, qualidade de vida e inclusão social: Questões básicas à cidadania. In: *O Mundo da Saúde* 25/4 (2001): 349-350.
30. A agenda da bioética em âmbito mundial: Algumas notas. In: *Revista Eclesiástica Brasileira* 61/241 (2001): 151-161.
31. A distanásia na tradição eclesial e na discussão teológica contemporânea. In: *Revista de Cultura Teológica* 25/36 (2001): 51-86.
32. Um tributo a Potter no nascedouro da Bioética. In: *Bioética* 09/02 (2001): 149-153.
33. A eutanásia na visão das grandes religiões mundiais: Budismo, Islamismo, Judaísmo e Cristianismo. In: *Revista Bioética* 07/01 (1999): 83-99.
34. Distanásia: Até quando investir sem agredir? In: *Bioética* 04/01 (1996): 31-43.

Capítulos em livros
(selecionados apenas capítulos de autoria individual)

1. Prevenir contra o suicídio: A dimensão teológica e pastoral de um desafio de saúde pública mundial. In: TRASFERETTI, J. A.; COELHO, M. M.; ZACHARIAS, R. (Orgs.). *Teologia da Prevenção: Por um caminho de humanização*. São Paulo: Paulus, 2020. (*publicação póstuma*)
2. Bioética global, vulnerabilidade e Agenda 2030 da ONU. In: MILLEN, M. I. de C.; ZACHARIAS, R. (Orgs.). Ética Teológica e Direitos Humanos. Aparecida: Santuário; São Paulo: Sociedade Brasileira de Teologia Moral, 2018, p. 401-446.
3. Erradicar a pobreza sem deixar ninguém para trás: Os desafios da Agenda 2030 para o desenvolvimento sustentável. In: ZACHARIAS, R.; MANZINI, R. (Orgs.). *A Doutrina Social da Igreja e o cuidado com os mais frágeis*. São Paulo: Paulinas, 2018, p. 291-314.
4. Espiritualidade, finitude humana, medicina e cuidados paliativos. In: FUKUMITSU, K. O. (Org.). *Vida, morte e luto: Atualidades brasileiras*. São Paulo: Summus Editorial, 2018, p. 49-61.
5. Bioética, humanismo e pós-humanismo no século XXI: Em busca de um novo ser humano? In: HOSSNE, W. S.; PESSINI, L.; BARCHIFONTAINE, C. P. (Orgs.). *Bioética no século XXI: Anseios, receios e devaneios*. São Paulo: Loyola, 2017, p. 217-260.
6. Uma descoberta revolucionária na área genética: A CRISPR-Cas9: Em confronto o entusiasmo científico e interrogações éticas. In: VVAA. *Bioética tecnologia e genética*, V. 5, Curitiba: CRV Editora Ltda., 2017, p. 19-31.

7. A Bioética hoje e o risco dos fundamentalismos: identificando e comentando alguns receios, anseios e devaneios. In: MILLÉN, M. I. C.; ZACHARIAS. R. (Orgs.) *Fundamentalismo: desafios à ética teológica.* Aparecida: Santuário, 2017, p. 271-303.
8. Reflexões bioéticas sobre a questão ecológica hoje: Em busca do respeito e do cuidado para com a casa comum da humanidade. In: ZACHARIAS, R.; MANZINI, R (Orgs.). *Magistério e Doutrina Social da Igreja: Continuidade e desafios.* São Paulo: Paulinas, 2016, p. 284-332.
9. Exigências para uma bioética inclusiva. In: MILLEN, M. I. de C.; ZACHARIAS, R. (Orgs.). *O imperativo ético da misericórdia.* Aparecida: Santuário, 2016, p. 199-219.
10. Bioética, envelhecimento humano e dignidade no adeus à vida. In: FREITAS, E. V. de; PY, L. (Orgs.). *Tratado de Geriatria e Gerontologia.* 4. ed. Rio de Janeiro: Guanabara Koogan, 2016, p. 87-96.
11. Bioetica: Algunas interrogantes que desafian el presente y el futuro de America Latina. In: FERRER, J. J.; URZUA. J. A.; MOTA, R. M. (Orgs.). *Bioetica: El pluralismo de la fundamentacion.* Madrid: Universidad Pontificia Comillas, 2016, p. 419-432.
12. Um olhar bioético frente a situações de catástrofes e tragédias humanitárias. In: SGANZERLA, A.; SCHRAMM, F. R. (Orgs.). *Fundamentos da bioética,* v. 3. Curitiba: Editora CRV, 2016, p. 211-231.
13. Double Effect. In: TEN HAVE, H. (Org.). *Encyclopedia of Global Bioethics,* v. 1. Springer Science, 2015, p. 35-45.
14. Cuidados paliativos y princípios éticos. In: TARRARÁN, A.; CALDERÓN, I. (Orgs.). *La humanización en Salud, Tarea Inaplanzable.* Bogotá: Editoral San Pablo, 2015, p. 175-208.

15. Humanidade vivida... Memória... de Hans Kung. In: PESSINI, L.; ZACHARIAS, R. (Orgs.). *Teologia Moral: Fundamentos, desafios e perspectivas*. Aparecida: Santuário, 2015, p. 330-348.
16. Justiça e equidade no mundo dos cuidados de saúde: Um grito ético na América Latina e no Caribe. In: KEENAN, J. F. (Org.). *Ética teológica católica: Passado, presente e futuro. A Conferência de Trento*. Aparecida: Santuário, 2015, p. 257-272.
17. Dignidade e elegância no final da vida: Algumas reflexões bioéticas. In: DADALTO, L. (Org.). *Bioética e diretivas antecipadas de vontade*. Curitiba: Prisma, 2014, p. 29-45.
18. Algumas notas sobre uma bioética de cunho asiático, a partir da China. In: PESSINI, L.; ZACHARIAS, R. (Orgs.). Ética Teológica e transformações sociais: *A utopia de uma nova realidade*. Aparecida: Santuário; São Paulo: Centro Universitário São Camilo, 2014, p. 283-317.
19. A medicina atual: Entre o dilema de curar e cuidar. In: TEIXEIRA, A. C. B.; DADALTO, L. (Orgs.). *Dos hospitais aos tribunais*. Brasília: Delrey, 2013, p. 3-27.
20. Juventude e humanização dos cuidados da saúde. In: PESSINI, L.; ZACHARIAS, R. (Orgs.). Ética Teológica e *juventudes: Interpelações recíprocas*. Aparecida: Santuário, 2013, p. 197-214.
21. Em busca de uma Bioética Global: Frente ao pluralismo seria o consenso impossível? In: PESSINI, L.; ZACHARIAS, R. (Orgs.). *Ser e fazer. Teologia moral: Do pluralismo à pluralidade, da indiferença à compaixão*. Aparecida: Santuário; São Paulo: Centro Universitário São Camilo, 2012, p. 111-120.

22. A morte, solução de vida? Uma leitura bioética do filme. In: PESSINI, L. (Org.). *Encanto e responsabilidade no cuidado da vida*. São Paulo: Paulinas/Centro Universitário São Camilo, 2011, p. 187-200.
23. Algumas questões éticas urgentes em situações críticas e de final de vida. In: PESSINI, L. (Org.). *Encanto e responsabilidade no cuidado da vida*. São Paulo: Paulinas/Centro Universitário São Camilo, 2011, p. 223-240.
24. Bioética na América Latina, algumas questões que desafiam o presente e o futuro. In: PESSINI, L.; ZACHARIAS, R. (Orgs.). *Ser e educar: Teologia moral, tempo de incertezas e urgência educativa*. São Paulo: Santuário/Centro Universitário São Camilo, 2011, p. 163-186.
25. Justice and inquiry in the health care world: An ethical cry from Latin America and the Caribbean. In: KEENAN, J. F. (Org.). *Catholic Theological Ethics: Past, present and future. The Trento Conference*. Maryknoll: Orbis, 2011, p. 185-196.
26. Qual antropologia para fundamentar a bioética em tempo de incertezas? In: PESSINI, L.; SIQUEIRA, J. S.; HOSSNE, W. S. (Orgs.). *Bioética em tempo de incertezas*. São Paulo: Loyola/Centro Universitário São Camilo, 2010, p. 23-40.
27. Bioética e o pós-humanismo: Ideologia, utopia ou esperança? PESSINI, L.; SIQUEIRA, J. S.; HOSSNE, W. S. (Orgs.). *Bioética em tempo de incertezas*. São Paulo: Loyola/ Centro Universitário São Camilo, 2010, p. 223-240.
28. Terminalidade e espiritualidade, leitura comparada a partir dos códigos de ética médica brasileiros e códigos e declarações éticas de alguns países. In: NEVES, N. (Org.). *A Medicina para além das normas*. Brasília: Editora CFM, 2010, p. 99-127.

29. Ética do cuidado: Entre a exclusão de si e a globalização do todo. In: TRASFERETTI, J. A.; ZACHARIAS, R. (Orgs.). *Ser e cuidar: Da ética do cuidado ao cuidado da ética*. São Paulo/Aparecida: Centro Universitário/Santuário, 2010, p. 17-53.
30. Uma reflexão bioética sobre dor, sofrimento e morte. In: NETO, O. A. *et al*. (Orgs.). *Dor, princípios e prática*. Porto Alegre: Artmed, 2009, p. 344-352.
31. Bioethics in Ibero-America: Some challenging questions for the future. In: SEGOTI, P. I. (Org.). *Od nove medicinske etike do integrativne bioethike*. Zagreb, Croácia: Pergamena - Zagreb, 2009, p. 87-95.
32. A espiritualidade interpretada pelas ciências e pela saúde. In: PESSINI, L.; BARCHIFONTAINE, C. P. (Orgs.). *Buscar sentido e plenitude de vida, bioética, saúde e espiritualidade*. São Paulo: Paulinas, 2008, p. 45-62.
33. Humanización del dolor y del sufrimiento humanos en el área de la salud. In: PESSINI, L.; BERTACHINI, L. (Orgs.). *Humanización y cuidados paliativos*. México: Ediciones Dabbar, 2008, p. 25-48.
34. La filosofía de los cuidados paliativos: Una respuesta ante la obstinación terapêutica. In: PESSINI, L; BERTACHINI, L. (Orgs.). *Humanización y cuidados paliativos*. México: Ediciones Dabbar, 2008, p. 233-265.
35. Bioética: Das origens aos desafios contemporâneos. In: TRASFERETTI, J. A.; ZACHARIAS, R. (Orgs.). *Ser e viver: Desafios morais na América Latina*. Aparecida: Santuário; São Paulo: Centro Universitário São Camilo, 2008, p. 11-62.
36. A morte como solução de vida? In: KOVÁCS, M. J.; IESSLINGER, I. (Orgs.). *Dilemas éticos*. São Paulo: Loyola/Centro Universitário São Camilo, 2008, p. 91-100.

37. Eutanásia. In: TEALDI, J. C. (Org.). *Diccionario Latinoamericano de bioética*. Bogotá: UNESCO/Redbioética/Universidad Nac. Colombia, 2008, p. 506-508.
38. Dizer adeus com elegância e dignidade. In: KOVACKS, M. J. (Org.). *Fundamentos de Psicologia, morte e existência humana: Caminhos de cuidados e possibilidades de intervenção*. 6 ed. Rio de Janeiro: Guanabara, 2008, p. 13-14.
39. Bioética e final de vida: Uma reflexão sobre a finitude. In: RUIZ, C. R.; TITTANEGRO, G. R. (Orgs.). *Bioética, uma diversidade temática*. São Paulo: Difusão Editora, 2007, p. 155-167.
40. Vida e morte: Uma questão de dignidade. In: INCONTRI, D.; SANTOS, F. S. (Orgs.). *A arte de morrer, visões plurais*. Bragança Paulista: Comenius, 2007, p. 159-171.
41. Bioética e cuidados paliativos: Alguns desafios do cotidiano aos grandes dilemas. In: PIMENTA, C. A. M.; MOTA, D. D. C. F.; CRUZ, D. A. L. M. (Orgs.). *Dor e cuidados paliativos: Enfermagem, medicina e psicologia*. Barueri: Manole Ltda., 2006, p. 45-66.
42. Bioética, envelhecimento humano e dignidade no adeus à vida. In: FREITAS, E. V. de et al (Orgs.). *Tratado de Geriatria e Gerontologia*. Rio de Janeiro: Guanabara Koogan, 2006, p. 154-163.
43. Salute e disparità sociale in America Latina. In: SANDRIN, L. (Org.). *Solidarietà e giustizia in sanità*. Roma: Edizioni Camilliane, 2006, p. 195-210.
44. Ethical questions related to end of life decisions: The Brazilian reality. In: BLANK, R.; MERRICK, J. C. (Orgs.). *End of life in decisions-making: A cross national study*. Cambridge: MIT Press, 2005, p. 14-31.

45. Bioética e seu futuro: Alguns desafios a partir de uma perspectiva Latino Americana. In: NEVES, M. C. P.; LIMA, M. (Orgs.). *Bioética ou bioéticas na evolução das sociedades*. Coimbra: Gráfica de Coimbra Ltda e Centro Universitário São Camilo, 2005, p. 357-360.
46. Distanásia: Algumas reflexões bioéticas a partir da realidade brasileira. In: ARENT, A. C. *et al*. (Orgs.). *Grandes temas da atualidade bioética e biodireito*. Rio de Janeiro: Forense, 2004, p. 251-277.
47. Espiritualidade e a arte de cuidar em saúde. In: CAMON, V. A. A. (Orgs.). *Espiritualidade e prática clínica*. São Paulo: Thomson, 2004, p. 39-84.
48. Envelhecimento e dignidade humana: Ame o(a) idoso(a) que você é ou está nascendo em você. In: PASQUALOTTI, A.; PORTELLA, M. R.; BETTINELLI, L. A. (Orgs.). *Envelhecimento humano: Desafios e perspectivas*. Passo Fundo: Universidade de Passo Fundo/Editora Universitária, 2004, p. 311-324.
49. Bioética y cuestiones ética esenciales en el final de vida. In: STEPKE, F. S. (Org.). *Diálogo y cooperación en salud. Diez años de bioética en la OPS*. Santiago: Organización Panamericana de la Salud/Unidad de Bioética, 2004, p. 45-60.
50. O encontro com o eu superior: Espiritualidade e ética. In: BISPO, E. D. *et al*. (Orgs.). *Psico-Oncologia o Encontro da ciência com a espiritualidade*. Olinda: Livro Pleno, 2003, p. 111-113.

Considerações finais

Agradeço a Deus a vida do P. Leo Pessini, um grande intelectual camiliano e expoente da bioética no Brasil. Ele partiu cedo, mas deixou um legado que será estudado por muitos anos.

No dia em que recebi a notícia da sua morte, num momento muito complexo da minha vida pessoal, fiquei triste, mas, ao mesmo tempo, cheio de amor no coração por ter tido a oportunidade de conhecer esse homem que abriu as portas do mundo para mim. Concluo com a mensagem que publiquei nas minhas redes sociais no dia da sua morte:

> Um dia triste para toda a Família Camiliana, amigos e familiares do P. Leo Pessini, que faleceu nesta madrugada, em São Paulo, depois de lutar contra o câncer. O P. Leo, que estava como Superior-Geral da Ordem de São Camilo e foi Provincial da Província Camiliana Brasileira, era um amigo e um mentor que abriu as portas do mundo para mim. Acreditou nos meus sonhos e investiu no meu potencial, assim como fez com muitos outros jovens. Um intelectual e um líder dentro da Igreja e no mundo da saúde. Uma vez, quando ainda eu era um jovem religioso, estudante de teologia que realizava trabalho pastoral no Hospital das Clínicas de São Paulo, disse-me: "Nunca erre com o amor e a misericórdia ao estar com os doentes, mesmo que para isso tenha de ir para além da lei". Sou extremamente grato a tudo que o P. Leo fez por mim e me ensinou. Ele me visitou várias vezes quando estudava nos EUA. Numa das visitas, ele fez questão de conhecer meu trabalho, meus amigos e caminhar comigo pelas ruas da cidade partilhando as suas experiências nos EUA quando tinha a mesma idade que eu. Há duas semanas (junho/2019), eu estava no Brasil e o visitei. Já não tinha o vigor do homem que viajava pelo mundo, mas

ainda tinha a ternura de quem entendia que o momento de se encontrar com o Misericordioso estava próximo. Tivemos um encontro emocionante, no qual o P. Leo, mesmo na sua dor, foi quem me confortou como capelão que foi nos tempos do HC. Disse que estava contente por ter contribuído com a minha formação de um camiliano para o mundo, que entendia minhas opções e me abençoou dizendo para eu seguir em paz os caminhos para os quais os meus sonhos me conduziam. Ele continuava acreditando nos meus sonhos e, como ele mesmo me ensinou, não errou com o amor e a misericórdia.

Que o Senhor Jesus o receba no seu Reino, guiado pelas mãos de São Camilo.

P. Leo, muito obrigado! Descanse em paz!

Este livro foi composto com as famílias tipográficas Times New Roman e Frutiger
e impresso em papel Offset 63g/m² pela **Gráfica Santuário.**